Imperiofilia y el populismo nacional-católico

Otra historia del imperio español

José Luis Villacañas Berlanga

Primera edición, mayo de 2019

Calle Corredera Baja de San Pablo 39
28004 Madrid

Colección Ensayo
Diseño de colección: Alejandro Cerezo
Directores de colección: Jorge Lago y Manuel Guedán
Maquetación: Alicia Gómez (malisia.net)
Ilustración de cubierta: Detalle de «Perro semihundido»,
de Francisco de Goya.
www.lenguadetrapo.com
ldt@lenguadetrapo.com
ISBN: 978-84-8381-235-8
Depósito Legal: M-15029-2019
Impreso por Podiprint
Impreso en España

Imperiofilia y el populismo nacional-católico

Otra historia del imperio español

José Luis Villacañas Berlanga

Lengua de Trapo

Índice

A mi hija Carmen,
allí, en la luterana Bremen.

Mezcla medias verdades y medias mentiras
(mecanismo habitual de la Leyenda Negra y de todo libelismo).
MARÍA ELVIRA ROCA BAREA, *Imperiofobia y leyenda negra:*
Roma, Rusia, Estados Unidos y el Imperio español

El pasado tiene que ser reverenciado, no lamentado,
pues no hay nada que lamentar. Una historia whig que merezca
este nombre y por definición es una historia de éxito.
J. W. BURROW, *A liberal descent:*
Victorian historians, citado por Roca Barea

Yo escribo en tiempo en que las ciencias se ven renovadas
en toda Europa y totalmente descaecidas en España,
donde suele tenerse por política, introducida por
hombres bien hallados en su ignorancia, no hablar de
las cosas de la propia nación sino alabándolas. Si
alabarlas fuera hacerlas buenas y hacer creer su bondad
a los extranjeros, yo sería el primero que las alabaría;
pero disimular y aun autorizar la ignorancia y la
superstición, y más quien está obligado a no
tolerarlas ni permitirlas, es ejemplo pernicioso.
MAYANS a Nasarre, febrero de 1748,
Mestre, Mayans y la España de la Ilustración

Una nación perdona el daño que se hace a sus intereses,
pero no el que se hace a su honor y menos que ninguno
el que se le infiere con ese vicio clerical
de querer tener siempre razón.
MAX WEBER, *La política como vocación*

Prólogo

Quisiera explicar dos cosas en este prólogo. La primera es por qué escribo este libro y cuál es mi ánimo al hacerlo. La segunda, darle al lector una idea de la estructura del escrito que se dispone a leer.

Escribo este ensayo por varias razones. La primera es bastante general y surge de la idea de que considero el libro *Imperiofobia y leyenda negra. Roma, Rusia, Estados Unidos y el Imperio español*, de María Elvira Roca Barea, dañino y peligroso. En realidad, se trata de un artefacto ideológico que ha iniciado el paso a la ofensiva de un pensamiento reaccionario cuyos efectos estamos observando ahora con nitidez. Cuando comencé a redactar estas cuartillas en los ratos libres, allá por el verano de 2018, el libro *Imperiofobia* parecía un hecho aislado, un éxito editorial, un meteoro extraño. Solo hoy por fin ha cristalizado el contexto en el que es plenamente significativo. Sin embargo, en él ya estaban señaladas las líneas de fuerza de la ofensiva reaccionaria que va a disputar la lucha por la hegemonía cultural española en los próximos años. Del sentido de esa batalla depende en cierto modo el futuro que podemos proyectar para este país en todos los terrenos. Solo hoy, desde luego, conocemos el conjunto de fuerzas que se han puesto en pie para alterar los fundamentos morales y políticos de nuestro mundo; solo ahora intuimos el dinero que se está movilizando en este sentido, y solo en la actualidad presentimos las aspiraciones fundamentales que se pretenden conseguir con actuaciones de todo tipo, desde manipulaciones de cuentas de Facebook hasta intervenciones programáticas como *Imperiofobia*. Solo hoy sabemos que España no está fuera de estas operaciones mundiales. El libro *Imperiofobia* nos indica que nunca lo estuvo y que fenómenos que ahora se revelan nítidos ante nuestros ojos se vienen incubando desde hace tiempo.

La segunda razón parece más personal, pero no lo es. Desde luego, *Imperiofobia* ataca de un modo insidioso y grotesco todo lo que he defendido en mi humilde obra. Por supuesto, aquí el énfasis se pone en que lo hace con métodos improductivos, estériles y engañosos, ilegítimos desde el punto de vista intelectual. Nada más útil que el debate auténtico. Roca Barea no lo conoce. Su forma de proceder en este libro es lo que llamo populismo intelectual reaccionario. Su esencia reside en mezclarlo todo, confundirlo todo, y en ese maremágnum no ofrecer una razón atendible, sino solo un *tu quoque* infinito. Si el populismo político necesita un otro exterior constituyente, un enemigo al que atacar para cohesionar las huestes propias, la autora lo ejerce a la perfección al proponerse considerar todavía al protestantismo y a Europa como los enemigos eternos de España. Si el populismo no selecciona armas, si no se atiene a la verdad para eliminar al enemigo, si renuncia a toda posibilidad de comprenderlo, si lo demoniza hasta incluirlo en una batalla apocalíptica, entonces Roca Barea representa a la perfección un populismo intelectual reaccionario porque actúa permanentemente de acuerdo a esos criterios.

Confieso que desde mi juventud he luchado por comprender Europa y sus tradiciones intelectuales, religiosas y morales. La meta de todos esos estudios siempre fue ofrecer elementos para reflexionar sobre la propia historia hispana, no para dejar de ser lo que somos, sino con la idea de seleccionar los elementos que nos permitan acercar las distancias que nos separaban, y nos separan, de nuestros socios, amigos y aliados europeos. La meta de esta comprensión de Lutero, de Kant, de Lessing, de Weber, de Plessner y de tantos otros, no es desde luego producir una aculturación hispana, ni quebrar el contacto con las realidades hispanas tradicionalmente asentadas, sino sencillamente abrirlas a otros estímulos, estilos y argumentos, y así producir novedades que podrían ser funcionales al mundo que se prepara en el futuro. La meta de esta empresa intelectual, ciertamente minoritaria, no era otra que ayudar a suturar la fisura que separa a los pueblos del norte y del sur de Europa, procurar una comprensión de su historia desde la nuestra como condición de exigir un trato recíproco. La convicción de base es que, en efecto, todavía le cabe un futuro al ser humano europeo una vez que se acabaron los tiempos del eurocentrismo imperial que concluyó con la Segunda Guerra Mundial. El libro *Imperiofobia* pretende todo lo contrario. Al situar en un plano de hostilidad esencial contra España a todas las naciones europeas, en especial a las del norte, invita a despreciar toda comprensión de su historia y cultura; al lanzar el señuelo de que la opción imperial sigue abierta, pretende lanzar a unas naciones contra otras en una nueva carrera imperial que fracturaría para siempre Europa, como se ha visto con el Brexit. Al excluir la posibilidad de una construcción equilibrada de Europa, prepara a las naciones europeas para ser víctimas de los únicos imperios que, en su opinión, están vivos: los Estados Unidos y Rusia. Sin embargo, mi convicción es que es posible una evolución adecuada de la mentalidad europea capaz de definir el *homo europaeus* del futuro, que esté en condiciones de hacerse cargo de la complejidad de la situación mundial y de ofrecer una forma de cuidado del mundo capaz de garantizar su supervivencia. Y para eso, debe ofrecerse un horizonte común en disposición de unificar el norte y el sur de Europa en un argumento, en un tipo humano diverso por sus tradiciones, pero coherente en sus refracciones y con capacidad de comprenderse y entenderse. *Imperiofobia* levanta la bandera por el combate entre sí de las naciones imperiales. Creo que forma parte de la coherencia y de una dignidad intelectual autoconsciente plantarle cara a este libro y dar la batalla intelectual en defensa de ideas alternativas.

Ahora diré algo sobre la estructura de este ensayo. Bastará con anunciar que consta de cuatro partes, incluida una conclusión. La primera expone el brutal andamiaje teórico que estructura el libro de Roca Barea, lo que podemos llamar su teoría del imperio y el complejo de imperiofobia. Puesto que su tesis es que la imperiofobia es un complejo racista que forja leyendas negras que dominan la historia, la segunda parte abordará sencillamente la historia que narra Roca Barea. Ahora bien, todo proceso de victimización requiere víctimas y victimarios. Así que esta segunda parte tendrá a su vez dos epígrafes. En el primero se refieren las víctimas históricas de este complejo imperiofóbico racista que son los grandes imperios. Roca Barea los reduce a tres: el norteamericano actual, el ruso a partir del siglo XVIII y el español. Los victimarios de los imperios mundiales son las pequeñas naciones europeas: Italia, Inglaterra, Alemania, Holanda, entregadas a oligarquías obstinadas y mezquinas y defendidas por intelectuales a sueldo que pusieron en marcha el artefacto del Humanismo, el Protestantismo, la Ilustración y el Liberalismo, las formas intelectuales que activan en cada época la leyenda negra. Como se puede comprender, el imperio que mejor cumple esta ley histórica es el español, el verdadero modelo imperial, el que por eso concita los mayores odios. Por eso la tercera parte expondrá el argumento básico del libro: que la imperiofobia es esencialmente hispanofobia. Y analiza los cuatro momentos en que la leyenda negra se ceba con España: la Inquisición, el asunto de América y el genocidio indígena, la Ilustración, y las acusaciones del Liberalismo.

La cuarta parte de este ensayo contiene dos reflexiones: la primera analiza el asunto de la bondad de los imperios, que es clave en el argumento de Roca Barea; y la segunda se pregunta por el sentido de escribir la historia y de qué es síntoma este libro, que según las noticias es el más reeditado de la historia editorial reciente española. La cuestión es saber cuál es realmente la enfermedad que está detrás de este síntoma. Este asunto lo abordaré en la conclusión.

Por último, una nota: cuando hablo del Sacro Imperio Romano Germánico, que era el único título por el que Carlos V se llamaba emperador, Imperio siempre va con mayúsculas. Cuando me refiero a eso que Roca Barea llama imperio, y que no es sino un dominio político directo de la monarquía hispánica que agrupa extensos territorios y genera una potente influencia sobre otros, entonces imperio va con minúscula. Todas las referencias de las citas del libro de Roca Barea van entre corchetes en el texto, sin ulterior indicación.

1.ª PARTE

La teoría

Los superiores

El libro de Roca Barea se levanta contra la indolente España. La autora también. Se multiplica, viaja, llega a la omnipresencia y por doquier deja tras de sí titulares arrojados, combativos, apologéticos. Por todos sitios, mano a mano, el libro *Imperiofobia* y su autora inyectan autoestima en la deprimida España. «¿Qué me han estado contando?», exclama un famoso locutor de radio tras leerlo, como si por fin accediera a una verdad revelada y abandonara una existencia provisional, precaria. A su paso, todos se rinden. «Es la hora de desmontar toneladas de propaganda sobre España», confiesa no sin entusiasmo otro preclaro lector. Una nueva iluminada, afamada directora de cine, identifica los intereses inconfesables contra España de nuestros vecinos del norte, los responsables de extender la leyenda negra, los mismos que ahora dejan libre a Puigdemont. La propia editorial, con no menos convicción, manifiesta que este libro ayudará a plantear de manera adecuada el futuro. Aunque no sabemos el futuro de qué o de quién, no es de extrañar que esta nueva revelación acerca de la verdad de España haya generado un entusiasmo casi evangélico. Miles de lectores aclaman el libro. En todas las conferencias en las que me veo envuelto me piden opinión sobre él y, antes de que diga una palabra, los presentes se lanzan a comentar el libro con fervor. Hace poco, el nuevo ministro de Asuntos Exteriores del reino de España, el señor Borrell, ejemplo de ave fénix, confiesa que lo está leyendo y que lo recomienda.

Algo de verdad debe de haber en este libro que se ha convertido en un fenómeno político y algo de representativo tendrá su autora, una mujer que no mantiene inhibición alguna respecto de sus opiniones y las expresa todas ellas, acertadas y disparatadas, con la misma frescura, casi con descaro desafiante. No podemos decidir todavía si la verdad afecta a los enunciados del libro o, sencillamente, se refiere a que el libro es un síntoma de la verdad de una parte del público español. Y más aún: síntoma no solo del nivel intelectual de las clases acomodadas de España, sino también de su salud moral. Algo de síntoma de esa doble verdad ética y dianoética de tantas gentes de España tendrá también el estilo de argumentar y de pensar de Roca Barea, directo, brutal, sin remilgos, a martillazos, compulsivo; una cierta afinidad electiva ha de haber entre este volumen y una parte de la ciudadanía española que compra libros y los lee, y no libros ligeros, sino como este, de muchas páginas, caja amplia y letra menuda.

No es la primera vez que ocurre. Desde los textos de Manuel Fernández Álvarez sobre Carlos V, a los que tanto se parece *Imperiofobia*, ningún otro ensayo histórico ha sido atendido por un público tan amplio entre la población lectora española. No puede ser el azar. En un caso se trató de la reivindicación del Imperio carolino por parte de un catedrático formado en la universidad franquista. Aunque con muchas debilidades de estilo, don Manuel tenía un sólido saber y una exigencia de verdad. Este libro de Roca Barea es otra cosa, por mucho que haya seducido a miles de los lectores de aquellos grandes tomos sobre Carlos V y Felipe II. Sin embargo, su aspiración es otra y sus miras más amplias. Roca Barea no emprende solo la defensa del imperio español. A su modo, pretende ser la defensora de cuatro grandes imperios mundiales: Roma, España, Estados Unidos y Rusia. En realidad, la defensa de Roma es tibia y la de Rusia, extraña en un libro español[1]. Al final, el texto tiene un

1 Algo de mala conciencia, o alguna indicación externa, vaya usted a saber, debió de hacerle pensar a Roca Barea que su defensa de Rusia era tibia y allá por la página 365 se acuerda de que también es un imperio y vuelve al asunto de la rusofobia, propia de la Ilustración francesa. Pero no se siente cómoda en este terreno y lo abandona rápidamente tras una hoja en la que pasa revista a las grandes leyendas

valor sintomático porque, se limita a una defensa del imperio actual de los Estados Unidos y del antiguo imperio español. La operación de la Generación del 98 ha quedado atrás, clausurada. El intento del 98 comenzó con la contraposición entre el imperio del espíritu, representado por el legado español, y el imperio de la materia y el dinero, el de los Estados Unidos. Rubén Darío ayudó mucho a este movimiento con su «Oda a Roosevelt», junto con el *Ariel* de José Emilio Rodó, que puso a circular la identificación de Estados Unidos con el nuevo y brutal Calibán. Maeztu, que venía de abandonar Cuba, le dio aliento español a la rivalidad del cosmos hispano contra el mundo *yankee*. Ese fue el sentido de su vida. Hasta el final.

Imperiofobia, que da un giro notable al argumento, emprende a la vez y sobre todo la defensa de los dos imperios, el americano y el español, antaño indispuestos desde el hundimiento del Maine. Con ello, podemos apreciar en este libro un giro radical en la orientación mental del ensayo político español. ¿Nos ofrece *Imperiofobia* una *ékphrasis* de la foto de las Azores entre Bush hijo, Aznar y Blair? No del todo. Gran Bretaña, el imperio más decisivo de todos los occidentales, no aparece en la foto de Roca Barea. Es demasiado *protestante* para que nuestra autora lo aprecie. Su amor por los imperios es claramente menor a su odio al protestantismo. ¿Y Turquía, uno de los mayores imperios territoriales que han existido jamás? Tampoco está presente. El islam está fuera de la óptica de este libro, que selecciona de forma muy extraña sus elementos geoestratégicos. Hoy no podemos considerar un azar que este libro alabe los Estados Unidos, gobernados por Donald Trump; a Rusia, desde hace tiempo gobernada por Putin, y a la España imperial, reivindicada por José María Aznar y ahora por Pablo Casado.

---

patrióticas rusas. Es ciertamente paradójica la rusofilia de Roca Barea, que se repite como una confesión ritualizada por el libro, pero sin entrar en un análisis de la historia de las ideas o de los poderes rusos, sin una exposición del ideal imperial ruso y sus transformaciones en manos de Stalin y Putin. Para un tratamiento de estos temas con un arsenal adecuado de métodos e ideas, y para comprender la índole de los poderes que se han formado en Rusia desde la modernidad, cf. Claudio Ingerflom, *El zar soy yo. La impostura permanente desde Iván el Terrible hasta Vladimir Putin*, Escolar y Mayo, Madrid, 2017, con prólogo de José Luis Villacañas.

No adelantemos acontecimientos, sin embargo. El libro pretende ser por encima de todo la defensa de la forma política «imperio». Su autora desea argumentar que los imperios son positivos, beneficiosos, inevitables, como el rayo en la tormenta que ilumina el mundo perdido en un bosque tenebroso. Si este libro se recibe sin distancia crítica, es fácil que produzca encendidos defensores de un imperio que no sabemos todavía qué rostro tendrá, de un imperio futuro para el que quizá nos prepara Roca Barea. En la opinión de nuestra autora, los imperios son necesarios, buenos para la humanidad. La primera pregunta que debemos hacernos es por qué cree eso. Según se deriva del libro, es una firme defensora de una mezcla de darwinismo y nietzscheanismo que ya inspiró a las clases acomodadas españolas de la Restauración de 1876, que legitimaron su poder en el duro combate de la lucha por la vida, como lo vio muy bien Pedro Cerezo en su imprescindible volumen *El mal del siglo*[2]. Para Roca Barea, como para los próceres del siglo XIX al estilo de Joaquín Sánchez de Toca, el mundo también está dividido en seres humanos superiores e inferiores. Estos últimos son los que viven anclados en un prejuicio antimperial, los portadores de la imperiofobia, los forjadores de las leyendas negras, los fracasados de la historia, esas elites locales casposas, clientelares y poco flexibles, [56] atrasadas y oligárquicas.

Hay dos palabras que se oponen con rotundidad en este libro. Por un lado, la forma imperial; por otro, la oligarquía local. El ejemplo perfecto de esta segunda forma es todo nacionalismo excluyente e introvertido, léase subliminalmente y para nosotros el catalán. Afortunadamente, los imperios nos libran de ellos. Así argumenta Roca: «Aparece el imperio y rompe las viejas estructuras locales ya muy artríticas. Por lo pronto, ofrece oportunidades de promoción social, [...] otros caminos hacia la cumbre o al menos hacia las colinas. Los imperios son principalmente meritocracias». [57] La autora parece ofrecernos una ley histórica, una secuencia necesaria. «Aparece el imperio...», dice, y luego todo lo demás se

2 Pedro Cerezo Galán, *El mal del siglo*, Biblioteca Nueva, Madrid, 2007.

sigue con precisión providencial. Es como una revelación mesiánica, de efectos fulminantes. Tras la irrupción imperial apreciaremos las cumbres, o al menos llegaremos a las colinas. Y las oligarquías locales desaparecen, por fin, en la ciénaga. Todo sucede como en las canciones de mi infancia: «Montañas nevadas, banderas al viento/el alma tranquila, yo sabré vencer». ¿Hay que recordar cómo comenzaba aquella canción que resonaba al unísono en los patios de las escuelas de España en los años 60? Comenzaba así: «Voy por rutas imperiales/caminando hacia Dios».

No nos perdamos en oscuras melancolías, porque por el momento no acaban ahí los beneficios de los imperios. Dado lo atrasado de las elites locales, de las oligarquías ansiosas de mantener privilegios, los imperios por lo general tienen que intervenir pacificando gentes díscolas, bárbaras. Por eso «ningún imperio ha podido serlo sin asumir el papel de gran gendarme». [63] Como sabía el viejo Carl Schmitt, las guerras imperiales no son guerras, sino pura persecución policial del criminal. Los intereses imperiales no son los propios, sino los intereses de la humanidad entera. Sus rivales no defienden intereses legítimos (un problema ante el que Roca Barea retrocede: «gran asunto el de la legitimidad del poder», dice muy seria en la página 56), sino que solo oponen obstáculos al progreso. Por eso es natural el resultado: «los imperios pagan por el hecho de serlo un gran tributo de sangre, en ocasiones bastante elevado, para resolver sus problemas y también los de los otros». [63] Aquí sugiero que repararemos en el ritmo de la frase, en la coda, en el final, en ese *point de capiton*: puestos a resolver problemas, los imperios resuelven «también los de los otros». Generosos, los imperios derraman la sangre de sus hijos para resolver los problemas de los demás, esos pueblos inferiores. ¿Estará pensando Roca Barea en cómo los Estados Unidos resolvieron los problemas de Corea, Vietnam, Afganistán o Irak? ¿O estará pensando en España? ¿Qué problemas de «los otros» resolvió Pizarro? ¿O Cortés? Ya lo veremos. En todo caso, lo que no podían pedir estos pueblos díscolos y bárbaros es que los imperios resolvieran sus asuntos gratis. En su ejemplo, no podían exigir que los romanos fueran a todos sitios a «arreglar los desaguisados que se organizaban cada dos por tres en territorio heleno y luego irse a casa». [65] ¡Hasta ahí podíamos llegar! Ya que estaban allí, tras resolver los problemas de los demás, se cobraban los costes (*rescataban* decían los castellanos, cuando entraron a saco en la conquista de Málaga, una palabra que se empleó después de forma habitual en las Indias).

Como de pasada, Roca Barea menciona los inevitables impuestos o rescates que hay que pagar al gendarme imperial. [63] Al final, el veredicto favorable se impone: «El yugo de Roma es leve comparado con otros». [64] Con cuáles otros, no lo sabremos por el momento, pero al menos de algo no cabe duda. Roca también piensa en el imperio español y en los rebeldes criollos americanos que lograron la independencia de España hace ahora dos siglos. A todas esas naciones jóvenes americanas les pregunta si acaso «¿Les fue mejor [...] sin el imperio español?». Por supuesto, la pregunta adecuada debería ser esta: ¿cómo nos fue a nosotros, desde los cien mil hijos de san Luis, las continuas asonadas de espadones, las cuatro guerras civiles y las dos repúblicas fallidas? Si apreciamos este poderoso isomorfismo entre ellos y nosotros quizá nos podamos preguntar adicionalmente: ¿Qué causas comunes hicieron que a unos y a otros, metrópolis y colonias, nos fuera igual de mal? ¿Tiene que ver con la herencia que les dejamos? Y la otra pregunta, todavía más importante: ¿y a nosotros, desde cuándo nos va bien? Roca se prohíbe esas preguntas. *A fortiori*, a España siempre le fue, le va y le irá bien. En todo caso, implícitamente, como en un susurro, escuchamos que el yugo de España era leve. Como el de Roma. Que se lo digan a los numantinos, como todavía Cervantes recordará en la obra que dedicó al formidable sitio del alto soriano, ejemplo del yugo ligero de los imperios; una obra la cervantina cuyo propósito tendríamos que investigar con atención. En todo caso, el darwinismo social de inferiores y superiores, eso que Roca Barea llama meritocracia, no le permite plantearse la pregunta correcta: ¿por qué tenemos que ponerle yugos a nadie? Ni suaves ni duros. ¿Qué tal si cada pueblo se hace responsable de sus asuntos? ¿Qué tal si los pueblos cooperan sin tener que medirse como superiores o inferiores? ¿Qué tal si los pequeños se unen para garantizarse recíprocamente la libertad y disponer del poder de no verse uncidos al yugo de nadie? Para Roca esto es sencillamente inviable. Hay pueblos inferiores y lo único que entienden los inferiores es el yugo. Uno, el de sus oligarquías, es duro y opresivo; el otro, el de los imperios, es suave y ligero como el prometido por el Mesías.

Los inferiores

La premisa fundamental de este libro es que «el prejuicio [de imperiofobia] precede a sus justificaciones. Las busca y las crea». [121] Hay algo así como un prejuicio esencial, insuperable, macizo, una pulsión indomable al prejuicio, una constante antropológica que Roca Barea remonta hasta el imperio sumerio, que ella ni más ni menos coloca en el 5000 a. C. [152] Ni la Ilustración, o menos que nada la Ilustración, ni la crítica, ni la ciencia, nada puede disolverlo. Ese prejuicio recorre el mundo como un fantasma indestructible. Y lo hace así por varios motivos. El primero es que «el prejuicio es funcional en una sociedad y esto garantiza su capacidad de perdurar». [119] Como suele, la autora lanza una tesis como una bomba y luego pasa a otra cosa. ¿Para qué es funcional el prejuicio? Aquí Roca Barea podría haber recurrido a Edmund Husserl y la necesidad de un mundo de la vida, o a Odo Marquard y la necesidad de asumir ciertos elementos prerreflexivos en atención al *dictum* senequista de que la vida es breve y no podemos fundamentarlo todo. Los prejuicios son funcionales a la brevedad del tiempo y de la vida. De acuerdo. Pero ¿todos los prejuicios son funcionales? ¿Todos perduran en el tiempo? ¿Todos resisten la reflexión? ¿Acaso no le llega el turno de la revisión tarde o temprano a todos ellos, aunque otros nuevos se cuelen en nuestras vidas? Ninguna de estas preguntas interesan. Romperían el ritmo de martillo de su estilo, introducirían alguna distancia matizada en su argumentación, alguna sombra de complejidad. No. No se puede dudar. Eso no sería adecuado para la función terapéutica del libro, no ayudaría a aliviar el síntoma que subyace a su lógica. Dudar no produce autoestima. ¡Fuera con ella, y con el pensamiento que la promueve!

Roca Barea está centrada en otra cosa que descubrimos cuando nos preguntamos: ¿a qué se refiere con «el» prejuicio? Pues bien, Roca se refiere a la necesidad que tiene el inferior de deformar la realidad, la cualidad y la imagen del superior. En suma, el inferior tiende a canalizar su odio al superior mediante esas deformaciones de su realidad que son las leyendas negras. El principio antiilustrado de este libro es que ese prejuicio contra el superior es «el» prejuicio por excelencia, la sombra inseparable de la humanidad, el esquema mental que estructura su destino, el que rige siempre la diferencia entre superiores e inferiores. No se puede combatir contra él, como no se puede perder la sombra. En realidad, y aunque parezca mentira, este libro no quiere luchar contra ese prejuicio. Lo da por inevitable. Estructura la humanidad y es resultado de su diferencia básica, constituyente, entre superiores e inferiores. Roca Barea solo quiere que usted, lector, se posicione en un lado o en otro. ¿Padece ese prejuicio? Entonces está en el lado de los fracasados. ¿No lo padece y admira a los imperios? Entonces usted es un afortunado y puede seguir leyendo; está del lado adecuado de la historia, el progreso y la evolución. Pero en todo caso, y eso es lo más sutil, no hay de qué preocuparse. A pesar de habitar en el irredento prejuicio y de padecer el complejo de inferioridad y su efecto, el resentimiento, usted puede tener una función en la sociedad. Ya verá cuál.

Es muy posible que muchos lectores bienintencionados del libro hayan llegado a la conclusión: estoy del lado de Roca Barea. Que la respuesta ante la situación de la humanidad del presente sea de nuevo el feroz darwinismo social es desde luego sintomático. Que el libro haya sido todo un éxito entre las capas pudientes españolas testimonia que su función consiste en reforzar su sentimiento de autoestima, de legitimidad, algo que viene bien cuando ambas cosas están bajo mínimos. ¡Claro que estoy de la parte de los superiores!

Eso es lo que se espera que confiese todo lector entusiasmado. A este fin, la autora repite la tesis de la diferencia entre superiores e inferiores de forma machacona, sin argumentarla en modo alguno, como una letanía, una jaculatoria, una forma de filosofar con el martillo. Por supuesto, lo implícito es que España es uno de los pueblos superiores. La evidencia que ofrece Roca Barea es que los inferiores han forjado contra ella la leyenda negra por antonomasia. Su constancia a lo largo de la historia, hasta el presente, nos habla de una superioridad esencial.

Respecto a estos dos supuestos, que existen los pueblos superiores imperiales y que España es uno de ellos, las páginas que siguen quieren problematizar ese juicio de adhesión del lector bienintencionado. Este ensayo mío desea mostrar que no forma parte de los deberes de los buenos ciudadanos creer esas dos cosas. Se puede amar a España sin tener que afirmar estos dos supuestos. Es más, deseo mostrar que no es razonable ni sano amar así. Es como si alguien para amar a su esposo o su esposa tuviera que imaginarse que es Brad Pitt o Kim Novak. De otro modo, por amor sería necesario deificar a la persona amada, algo acerca de cuyas tragedias ya nos avisaron los antiguos españoles que escribieron *La Celestina*. Además de eso, quiero discutir que sea razonable escribir historia para establecer la diferencia superior/inferior. Sobre todo, estas líneas desean cuestionar que estar al lado de Roca Barea sea estar en el lado adecuado. Al menos, por lo que respecta a la inteligencia de las cosas y, sobre todo, de las cosas de España. Puesto que *Imperiofobia* quiere promover un juicio moral, yo deseo defender que este es equivocado. Dado que los patrocinadores de aquel libro destacan que aumenta la autoestima, prepara para el futuro, pone en su sitio a los vecinos del norte y demás baratijas intelectuales, yo defenderé que promueve la ilusión y la confusión moral y política, nos impide comprender el pasado y no nos prepara en absoluto para el futuro. Solo nos prepara para salir del paso con algo de autoestima en un momento delicado de España y esa es su función sintomática. Pero cada uno se provee de la autoestima adecuada a su capacidad de estimar, de valorar y de juzgar. Lograr autoestima por el procedimiento argumental que propone el libro es quizá necesario en caso de extrema necesidad, quizá para los instalados en la más negra depresión, para los que solo pueden entregarse a la ilusión reactiva más ciega.

En suma, para quien tenga una idea un poco mejor de sí mismo, de su inteligencia y de su aspiración a la nobleza moral, el de Roca Barea es un producto de poca consistencia. Quizá la brutalidad argumental sea el último recurso de algunos, pero no puede serlo de quien desee un largo futuro, pues todo lo duradero reclama una adecuada persuasión. El éxito del libro es revelador de las escasas exigencias culturales de ciertas elites del país, quienes frente a un mundo que no entienden ni saben ya dirigir, necesitan de una legitimidad que *Imperiofobia* les ofrece de un modo brutal. Este ensayo mío, en su cuarta parte, ofrecerá una alternativa a esa necesidad de autoestima que espero resulte más elaborada y, de esa manera, podrá acoger los síntomas que este libro revela para darle otra solución. Por supuesto, mi ensayo asume que a España le ha ido bien desde que se incorporó a Europa hace ahora cuarenta años. Por eso, aspiro a no indisponernos con el proyecto de una vida común intensa y eficaz con esos vecinos del norte que son los nuestros y a los que Roca Barea desprecia. Como veremos, el suyo es un libro enojosamente antieuropeo. Prorruso y antieuropeo, esa es la verdad de *Imperiofobia*. Y lo es porque huele que la sustancia misma de Europa ya es hoy, pero más deberá ser mañana, imperiofóbica. Como es obvio, el imperio que detesta la Unión Europea no es el español, ese fantasma histórico, sino otros más amenazantes a oriente y poniente.

Pero volvamos al análisis del prejuicio de imperiofobia. Hemos dicho que ese es «el prejuicio» sustantivo, real, más antiguo que todas las justificaciones. En efecto, la imperiofobia es para Roca un prejuicio «casi universal», [69] un complejo antropológico. Descubrir este complejo parece el gran avance científico de Roca Barea, que debería situarla a la altura de Freud, aunque contra Freud. Por supuesto, ese prejuicio como tal es más bien un síndrome, porque incluye diversas conductas. Así, por ejemplo, se presenta en la historia como propaganda, pero también de otros modos. Sobre todo, es un «complejo social» y a veces lleva aparejado un «prejuicio racial». [69] ¿De qué se trata? Miremos despacio porque el asunto es complejo. El prejuicio del que odia a los imperios consiste inicialmente en esto: «Este *complejo de inferioridad* es el que busca su alivio en la imperiofobia». [120] Todo depende de este punto. Manifestación del complejo de inferioridad, la imperiofobia trabaja también en las vergonzantes mazmorras del inconsciente. ¿Quién querría confesar este tenebroso y turbio complejo? Como sabemos por Freud, los complejos son estructuras psíquicas que conforman nuestra historia personal, nuestra situación psíquica y, llegado el caso, nuestras neurosis. Percibimos desde ellos, pero raramente reparamos en ellos. Roca Barea defiende que hay un complejo de inferioridad que se alivia mediante el prejuicio antimperial. Y todo esto genera un cosmos social con la misma necesidad con que un resorte se expande.

Como dicha página es el momento en que mejor se define este complejo, seguiremos analizando su texto un poco más. El primer trabajo psíquico relevante de este complejo de inferioridad es este imperativo: «Hay que disminuir la talla del pueblo imperial». [120] ¿Se empieza a atisbar ya lo del prejuicio racial? Se trata de disminuir la grandeza del pueblo imperial, de atacar al superior. *El racismo relevante es el que dirigen los inferiores contra el pueblo superior*. ¿Quién si no el inferior podría estar interesado en disminuir la talla del pueblo imperial? Ella misma lo dice: obviamente, el prejuicio racial lo producen «los pueblos que ocupan una posición subalterna con respecto al pueblo que desencadena un proceso imperial y lo sostiene». [120] ¡Así que claro que la autora reformula la tesis de Freud! Este pensaba que los complejos son propios de usted o de mí, amigo lector o lectora. Roca Barea cree que también son propios de los pueblos. Y el complejo racial es propio de los pueblos subalternos. Ahora bien, lo interesante para ella es que, para que ese complejo del inferior encuentre el alivio deseado, entonces debe cristalizar en un racismo. El racismo es un síndrome propio de los pueblos subalternos, su consuelo. Con él, el pueblo inferior se venga del superior haciéndole objeto de una leyenda negra. ¿No le suena a la versión más banal, más intensamente cerril de un Nietzsche de pacotilla?

Espere un poco, no obstante. Veamos esta frase, que analizaremos con intensidad en varios contextos: «No hay en esencia diferencia apreciable entre la imperiofobia y el antisemitismo o cualquier otra forma de racismo». [120] Con asombro descubrimos que quienes cuestionamos los imperios, siguiendo la estela de los argumentos de Filón de Alejandría en sus polémicas con el emperador Calígula, de Isaac Abravanel en sus críticas a Fernando el Católico, de Spinoza contra Hobbes, de Franz Rosenzweig contra el Segundo Reich alemán, estamos condenados a ser antisemitas, suponemos que tanto como lo fueron el propio Filón, Abravanel, Spinoza o Rosenzweig. Todos los estudios de Arnaldo Momigliano sobre la hostilidad de los judíos contra el Imperio romano no harían sino revelar el antisemitismo de los judíos contra sí mismos. De repente tenemos en Roca Barea una discípula radical de Hannah Arendt. El argumento en todo caso es pintoresco. Nos sorprende que el racismo, que por lo general considera inferiores a determinadas poblaciones, sea un complejo que crean... los subalternos. En suma, los pobres pueblos imperiales superiores sufren el racismo de los subalternos que, para aliviarse, tienen que representarse a los imperiales como inferiores. Por favor, lector, tenga piedad de los pobres pueblos imperiales. ¡No alivie su complejo con ellos! Pero si nos preguntamos si también seremos antisemitas y racistas si nos oponemos al imperio inglés, la respuesta es que en modo alguno. Ese fue un imperio *protestante*. Denunciar ese imperio, negarlo, no forma parte del síndrome de imperiofobia. Contra ese imperio podemos posicionarnos con todo rigor sin que esa actitud denuncie inferioridad en nosotros. La inexistencia de ese imperio británico protestante no es una representación ideológica bastarda, propia de los complejos vengativos de los subalternos, sino una evidencia objetiva que para Roca Barea se desprende sencillamente de que no era un imperio católico.

Todo esto parece un poco extraño. Pero la autora lo expone sin pestañear y los famosos directores de cine, los periodistas influyentes, los editores previsores aplauden con entusiasmo el hecho de que, para analizar fenómenos tan complejos, la variable sea todavía la diferencia entre católicos y protestantes. Si usted va contra un imperio luterano, entonces no es antisemita ni racista. Pero si se va, por ejemplo, contra el imperio español, que expulsó a los judíos en condiciones trágicas y los exterminó como pueblo peninsular antiquísimo, entonces, por una extraña regla de tres, se es antisemita. ¿De qué puede ser síntoma el que esta forma de argumentar cuente con miles de lectores españoles? Lo veremos, pero en todo caso de la necesidad de olvidar ciertas cosas molestas. Por ahora hemos de decir que este que analizamos no es un pasaje circunstancial. Es el momento esencial y fundamental del libro. Pero si nos preguntamos por qué debían los pueblos subalternos querer tan mal a los pueblos imperiales, tenemos esta respuesta: «el racismo contra ellos [los pueblos imperiales] no nace de su debilidad, ni para justificar el abuso que se hace de ese pueblo considerado inferior, sino justamente de lo contrario, [nace] de su eminencia». [120] Ahora lo tenemos más claro. El racismo no nace del dominante para justificar lo que este le hace al dominado. Nace porque el pueblo imperial es eminente y el subalterno, que lo aprecia también así, ve nacer en sí de forma irremediable su complejo de inferioridad. Luego se alivia de él deformando al superior en una especie de muñeco de vudú, de tal forma que, por el racismo que le dirige, se lo representa como inferior. Es una venganza alucinatoria como la que Nietzsche denunció al caracterizar el espíritu resentido. Por si esto no le parece, querida lectora o lector, suficientemente cercano a la basura pseudonietzscheana de los pueblos dominadores, de los pueblos de señores, y cosas de esas, por si no le repugna todavía seguir hablando de pueblos subalternos y de pueblos eminentes, entonces siga leyendo un poco más.

Porque, como es natural, el racismo que le dedica el inferior al superior es la dimensión inseparable del que, como consecuencia, le dedica el superior al inferior. La culpa es del inferior, desde luego, que ha puesto en marcha el prejuicio. El pueblo imperial no hace sino defenderse. La conclusión es que el racismo es nuestro destino. Steve Bannon no tiene que pasearse por España para importar el supremacismo, Roca Barea se basta y se sobra. Lo dice así: los dos racismos «son las dos caras de la misma moneda: el rechazo de la diferencia, por arriba o por abajo». [120] Pero en todo caso ha de haber arriba y abajo, como en la vieja serie televisiva británica. ¿Se da cuenta ahora el lector de por qué este prejuicio es universal, perenne, insuperable? Lo es porque no hay forma de evitar la ordenación de los pueblos en altos y bajos, eminentes y mediocres, imperiales y subalternos. ¡Pero no los juzguemos mal! Al fin y al cabo, Roca Barea muestra una gran comprensión para con los desdichados inferiores: «Molesta sobremanera saberse en la segunda división de la historia, y en cierto modo, subsidiarios y dependientes». [120] El racismo es su consuelo.

Al intentar destruir la leyenda negra de España, Roca Barea propone una dura medicina que priva de consuelo a los subalternos holandeses, alemanes, franceses e italianos. La suya es una pócima indigesta para los pobrecillos inferiores: destruye su juguete maléfico y los deja en su desnuda inferioridad. Sin embargo, no se muestra igual de terapéutica con el racismo de los superiores. «Por un lado está el grupo que se siente superior frente a otro más débil. Esto es muy fácil. ¿Qué dificultad hay en verse superior cuando se pertenece al grupo más poderoso? La forma en que este racismo se manifiesta, ya sabemos cuál es». [120] En realidad, no. No lo sabemos. Aquí el libro de Roca Barea es asimétrico. Quiere liquidar el fruto espurio del complejo de inferioridad, pero no el de superioridad. ¿No será la idea de supremacía? ¿De pueblo elegido? En todo caso, si la imperiofobia merece que le dediquemos un libro para disolverlo, ¿por qué no dedicarle al menos medio libro al complejo de supremacía? ¿Tiene esto algo que ver con la función del libro entre amplias capas sociales españolas de producir algo de autoestima justo en los días en que reciben tantos desprecios de esa específica irredenta oligarquía local y antimperial de Cataluña? ¿No hay mejores formas de lograr autoestima?

Llegados aquí, lo más cuestionable del argumento de la autora es que ya no puede dejar de hablar en estos problemáticos términos.

Pueblos poderosos y débiles, eminentes y subalternos, imperiales y provincianos. ¿Nos suena bien? En realidad, todo nos produce la impresión de que la posición imperiofóbica de los subalternos tiene como función social aliviarlos de ser inferiores. En suma: ayuda al orden social porque permite sobrellevar la inferioridad. Solo parece tener un pequeño problema: a veces las leyendas negras que genera ese prejuicio antiimperial pueden llegar a deprimir a los pueblos imperiales, como es el caso de los españoles, atenazados por esa propaganda desde siglos, extrañamente propensos a expresar su sentido de superioridad mediante una visión de su historia como decadencia insuperable. Alguien podría preguntarse si acaso esta depresión no demostrará que no eran tan superiores. ¿No será que toda superioridad era una impostura brutal? No para Roca Barea. Sencillamente los pueblos superiores también tienen sus momentos de debilidad, como cualquiera. Por eso es preciso recordar la historia grandiosa que han tenido. Para despertarlos y superar la depresión. Si el lector quiere una ampliación del argumento, que vaya a la *Segunda intempestiva* de Nietzsche, dedicada a la utilidad de la historia para la vida. Y en ese combate se sitúa la arrojada Roca Barea, firme y dispuesta a luchar para que por fin ese pueblo imperial que es España despierte de nuevo y deje clara su supremacía frente a algunas oligarquías provinciales y algunas pequeñas naciones nórdicas.

Los intelectuales

Así que el argumento presenta de repente una seriedad inusitada. En realidad, los que están indispuestos con el imperio no buscan aliviarse. Buscan otra cosa. Comenzamos a verlo cuando nos preguntamos: ¿cómo es posible que estos subalternos y fracasados hayan tenido fuerza como para mantener su punto de vista tanto tiempo, para forjar leyendas negras centenarias que han puesto en jaque a los pueblos imperiales? Para responder esta pregunta, Roca Barea recurre a un argumento central que permite caracterizar su libro como un caso ejemplar de populismo intelectual. El racismo de los inferiores de repente adquiere otro aspecto porque siempre encuentra un aliado a su favor: la clase intelectual. Cuando un imperio en expansión llega a un lugar donde existe este grupo social inferior, entonces el prejuicio de la imperiofobia comienza su marcha. La clase intelectual, como un doctor Mabuse, se infiltra en el inconsciente colectivo de los pueblos inferiores y lo moldea, como un incubo que tira de los hilos de su mente. Los refinados, malditos, diabólicos intelectuales. ¿No queremos un síntoma preciso del cariz populista de este libro? Persigamos un poco más la manera en que Roca Barea habla de los intelectuales. De nuevo tenemos al señor Bannon en acción. La autora no dice explícitamente qué relación tienen los intelectuales con los pueblos subalternos. Solo dice que siempre van juntos, que los intelectuales son una de las manifestaciones constantes de los inferiores. Del argumento se podría concluir tanto que son pueblos subalternos porque disponen de una clase intelectual eficaz, o que la clase intelectual dominante acabará por convertirlos en subalternos. En todo caso, resulta reconocible una actitud muy hostil a lo que llama clase intelectual, de la que ella, que escribe libros de quinientas páginas llenas de citas en francés, inglés, alemán, italiano, se excluye no sabemos por qué. El caso es que concluye sin dudar de esta manera: «la imperiofobia la crea una elite intelectual que es la que le da forma y prestigio». [120] No creamos que se trata de algo menor. Como dice Roca Barea en una de sus muchas definiciones impactantes «el prestigio es una cosa muy seria». [49] Vaya si lo es. Quienes hayan fabricado el suyo lo saben de sobra.

En realidad, la operación que hacen estos intelectuales de los pueblos inferiores recuerda vagamente a los argumentos de Nietzsche acerca de lo que hicieron primero los judíos y luego los sacerdotes cristianos, no menos judíos que ellos, si hacemos caso al filósofo. Su tarea es producir una inversión de valores. «La nota distintiva del prejuicio racial imperiofóbico es, como dijimos, que no va de un pueblo poderoso contra otro más débil, sino al revés». [121] Pongamos al derecho esto que Roca Barea dice que es al revés. El prejuicio parte desde el pueblo débil contra el poderoso. Los intelectuales, como los levitas y sacerdotes para Nietzsche, son los representantes del pueblo débil y lo que hacen es dirigirse contra el pueblo poderoso. ¿Cómo? Lanzando la acusación de su degeneración, de su barbarie, crueldad, depravación sexual, impiedad, sangre mala y baja, amén de la avaricia que hace de ellos agentes del capitalismo. [45] A esto le llama la autora producir racismo y lo resume en la construcción de un juicio moral peyorativo vertido sobre el poderoso. Alguien podría sugerir que ya es un poco racista todo este planteamiento de Roca Barea, que exige dividir a los pueblos en poderosos y débiles. Pero a ella no le parece racista su planteamiento, sino natural y realista. Racismo es que los intelectuales generen la acusación contra los fuertes de que son un pueblo corrupto y bárbaro. Si los débiles aceptaran que son débiles, no habría racismo. El argumento habría hecho inmensamente feliz al *protestante* Hitler. Si los judíos se suicidaran directamente, desesperados por su inferioridad, no habría necesidad de solución final. Hizo falta porque se resistieron al superior. El planteamiento de Roca Barea, cuando se destaca su lógica, sobrecoge por su finura, elegancia y sensibilidad. Y, sin embargo, una buena parte de la clase acomodada española, con el ministro Borrell a la cabeza, se siente aliviada con este libro.

No obstante, no se trata solo de alivio, en todo caso. Forma, prestigio, lucha, todo ese razonamiento que logra la clase intelectual propia del pueblo inferior, ha de tener cierta solidez, reconoce la autora. En suma, no todo ha de ser tan inferior. Sin embargo, la cuestión final es: ¿cómo logran los intelectuales «disminuir la talla del pueblo imperial»? [120] ¿Cómo logran convencer a todos de que los componentes del pueblo imperial son «espiritualmente inferiores»? ¿Cómo logran esta inversión de los valores? Roca Barea nos da una repuesta que testimonia cuál es su ideal de intelectual. Los intelectuales producen este milagro, el de vencer en su batalla por presentar al pueblo imperial como inferior moral y espiritualmente, porque gozan de «inmunidad intelectual». [121] Eso significa que los esquemas que ponen en circulación dan el «buen tono» y por eso se llegan a hacer populares. [61] Aunque no tenemos claro cuál es la razón de esta inmunidad, y de este prestigio capaz de producir buen tono, podemos tener una pista. Se trata de su alianza con otro grupo decisivo para que triunfe el prejuicio imperiofóbico: la oligarquía local poderosa. Esta es la que da inmunidad, poder, prestigio y continuidad para que los intelectuales organicen su propaganda. Una alianza de intelectuales y oligarquías para conquistar prestigio e impunidad: a veces parece que la autora está describiendo su propio caso.

Ahora nos hacemos una idea de todo el proceso tal y como se desprende de ese breve capítulo central en el que se borda el tipo-ideal universal del prejuicio imperiofóbico con el que concluye la primera parte del libro. Un pueblo imperial se acerca a un pueblo débil. De ese contacto elemental entre diferentes surge todo el esquema. Lo que pone en movimiento el proceso es que «el racismo es universal», [121] dado que los pueblos o son poderosos o débiles. Lo normal es que el imperio arrase al débil, se mezcle con él, lo integre. Pero si un pueblo tiene una oligarquía poderosa y bastantes intelectuales a sueldo, se explica que resistan juntos la influencia imperial porque con ella toda esta gente menuda perderá sus privilegios. Entonces la oligarquía apoya a esa elite intelectual que, con sus malas artes, se encarga de desprestigiar el imperio y de invertir las valoraciones. Presenta al pueblo poderoso como degradado e infame. Así se «fabrican imágenes arquetípicas negativas con el fin de perjudicar a las naciones a las que se teme». [27] Como la oligarquía tiene poder, esta obra de los intelectuales sigue su despliegue con impunidad, lo que permite la intensificación de su obra hasta lograr que se convierta en «un proceso de demonización» del pueblo imperial. [36] Esto es así porque, como nuevos brujos, los intelectuales son capaces de conformar «el inconsciente colectivo», [46] un término muy discutible pero que Roca Barea define con escrupulosa cientificidad de esta forma: es aquello que ella misma llama «los tuétanos de los grupos humanos». [46] Al final, las valoraciones de los intelectuales se imponen con el buen tono y el prestigio. Como operación típica, se parece mucho a la que han ejecutado los periodistas, locutores, directores de cine, ministros y demás lectores de *Imperiofobia*: que leer este libro sea de buen tono, que aparezca en todos los medios de las oligarquías locales, en todas las emisoras, todas las televisiones, todos los periódicos y que logre algo así como una inmunidad intelectual que avergüenza. Por eso urge desmontar este libelo populista malsano y dañino.

Los Imperios

Roca Barea detesta que se levanten propagandas demoníacas contra los imperios, pero ¿qué opinión tiene ella de esta forma política? Tras quejarse de que los científicos no se hayan ocupado de la cuestión (algo que no es del todo cierto, pues hay importantes estudios sobre la forma imperial de los que hablaremos en la cuarta parte), reconoce que esta es una forma política que se distingue por dos cosas: poder y extensión territorial. Son más extensos que los Estados, las tribus, las hordas y las aldeas. [42] Además, se forjan por lo general cerca del cinturón árido de la Tierra [47] y tienen un poder especial. Este poder les permite ser «un hecho trascendental y recurrente en la historia de la humanidad, un motor de cambio y transformación y, por tanto, de evolución crucial en la historia de nuestra especie en los cinco continentes». [41] Sus consecuencias biopolíticas son claras: mezclan las razas y «son un *totum revolutum* de gentes diversas». [57] Por tanto, como vemos, un imperio es un hecho que se describe con la gramática meliorativa de la innovación, la apertura evolutiva, el cambio y la integración de la humanidad consigo misma. Al transformarlo todo, los imperios son meritocráticos y encumbran a las gentes valiosas desclasadas. Estos beneficios son derivados de su mayor capacidad proyectiva. Dada su función evolutiva, la autora se revuelve contra la idea de que los imperios sean formas políticas sobrevenidas, azarosas, y que los pueblos que los forman lo hagan desde la inconsciencia.

Aunque la autora no parece conocer a Emmanuel Wallerstein y su libro sobre el sistema mundo, ni los autores estructuralistas como Ferdinand Braudel, (uno de los trucos de este libro es no dar la bibliografía al final, sino solo a pie de página), se niega a reconocer la teoría del imperio como pulsión inconsciente. Para refutar esta idea nos ofrece este aserto: «Algunos sujetos habría que pudieran estar algo orientados, digo yo». [41] Es un argumento típico de la marca Roca Barea, de ese tipo de enunciados que no se pueden resistir ni refutar. Sin embargo, estas proposiciones no son parte de la ciencia histórica. No nos dicen nada concreto de nadie en singular. En realidad, son una broma que se quedó perdida en algún lugar, a mitad de camino entre Buster Keaton y Groucho Marx.

Por supuesto, no sabemos mucho más de esos sujetos orientados, quiénes son, de dónde vienen. La autora no nos los describe. Lo que sí sabemos es que un imperio se forma de manera diferente al Estado. Según nos dice Roca Barea, en una sucinta fenomenología de los imperios, los Estados unen pueblos que tienen una larga historia de intercambios y relaciones. Por el contrario, los pueblos que se unen bajo los imperios apenas han tenido relaciones entre sí. [44] Los imperios son fulminantes, acelerados, dan «pasos de gigante», producen ampliaciones veloces del espacio. Están implicados en la evolución misma de la humanidad porque dotan a esta de la perspectiva global de la Tierra y forjan una escala mundial. Aunque no son inconscientes, son imprevistos, centelleantes, obra de una generación. A lo máximo dos, dice Roca Barea. En todo caso, esa capacidad de abrir la evolución mundial permite caracterizar a los imperios como «poder hegemónico». [47]

La noción de hegemonía es muy compleja y ha sido estudiada por muchos autores desde que Lenin y Gramsci la pusieran de moda, pero la autora se desentiende de toda esta complejidad. Por una parte, considera que hegemonía es «control militar y político visible». [48] Pero comentando el libro de Thomas J. Dandelet, el profesor de Berkeley autor de *La Roma española*, argumenta que el imperio es una «forma de dominio que no es ni política ni militar. Es pura hegemonía e influencia». [48] Esta es una manera peculiar de argumentar cuya finalidad solo puede ser la de enredar. Hegemonía es tanto una cosa, control militar y político visible, como otra, ni poder político ni militar, sino pura informalidad, mera influencia. En qué consiste esa «pura hegemonía» que no es control militar ni político, no lo sabemos. Roca Barea utiliza conceptos y categorías de muchas caras como si fueran herramientas primarias. Un cuchillo para moler, una cuchara para pinchar, un tenedor para golpear. Cosas así. Hegemonía le sirve tanto para definir un poder estructurado como para definir un poder informal. No debemos reprocharle en exceso que ejerza estas prácticas. «Este libro trata en gran medida de creencias y opiniones», [51] nos dice con sinceridad. Esta frase sugiere que al lector de *Imperiofobia* le esperan solo casi quinientas páginas de creencias y opiniones de la autora. Sin embargo, siempre se ha creído que un libro merece la pena si ofrece algo más que creencias y opiniones, si da razones y argumentos fundados, sopesados, ordenados con aspiración de lograr la verdad. Como dijo Weber en su día, un libro de historia debe pretender la verdad científica, dar «lo que pretende valer para todos aquellos que quieren la verdad»[1]. Eso no lo tendremos en *Imperiofobia*: es una acumulación de opiniones, respecto de las cuales no ejerce distancia crítica ni se preocupa por establecer coherencia entre ellas. Sin embargo, todas aparecen bajo la forma rotunda y mesiánica que el populismo intelectual reaccionario precisa. «Hasta ahora se os ha dicho... Pero yo os digo».

Tras este elenco de elementos positivos de su función, si ahora nos preguntamos qué consecuencias negativas se derivan de los imperios, Roca Barea parece responder: ¡ninguna! No producen violencia, invasiones, imposiciones, destrucciones de culturas, desplazamientos en masa de gentes, cambios drásticos del mundo, de la vida, militarismo, oligarquías proconsulares, explotación masiva, empobrecimiento, guerra defensiva, derrota y ruina. Ningún fenómeno negativo se puede imputar a los imperios, ninguno de

1 Max Weber, «La Objetividad de las ciencias sociales» en *Escritos de Metodología*, Amorrortu, Buenos Aires, 1980, p. 73.

los cuales ha acabado especialmente bien, incluida Gran Bretaña que, por ser protestante, se merece que ahora la dirija un tipo como Boris Johnson. O mejor, los imperios presentan o integran en su seno solo un fenómeno negativo. Resulta comprensible que algunas oligarquías locales, con sus intelectuales impunes, inventen todas esas leyendas negras antimperiales para desprestigiarlos, amilanarlos y en su caso destruirlos. Pero eso no sería suficiente para que las leyendas negras vencieran o al menos perduraran tanto tiempo. Entonces surge algo imprevisto, misterioso, una realidad inesperada. Sin ella, los imperios crearían un mundo perfecto.

Mysterium mysteriorum

El fenómeno más extraordinario para este libro, el misterio de los misterios, es que algunos de los ciudadanos de los pueblos imperiales aceptan el prejuicio imperiofóbico: «Los pueblos imperiales suelen asumir la propaganda antimperial, en mayor o menos medida, e incluso contribuyen a su difusión». [33] ¿Cómo puede ser esto? exclamará el lector al ver decepcionada la imagen cohesionada de los pueblos imperiales. ¿Cómo es que los pueblos imperiales albergan estos aliados de los pérfidos intelectuales subalternos? He aquí que la historia no solo se traba entre pueblos inferiores y superiores, sino que estos últimos albergan en su seno al enemigo del progreso de la humanidad. Así, los propios historiadores romanos, como Tito Livio, son los defensores de la propaganda antimperial. [55] Igualmente, el perverso Las Casas es el fundador de la leyenda negra española. Gore Vidal, por no hablar de Chomsky, es el más pérfido crítico del imperio americano. ¿De dónde viene esta peste, esta quinta columna de inferioridad en la gloriosa marcha imperial hacia las montañas, o hacia las colinas? La respuesta no debemos buscarla muy lejos de Nietzsche. *Se llama mala conciencia o conciencia de culpa.*

Una pista de este misterio, que genera una crítica feroz de algunos hijos del imperio contra el propio padre imperial, la tenemos en la página 148 de *Imperiofobia*: «Al menos estos tres imperios cristianos [España, Estados Unidos y Rusia] (hay que dejar fuera al inglés) han asumido la culpa de su poder como una realidad inapelable que tiene algo de trágica». Que hablamos de algo grande e inescrutable se aprecia en que Roca Barea vuelve a llamar a este uno de los misterios más interesantes de los imperios. Por supuesto, la frase es pura construcción religiosa: la conciencia de culpa emerge del cristianismo y es una indisposición última ante el ejercicio del poder. Como dijo Blumenberg, allí donde se hace valer el cristianismo, anida siempre una reserva mental contra la autoafirmación humana. Resentimiento en los inferiores y conciencia de culpa en el seno de los pueblos imperiales cristianos: ese es el origen y el éxito de toda leyenda negra. Una tragedia. Si algún día pudiéramos desterrar ambos aspectos de la faz de la tierra, quizá podríamos obtener la utopía que busca Roca Barea: desplegar la potencia imperial sin indisposiciones, sin conciencia de culpa.

Después de asegurar que una parte del propio pueblo español, cristiano como es, ha sido cómplice de su leyenda negra, el argumento a favor del imperio hispano solo puede desplegarse de un modo en el futuro: eliminar toda posibilidad de que emerja la conciencia de culpa por el pasado, asegurar de forma permanente que nuestro imperio hizo lo debido y lo correcto, lo que Weber llamó el nefasto hábito clerical de llevar siempre razón. Por supuesto, estoy de acuerdo con que la historia no se puede ni se debe escribir para generar conciencia de culpa en pueblo alguno. Se escribe para identificar, con métodos claros, las imputaciones *causales* adecuadas que nos permitan identificar el *sentido* de determinadas acciones humanas y, así, poder interpretarlas de manera valiosa para nuestro presente. Pero esto no es lo que hace Roca Barea. Ella está ante todo interesada en controlar la emergencia de la conciencia de culpa por lo que hicieron determinados actores españoles o hispanos. Está interesada en extender la idea de que un actor histórico que va en nuestras venas, al que llama el imperio español, siempre hizo lo debido y lo correcto y que nosotros deberíamos sentirnos orgullosos y enaltecidos por ello. La historia despliega sus argumentos para intentar comprender y explicar las acciones de seres humanos singulares. Solo después debe argumentar sobre las valoraciones, desde luego. Pero Roca Barea no hace esto. Ella continuamente valora, aunque no tengamos imputaciones concretas ni comprensiones de sentido. Lanza una bendición general de lo que hizo el llamado imperio español, porque era el imperio *español*. Da igual saber lo que hizo, por qué lo hizo o cómo lo hizo. *A fortiori* lo hizo bien. Sobre esto no debe haber fisuras ni pretensiones de objetividad.

Esta rotunda impresión emerge del libro con fuerza porque se nos presenta la historia como si el imperio español estuviera íntimamente conectado a la causa suprema de la defensa del catolicismo, instancia última de valoración para la autora. Por supuesto que la consecuencia no explícita es que el catolicismo ha de constituir la forma del cristianismo que no permite que emerja la conciencia de culpa, una consecuencia que sería aplaudida por Nietzsche con fervor, como lo hizo cuando celebró a la familia papal de los Borgia como los verdaderos y desinhibidos católicos (que, por cierto, para él eran en el fondo paganos). En realidad, la impresión más profunda que se obtiene del libro es que el imperio español hizo lo correcto al oponerse al protestantismo y, sobre todo, a su versión más intensa, obstinada y astuta: Gran Bretaña. A partir de todo lo que el libro nos dice, esa lucha sigue en pie y ha de desplegarse sin conciencia de culpa, sea cual sea la barbaridad que se haga. En realidad, el libro mismo es un arma en esa gigantomaquia histórica entre el imperio español y Gran Bretaña. Y para esa batalla, para continuarla, deben desaparecer los aliados interiores del pueblo subalterno, esos amigos de los protestantes, esos heterodoxos españoles, los que escriben llevados por la conciencia de culpa ante los hechos imperiales de la historia. Por fin, esa mala conciencia debe dejar de molestar a los actores imperiales, librarlos de ese prejuicio que es un peligroso equivalente del complejo de inferioridad. Ningún buen español debería tener conciencia de culpa por luchar sin escrúpulos contra los británicos y demás ralea de protestantes alemanes, flamencos, franceses, suecos o daneses, por mucho que esos sean ya los socios y amigos de la Unión Europea. Esos heterodoxos españoles, los europeístas de todas las épocas, los humanistas, los ilustrados, los liberales, deben curarse de su conciencia de culpa de ser españoles. En realidad, Menéndez Pelayo es la premisa escondida de *Imperiofobia*, aunque es preciso añadir que sin la grandeza poliédrica del original. Sin embargo, nunca se le pasa por la cabeza pensar que no es la conciencia de culpa la que nos hace querer entender a nuestros socios y amigos europeos del norte, sino sencillamente la idea de construir un futuro de paz, seguridad y prosperidad sostenido por ideas de justicia en las tierras de Europa. Pues solo si estamos dispuestos a comprenderlos es legítimo que exijamos de ellos comprensión.

En este odio al protestantismo y a Inglaterra, Roca Barea nos retrotrae a los peores años de la propaganda franquista, cuando era frecuente hablar de la pérfida Albión. De ahí la estructura del libro, que alaba todos los imperios habidos y por haber, excepto el británico. Se denuncia a todos los resentidos imperiofóbicos del mundo, pero Roca Barea puede ser completa y justificadamente imperiofóbica respecto del imperio británico. Los imperios cristianos son el español, el ruso y el estadounidense y el libro, al menos formalmente, los presenta como víctimas de sus leyendas negras.

Sin embargo, imperiofobia, para la autora, es hispanofobia. Su acercamiento al imperio norteamericano se hace así con cierto tiento y condiciones. Citando al sociólogo Arthur Schlesinger, comenta que el anticatolicismo es «el más profundo prejuicio en la historia del pueblo americano», y se lamenta de que ese prejuicio se resista a morir. [345] Este comentario es muy comprensible en alguien como Schlesinger, que vio morir a su amigo, el católico presidente Kennedy, y puede tener muchos contextos que lo hagan significativo. Pero Roca Barea desea elevarlo a categoría universal. En realidad, todo el libro desea que ese prejuicio muera y en muchas ocasiones parece que *Imperiofobia* se pensara a sí mismo como una ofrenda a las elites norteamericanas. «Mirad lo mucho que os quiere una católica española», parece decirles. Por momentos, Roca Barea levanta pronósticos diseñados para confortar al único imperio realmente existente y sus expectativas de futuro. Sus alabanzas parecen animar a los Estados Unidos para que actúen sin conciencia de culpa en sus tareas imperiales. «Sí hubo y hay un imperio estadounidense, que goza de buena salud, y al que le quedan todavía bastantes décadas de vigor», concluye. [342] Ánimo, pues. Nada de fin de la historia ni de decadencias. ¡Actuad imperialmente sin complejo de culpa! Desde luego, este mensaje tiene sentido porque también se aprecian en los EE. UU. los fenómenos derivados de la conciencia de culpa en el uso del poder: esos intelectuales traidores. Ya hablamos de Chomsky o de Gore Vidal. Pero el ejemplo preferido de Roca Barea como intelectual traidor es Billy (Samuel) Wilder, que como todo el mundo sabe era protestante y norteamericano.

Llegados aquí, y tras estas pruebas de amor al imperio norteamericano, no podemos sino decir: ¿qué queda del sentimiento de hostilidad del tradicionalismo español a los Estados Unidos? ¡Si Ramiro de Maeztu o Rubén Darío levantaran la cabeza! En fin, no sé qué extraño deseo es este de acercar Estados Unidos al catolicismo, pero parece como si ese acercamiento, que también incluye al Estado de Israel, recibiera a cambio, y por boca de su portavoz Roca Barea, el don preferido de la Providencia: la duración. La creencia de los Austria, los portadores principales de eso que la autora llama el imperio español, era que la Casa acompañaría a la humanidad hasta la segunda venida de Cristo. Ellos y el papa, mano con mano, darían la bienvenida a Cristo triunfante no sobre las montañas nevadas, sino sobre las colinas de Jerusalén. El resto histórico de esta ilusión es el título de rey de Jerusalén que porta el rey de España. Tras ver lo que pasó con Carlos II no sé si estos augurios de duración serán una buena referencia para asegurar al imperio estadounidense frente a estas profundas y misteriosas cuestiones escatológicas.

Vayamos, sin embargo, al argumento principal. La conciencia de culpa por el uso del poder es una mortificación que hace mella en el cuerpo del pueblo superior y merma sus posibilidades de dominación. Por supuesto, los intelectuales antimperiales impunes, los aliados de las oligarquías locales, buscan esa conciencia frágil de algunos hijos débiles de los pueblos imperiales para producir en ellos la conciencia de culpa. Si logran inocularles el veneno, aceptarán los argumentos de los subalternos, los encarnarán y los dirigirán contra su propio pueblo. Esta operación es letal y España es el ejemplo indispensable, como lo muestra la leyenda negra que ha tenido que padecer, que todavía padece, fortalecida por tantos españoles renegados. De algunos de ellos hablaremos después. En todo caso, de nuevo, la consecuencia que se extrae es pura y brutalmente nietzscheana, del peor Nietzsche, el de brocha más gorda. Los pueblos superiores serían mucho más fuertes si no brotara en ellos la conciencia de culpa y si eliminaran a los intelectuales que la generan con sus críticas. Esto ya es de por sí una exhortación. O varias.

Por supuesto, a Roca Barea no le interesa que esa conciencia de culpa haya producido obras de cultura tan impresionantes como los libros históricos de Tucídides sobre *La guerra del Peloponeso*, las *Décadas* de Tito Livio, la *Ciudad de Dios* de san Agustín, los libros de Orosio sobre la *translatio imperii*, todas las obras del Humanismo europeo antimperial, la cultura crítica hispana desde *El lazarillo de Tormes* a *Don Quijote*, todos los proyectos de paz europeos desde Enrique IV hasta Kant y cosas así. Para Roca Barea, toda la cultura crítica de los imperios es fruto del resentimiento de los intelectuales de los pueblos sometidos o de la conciencia de culpa de los que ejercen el poder imperial. Allí donde podemos apreciar la resistencia de los testigos de cada generación histórica ante el abuso de poder imperial, o contemplar el fruto de la independencia de juicio, la capacidad de dar testimonio de la condición sufriente de la humanidad, el coraje de no enrolarse en las cohortes de los vencedores, la autora solo ve debilidad, cooperadores de los racistas intelectuales inferiores. Allí donde determinados espíritus rigurosos, asumiendo de forma coherente los valores que una sociedad confiesa obedecer, se interrogan acerca de lo legítimo de determinadas prácticas de poder, ella solo ve complicidad con el enemigo. Allí donde la pluma del escritor se pone al servicio de la promesa de igualdad y de libertad humana irrenunciable, ella solo contempla espíritus débiles que no pueden resistir la gran verdad del mundo: que hay pueblos imperiales y pueblos subalternos. Allí donde pensadores de todo tipo se cuestionan que el destino inexorable de la humanidad sea diferenciarse según la escala de pueblos superiores e inferiores, ella solo ve el espíritu resentido de quien no será jamás parte de los superiores. Esa es su teoría. Ahora debemos pasar a ver cómo esta teoría informa su narración histórica.

2.ª PARTE

La historia

A. Las víctimas imperiales

Despistes de estructura

Hasta aquí la teoría del libro. Con esta estructura conceptual se arma el andamiaje, uno que cualquier editor científico con cierto sentido no habría dado a la imprenta. No solo por la inexistencia de una bibliografía en forma. Lo que hemos expuesto se deja caer machaconamente, una y otra vez, y se lanza a los ojos del lector con la precisión de una publicidad subrepticia y encubierta, en el límite de lo subliminal. Pero cuando pasa a ser lo que promete, un libro de historia, la estructura de *Imperiofobia* es deficiente. Si se estudia el índice, la autora ventila su teoría del Imperio romano, norteamericano y ruso en las primeras cien páginas. La segunda parte dice dedicarse al verdadero objetivo del libro que, como ya hemos dicho, consiste en defender que la imperiofobia principal es la hispanofobia. Aquí comienza propiamente su historia, señalando el papel de Italia en la forja de la leyenda negra, a la que dedica treinta páginas. Luego se introduce en el Sacro Imperio, los Países Bajos e Inglaterra, para a continuación ir de uno en uno con los grandes enemigos: la Alemania protestante y, sobre todo, Inglaterra, para finalmente volver a los Países Bajos. En realidad, no aborda estas realidades políticas por sí mismas. Solo está interesada en el combate de todos esos pueblos europeos contra la católica España, combate del que nos cuenta cosas puntuales, detalles curiosos, lugares comunes, pero sin darnos una noticia de su contexto, lógica, sentido y valor. De este modo nos prepara para abordar los dos tópicos fuertes, lo que ella llama los dos mitos genuinos de la leyenda negra: la Inquisición y el asunto de América. Así que, realmente, el clímax se concentra en la defensa del catolicismo español contra el cargo de la Inquisición, y en la defensa del imperio español contra el cargo de genocidio en América.

La tercera parte no hace sino repetir lo dicho, solo que ahora ordenando la historia no espacial, sino temporalmente, a través de los siglos XVIII, XIX, XX y XXI, una repetición innecesaria que quizá se ha incluido para que el libro gane respetabilidad. Y aquí es donde la estructura ya se deshilacha hasta los despistes monumentales. Por supuesto, este recorrido cronológico no hace sino variar sobre la Inquisición y América, los judíos y los protestantes. Pero cuando en su momento álgido, explicando «El triunfo definitivo de la ley del silencio», ley que consiste en ignorar todo lo bueno que ha hecho España, y en hacer invisible «todo logro cultural, científico o social», [392] sucede lo fatídico. Roca Barea comienza el apartado con la inevitable alabanza de la Escuela de Salamanca, ese mito generado por la intelectualidad franquista de la posguerra. Entonces se embarca en un canto a la gran producción científica de la Escuela neoescolástica, que trajo a España lo aprendido en París de John Major, y se concentra en el campo de la economía, y sobre todo en la estabilidad de la moneda, asunto en el que ya había destacado Nicolás de Oresme un siglo antes. Entonces identifica con cierto sentido una tesis que, por lo demás, no era nueva ni original de Schumpeter quien, en su día, celebró a los autores castellanos como Molina y Soto por sus estudios sobre la inflación. Un poco antes, ya Max Weber había mostrado el interés de la teoría de santo Tomás de Aquino acerca del valor, el concepto fundamental de la economía política. Weber hace estas referencias en relación con la economía urbana medieval que él concentró en el tipo ideal de economía artesanal[1]. Por supuesto

1 Léase este texto: «Desde la escolástica hasta la teoría de Marx se combina aquí la idea de algo que vale 'objetivamente', esto es, de un deber ser, con una abstracción extraída del curso empírico de la formación de precios. Y tal concepción, a saber, que el valor de las mercancías debe estar regulado por determinados principios de derechos natural, ha tenido —y tiene todavía— inconmensurable importancia

que en la exposición de Roca Barea no alcanzamos a ver una explicación de la diferencia entre la primera escolástica y la segunda, propia de la Escuela de Salamanca, ni llegamos a apreciar este interés por el asunto de la inflación, ni logramos conectar esta producción intelectual con dos fenómenos de la monarquía de los Austria: primero la exposición de España a una inflación intensa por la importación masiva de plata, y segundo la conversión de las ciudades castellanas en banqueros de la propia política imperial, con la generación de una economía de rentistas que culminó con los «servicios de los millones» a partir de 1590. Como sabemos, ningún peligro es más letal para los rentistas que la inflación. Los dominicos españoles respondieron a esta inquietud masiva de las oligarquías urbanas castellanas con todo tipo de análisis, ninguno de los cuales pudo impedir la bancarrota del imperio en diversas ocasiones y la carestía endémica que padecieron los españoles. Estas reflexiones escolásticas eran por tanto comprensibles o significativas porque atendían a cuestiones centrales de la vida social. No fueron tan relevantes en otras economías productivas precisamente porque eran economías productivas. Quizá por eso los estudios sobre la inflación solo volvieron a ser descubiertos cuando Austria se encontró con los mismos problemas de asegurar el dinero de sus rentistas en época de guerra, exactamente la misma situación de los castellanos del siglo XVI. Y así, en el éxtasis del fervor, confundiendo la economía de rentistas con la economía productiva, la autora afirma: «Adam Smith pudo muy bien haber conocido a Azpilicueta [uno de los geniales economistas españoles] pero se hubiera dejado matar antes de citarlo y reconocer que había aprendido algo de un dominico». [394] En sitios como este apreciamos que la escritura de Roca Barea no está destinada a captar la inteligencia del lector, sino su pasión y ante todo su sentimiento de haber sido mal tratado en su condición de español. Reflexionar sobre el hecho de

---

para el desarrollo de la cultura, por cierto, no solo de la Edad Media. En especial ha influido también fuertemente sobre la formación empírica de los precios». Cf. Max Weber, *La objetividad cognoscitiva de la ciencia social y de la política social*, , Buenos Aires, 1904, p. 84.

que Adam Smith se aproximaba a la cuestión de la *producción* de riqueza mediante la racional división de trabajo, mientras que los dominicos españoles estaban interesados por la estabilidad de la moneda y la integridad de las rentas, sobre esa diferencia histórica fundamental y decisiva para comprender las distintas épocas y sociedades y así evitar anacronismos, eso le está vedado a la autora.

Traigo este asunto para identificar cómo a estas alturas el libro ya ha escapado a todo control. Después de este párrafo, en el que se pretende que nos sintamos indispuestos contra el supuesto plagiario que era Adam Smith, continua así: «Edward Jenner su descubridor escribió: 'No puedo imaginar que en todos los anales de la historia se encuentre un ejemplo de filantropía más noble y más amplio que este'». [394] El lector se frota los ojos. ¿Qué significa esto? ¿No citar a Azpilicueta es el ejemplo más notable de filantropía? ¿Adam Smith, ese protestante plagiario de nuestro genial dominico, es de repente ejemplo de filantropía? Seguimos leyendo porque no entendemos nada. Pero no logramos aclararnos. Ahora nos damos con Humboldt, a quien se ha puesto de vuelta y media como ladrón, espía, liberal y señoritingo unas páginas antes. Al final comprendemos que el curso del libro, seguramente por haberse volado varias cuartillas, ya ha abandonado la defensa de los finos analistas de la Escuela de Salamanca y ahora camina tras las rutas del viaje de Francisco Javier Balmis, un médico militar que experimentó con vacunas contra la viruela y que es otro de los grandes logros de España. ¿Qué pasó? No lo sabemos. Cuando un libro se hace como una acumulación impresionista de temas se corre el riesgo de que la tijera actúe de forma indiscreta. Desde luego aquí faltan párrafos, o quién sabe, quizá hojas. Después, la autora se entrega a la enésima defensa de la grandeza de Feijoo como si aquí no hubiera pasado nada. Y en realidad, no pasa. La última parte es un rosario de agravios que no hacen sino repetir temas anteriores para así buscar la ocasión de machacar al lector con nueva propaganda subliminal.

Traigo este asunto de los despistes a colación no solo para mostrar que son inevitables en ese método impresionista de acumulación abigarrada de detalles, sino también para argumentar que no me atendré a la estructura del libro. Para llevar a cabo la segunda parte de nuestra crítica, vamos a ignorar un poco esta estructura caótica y reduplicativa. Vamos a unificar la noticia del libro, de tal manera que agrupemos los tópicos y podamos apreciar sin repeticiones las posiciones de la autora. Y como en el índice principal, comenzaremos por Roma, el fundamento de todos los imperios, porque es el modelo del imperio español. Pues en efecto la *hispanitas* es la heredera de la *romanitas*. En realidad, esta herencia fue una pretensión muy anterior a la emergencia del imperio. Ya se aprecia en san Isidoro de Sevilla, en la alabanza que escribió sobre Hispania. Veamos ante todo cuál es la idea de Roma que nos ofrece Roca Barea, pues con ella inicia la serie de víctimas imperiales de las diversas leyendas negras.

Primera víctima: Roma

El populismo intelectual reaccionario de Roca Barea le lleva a ofrecernos detalles como este: exhibir como *lema* de su capítulo central sobre Roma una canción de Elsa Baeza. Es la otra cara de la calificación que vierte sobre los intelectuales como aliados de las oligarquías locales. La alusión a una cantante que interpretó el Credo de Carlos Mejía le sirve a Roca Barea para introducirnos en un caso importante de su ley: como todos los grandes imperios, también Roma tuvo su leyenda negra. Esto es así porque alguien, alguna vez, en algún sitio y durante algún tiempo expresó algunos de los elementos del síndrome típico-ideal bautizado por ella como complejo de imperiofobia. Por ejemplo, ese fue Tenney Frank, un profesor de la John Hopkins de primeros del siglo XX, que se le ocurrió decir una vez que Roma se encontró *inconscientemente* embarcada en la carrera imperial. Este aserto lo pronunció este *scholar* hacia 1914. No sabemos si, por darse este elemento concreto del síndrome de imperiofobia, Frank ya padecía todos los demás elementos del complejo, ni si este hombre se aliviaba, como buen *yankee*, del complejo de inferioridad, o si pertenecía a esa banda impune de intelectuales conectados con una oligárquica local. A fin de cuentas, publicaba en Nueva York, una conocida aldea antimperial. Frank fue un honesto profesor, un académico respetado y acreditado, pero la forma de traerlo a colación aquí para sostener que Roma tiene su leyenda negra es por los pelos. En realidad, su teoría fuerte era que Roma practicó una política ambivalente: deseaba mantener la paz en el Mediterráneo, pero su modo de hacerlo consistió en aplastar *preventivamente* cualquier poder rival emergente. Eso le condujo a una carrera preventiva que no pudo controlar, en una escalada que le llevó cada vez más lejos. Roca Barea no está interesada en estos matices. Extrae lo que le interesa a su esquema y basta. Eso hace que las menciones relevantes para su argumento sean a veces pintorescas. Frank no dice que Roma se embarcara en la política imperial de forma inconsciente. Dice que la política consciente de Roma de mantener la paz le llevó, como hecho sobrevenido, a una carrera preventiva por aplastar a poderes emergentes regionales cada vez más lejanos.

Por supuesto, quien sabe algo de historia antigua de Roma, conoce que fue un imperio dirigido por una clase senatorial bastante consciente, y que la necesidad de aplastar poderes emergentes regionales cada vez más lejanos tenía otra cara: apresar en guerras continuas mano de obra esclava para mantener la economía de los grandes latifundios senatoriales. Alguien que se dejó los ojos en estudiar la historia antigua, como Max Weber, dijo que las guerras romanas imperiales, como auténticas cacerías de esclavos, eran como los trenes de carbón de la revolución industrial, el motor y la energía del capitalismo antiguo. En este sentido, podemos asumir que la carrera imperial no fue del todo improvisada ni sobrevenida, ni era del todo pacifista, como dice el respetable Tenney Frank. Claro que era un diseño consciente, que la clase senatorial desplegó de forma muy elaborada y a favor de sus intereses, aunque su política llevara consigo la ruina de las ciudades italianas y de las ciudades de provincias. Sabemos que esa política tuvo como origen el cambio de actitud de los principales senadores tras la destrucción de Cartago. Las tierras de conquista pasaron a ser repartidas en latifundios entre las grandes familias para crear grandes explotaciones agrarias, y ya no se entregaron a los legionarios licenciados. Esa forma económica latifundista generó la necesidad de mano de obra esclava. Roma no pudo dejar de extender la guerra hacia fronteras cada vez más lejanas porque la guerra producía esclavos.

Expongo este argumento en mi libro *Teología política imperial y comunidad de salvación cristiana* y ahí reenvío al lector que desee conocer más detalles[1].

Lo importante de este argumento consiste en recordar que no basta con decir que el imperio romano tuvo un diseño consciente, sino que es preciso explicar cuál fue. Roca Barea no lo hace. Pero lo más interesante es que el documento que presenta la autora para defender su opinión contra el imperio inconsciente de Roma es una cita de Cicerón. En ella afirma el gran orador que el pueblo romano no llegó a ser fuerte por azar, sino por el consejo y la disciplina. La cita procede del libro durante mucho tiempo perdido de la *República*, que fue la mayor defensa clásica de la constitución mixta, el germen de la división de poderes posterior y el mayor obstáculo a la forma imperial de mando. ¿Ignora la autora que Cicerón defendía la república y la virtud republicana y que fue el mayor opositor al imperio, y que luchó por igual contra el partido de César, de Antonio o de Augusto? ¿Olvida que murió en esa lucha y que para él imperio era equivalente a monarquía y a tiranía, algo de lo que los romanos se habían librado durante más de cinco siglos justamente con el consejo y la disciplina de una republicana constitución mixta? A eso hacía referencia precisamente Cicerón en la cita que Roca Barea aporta para defender el carácter consciente del imperio. Lo que Cicerón argumenta es que un buen régimen republicano conscientemente dirigido hizo la grandeza de Roma. Luego extrajo la consecuencia de que la fractura de ese régimen republicano por parte del imperio llevaría a la decadencia. Pero no dijo que un régimen republicano conscientemente dirigido fuera la base del poder imperial. Su lengua habría escupido sangre antes de pronunciar una frase semejante.

¿Se acaban aquí las inconsistencias? No. A pesar de que ella pone todo su esfuerzo en desechar la idea de que Roma hizo el imperio inconscientemente, pues constituye una de las acusaciones

---

1 José Luis Villacañas, *Teología política imperial y comunidad de salvación cristiana. Sobre una genealogía de la división de poderes*, Trotta, Madrid, 2016.

racistas de los pueblos inferiores para devaluar a los superiores, no cesa de enmarañar sus argumentos, sin duda consecuencia de que no quiere decir cuál fue el diseño consciente del imperio romano. Por eso, en un momento dado, dice que Roma «no hizo más que responder *defensivamente* a retos que se le fueron presentando a lo largo de su historia, esto es, fue peleando y conquistando básicamente para defenderse, entonces es inocente». [53] Por supuesto el ritmo de la frase denota la mentalidad de Roca Barea. Un argumento muy confuso y una conclusión terminante. En la frase apreciamos que ha leído más de la cuenta al ilustre profesor Frank de la John Hopkins. Ese destino de una lucha defensiva que se torna guerra de conquista defensiva reproduce el argumento de Frank, sin dar la clave: que se trataba de una defensa *preventiva* en escalada. Pero esos matices no le importan a ella, que ahora está en otra cosa, en la importante: el largo razonamiento se transforma en un veredicto. ¡Roma es inocente! ¿Pero a quien le interesaba ahora su veredicto acerca de si Roma es inocente o no? ¿Es que se trata de pagar cuentas de hace dos mil años? Pero ya sabemos, se trata siempre de que el uso del poder de los imperios no produzca mala conciencia. Decir que Roma es inocente es un aprendizaje para llegar a la misma conclusión respecto a España. Pero a quien va con un interés genuino a la historia no le interesa la culpabilidad o la inocencia, sino entender por qué y cómo las cosas ocurrieron así y no de otra manera.

Lo que deseábamos saber es si el imperio romano fue conscientemente dirigido y hacia qué fines. Sin conocer esos fines, no podemos sentenciar nada de lo que nos importa, a saber, por qué se vieron como indeseables y a quiénes. Todo eso ya se ha olvidado en *Imperiofobia*. El veredicto de inocencia que lanza sobre Roma aplasta y sepulta el argumento. Pero el argumento requiere una explicación. Los imperios son conscientes, se planifican, alguien los piensa, los proyecta. Vale. Roma lo hizo. Vale. Se sabe que todo surgió del cambio de política con los vencidos, cuando Escipión derrotó a Cartago. En lugar de repartir las tierras de los vencidos entre los legionarios licenciados, Roma las repartió entre la clase senatorial. En lugar de federar al vencido, Cartago fue arrasada y liquidada. A Roca Barea estas grandes decisiones de las clases dirigentes romanas le importan poco. Lo importante es la inocencia de Roma. Por fin la ciudad eterna encuentra a su abogada ante la historia. Ya puede levantarse de nuevo su fantasma y revestirse con la túnica blanca de los inocentes de la historia. Su argumento es ejemplar: Roma se entregó siempre a una defensa pasiva. Según le atacan, ella pelea. Pero con sinceridad, ¿quién puede proyectar los ataques que va a padecer? ¿Quién planea su defensa pasiva? ¿De entregarse a la política de esperar pasivamente el ataque, no habría tenido que abandonar todo plan de guerra? Y de haber tenido un plan consciente de guerra, ¿no habría debido mostrarse activa? Si fue pasiva, Roma habría sido arrastrada sin quererlo al imperio. ¿Y entonces, no sería su imperio algo sobrevenido, no querido? Si la clave es la defensa pasiva, todo tiene cierto aspecto de ir sobre la marcha. Pero en lugar de examinar si esto es coherente con la dirección consciente hacia el imperio, Roca Barea da un giro con un paso de baile: Roma es inocente. ¿Qué queda de la cuestión de si los imperios son inconscientes? Nada, pero ¡qué nos importa! Lo que nos ha golpeado como un martillo es que Roma es inocente. Pero si nos tomamos en serio la finalidad consciente de los imperios, y entre ellos el romano, entonces debemos decir cuál fue esa aspiración consciente y así analizar las consecuencias sobrevenidas y no deseadas. Y si llegamos a este punto, debemos discutir si, por ejemplo, Weber llevaba razón al defender que la finalidad fundamental del imperio fue tanto la prevención contra potenciales enemigos, cuanto debilitarlos poblacionalmente mediante la cacería permanente de esclavos para atender las grandes fincas latifundistas senatoriales. Esa es una posibilidad y constituiría un curso de acción consciente de las elites senatoriales, que de este modo garantizaban los dos objetivos a la vez: mantener la superioridad militar y dotar de mano de obra sus grandes fincas. La consecuencia sobrevenida fue el hundimiento del artesanado urbano y la pequeña propiedad rústica ante el doble asalto de los impuestos crecientes para mantener el ejército y la producción más barata de las grandes fincas. Roca Barea prefiere no remover el asunto. Lo importante es sentenciar que Roma fue consciente de su formación imperial y además inocente de sus consecuencias.

Pero sobre la inocencia o no de Roma no es algo que nos corresponda juzgar a nosotros. ¿Somos acaso el Mesías en su segunda venida para establecer el juicio final? Nosotros no, pero Roca Barea parece que sí. Tiene necesidad de esas bendiciones morales. En realidad, todo su argumento es moral y por eso su libro está sobrecargado de síntomas. Sus denuncias también, sobre todo las que dirige contra los intelectuales. Sin embargo, al historiador y al curioso lector le interesa más el juicio que tuvieron los contemporáneos sobre las propias realidades, si compartieron esas ideas, esos planes conscientes, y por qué o por qué no. Respecto a esto, Roca Barea ignora todo lo que Séneca escribió sobre sus emperadores contemporáneos, y desde luego no está de humor para leer la apoteosis de Claudio. Por supuesto, nada de lo que ha escrito Arnaldo Momigliano sobre la visión de los pueblos colonizados por Roma, desde los judíos a los celtas, tiene aquí su lugar. Eran pueblos bárbaros inferiores que apenas balbuceaban en sus idiomas ignorantes. Lo más peculiar es que ella, siempre atenta a defender a los judíos, ignora sobre todo lo que pensaron los judíos alejandrinos sobre Roma, sobre todo después del gran pogromo del barrio de Alejandría al que estos acontecimientos deben su nombre, el que instigó el gobernador imperial en la ciudad del Nilo. Por supuesto, ella seguirá sentenciando que los imperios son los grandes amigos de los judíos y que los imperiofóbicos son antisemitas. Sin embargo, fueron ellos, sobre todo ellos, los que en nombre del verdadero Dios acusaron a los emperadores romanos de impiedad y blasfemia por su propia deificación. No fueron los oráculos. ¿Eran antisemitas los judíos al lanzar estas acusaciones contra esos infames personajillos deificados? ¿Cae ese memorable testimonio también bajo la ley de que la acusación de impiedad que los pueblos sometidos lanzan a los poderes imperiales es espuria y resentida? ¿También aquella? ¿Esa religión de adorar al emperador romano como si fuera un dios era piadosa? ¿Denunciarla era un alivio del complejo de inferioridad judío? Roca Barea tiene mucho interés en que esto sea así para luego poder aplicarlo al caso del imperio español, cuando, según ella, los luteranos levantaron las guerras más cruentas contra el emperador católico Carlos, el único poder cristiano de la época que fue tan piadoso que saqueó Roma antes de haber cruzado una espada con un poder luterano. No hago yo la comparación. Es de ella: «Judea contra Roma; Flandes contra España». [67] Aquí refleja su brutal nietzscheanismo, al que ha superpuesto un filojudaísmo de circunstancias. Si hay alguna analogía en los dos casos de hostilidad al imperio es esta: en ambos momentos se trató de una rebelión inspirada por el Dios bíblico contra la vieja superstición romana que deificaba al poder imperial, aunque en el siglo XVI llevara el nombre de papa católico y se hiciera llamar *servus servorum dei*, o el de un Felipe II que se comprendía como *rex et sacerdos*.

El caso es que las escasas páginas que el libro le dedica a Roma concluyen así:

> *El estudio del mundo romano nos ha permitido establecer un modelo básico de lo que en este ensayo llamamos imperiofobia, un fenómeno casi universal que puede considerarse desde muchos puntos de vista como propaganda, como complejo social, como prejuicio racial y de otros muchos modos. Pero indiscutiblemente presenta una fisonomía semejante por encima de los siglos y las circunstancias, y una pauta de evolución equiparable en los distintos imperios.* [69]

Al menos aquí debemos retener un detalle: los judíos fueron los más hostiles al imperio romano. Luego, ese sentimiento lo heredaron los cristianos, como se ve en el libro del Apocalipsis. No podemos decir que la imperiofobia esté asociada al antisemitismo. Al menos aquellos semitas, judíos o cristianos (por lo general en su mayoría igualmente judíos durante los tres primeros siglos), fueron imperiofóbicos. En realidad, Roca Barea asume todo el argumento paranietzscheano que, de ser desplegado de forma coherente, debería poner a los judíos en el lado antimperial. Muchos de los pensadores judíos contemporáneos más preclaros lo siguen siendo. Sin embargo, por un tabú nunca explicado se niega esta consecuencia. De asumirla, tendría que aceptar que los imperios siempre albergaron elementos racistas. No obstante, ella prefiere decir que los racistas son los pueblos subalternos.

En todo caso, el imperio romano define el curso de esta historia, marca la pauta y el modelo. Por supuesto, como no hemos comprendido nada del Imperio romano, ni su forma social, ni su forma económica, ni su forma política, porque ella no nos lo ha explicado, solo podemos seguirla en lo que quiere mostrar: Roma ha dado la pauta no para la formación de los imperios esclavistas (frente a los imperios fiscales como el islam), sino para el proceso formador de las leyendas negras. En ellas, Roma ha sido vista con los caracteres de un pueblo inferior, indigno, avariento, explotador; incapaz del mando legítimo, su imperio es fruto de una falta de proyecto y de un afán inconsciente y brutal. Lo importante de los imperios es así lo que dijeron los subalternos, la leyenda negra que formaron, y no lo que ellos hacen realmente, por qué y cómo, todo lo que este libro silencia. Con ello no conocemos nada de la realidad y de su verdad, cosas ambas que a Roca Barea le importan poco. Y así se prepara para proyectar este esquema sobre las reacciones que provocó el devenir histórico del imperio español, pero igualmente, como hemos visto en el caso de Roma, sin interesarse por interpretar lo que este mismo significó en el curso de la historia mundial, ni lo que hizo o aspiró a hacer y por qué lo hizo así y no de otra manera.

Segundas víctimas: Rusia y EE. UU.

Como ya hemos dicho, Roca Barea no desea contar el imperio islámico y, sobre todo, el imperio otomano, como uno de esos imperios novedosos, evolutivos, abiertos, gendarmes de la humanidad indisciplinada, beneficiosos, que rompen con las oligarquías corruptas locales. Es posible que no deseara hablar del imperio musulmán porque no quisiera mostrar la falsedad de su propia tesis. Los imperios, lejos de arruinar a las oligarquías locales, por lo general pactan con ellas y las elevan a elementos subalternos de su administración, manteniéndolas así en su poder local a cambio de obediencia y sometimiento. En esto los musulmanes fueron unos maestros, como he mostrado en mi libro *Eremitas, mozárabes y musulmanes;* pero lo mismo hicieron los ingleses en India, los españoles en México, y los norteamericanos en Argentina. Si Roca Barea hubiera explicado el imperio islámico, habría tenido que contar algo que nos concierne: cómo el clan de latifundistas witicianos godos pactaron con Musa ibn Musa, y cómo se convirtieron al islam en menos que canta un gallo con tal de poder vivir como reyes en sus propias tierras. Pero ya se sabe: quien establece una ley histórica completamente falsa (que los imperios son meritocráticos) no quiere saber nada de los fenómenos históricos concretos que dicen lo contrario. Y, sin embargo, el imperio islámico presentaba todos los elementos iniciales para que Roca Barea lo incluyera en su lista: se dio en los límites de los desiertos centrales, fue fulminante, reordenó un inmenso espacio que estaba sumido en el caos, desde la India a Mauritania, mezcló muchas gentes, generó nueva cultura, forjó aristocracias mestizas, organizó nuevas fronteras, unificó espacios antes separados, etcétera. ¿Por qué no ponerlo al lado de los demás imperios? Roca Barea no da ninguna razón. Como si nunca hubiera existido, el islam y sus diversas formaciones imperiales están ausentes de su libro. ¿Imperiofobia islámica? ¿Alivio del dolor de pertenecer a un pueblo que durante ocho siglos estuvo fascinado por el islam, dominado por él? ¿Voluntad de no interrogar sobre la posibilidad de que nos hayan influido en algunos fenómenos culturales, como por ejemplo el rigorismo dogmático y el tradicionalismo religioso más obtuso? ¿No será la propia Roca Barea un poco sarracena en su forma de defender el fundamentalismo religioso?

No lo sabemos. Su interés central, por supuesto, es el imperio español y la leyenda negra contra él, construida por los pueblos *subalternos* europeos. Pero de forma extraña une el destino de España a otras dos grandes víctimas de leyendas negras. Se trata de Rusia y de Estados Unidos. Cuál sea el objetivo de esta extraña solidaridad es difícil saberlo. Por supuesto no implica un trabajo serio historiográfico. Nada que conduzca a una verdad sobre estos dos grandes países se deriva de su libro. En realidad, lo que Roca Barea dice sobre Rusia es subsidiario de lo que dice sobre España. Una vez identifica los enemigos de nuestro imperio, solo se detiene a mostrar que esos mismos enemigos también lo fueron de Rusia. Y como no es evidente que Rusia fuera enemiga de la Reforma (hay que recordar que Dostoievski atribuyó a Lutero el papel de librar a la humanidad de la Iglesia católica), la autora se concentra en la hostilidad que contra Rusia proyectó la Ilustración, que para la autora es *heredera* universal del protestantismo a todos los efectos. Ella utiliza la diferencia entre civilizado y bárbaro para aplicarla a Rusia, y así continúa la leyenda negra contra España, aunque ahora sin el acento anticatólico de los siglos anteriores[1].

1 A pesar de todo, la dimensión protestante de la Ilustración se mantenía en el secreto del movimiento. Así sucedía con Bayle a quien Roca Barea llama «pionero de la Ilustración y hugonote». [353]

[353] La consecuencia, en todo caso, es que España y Rusia lucharon su batalla histórica contra los mismos pueblos del centro y el norte de Europa. En este sentido tuvieron enemigos comunes, que despreciaron a dos grandes pueblos imperiales de la periferia desde un resentido racismo, que los consideró pueblos bárbaros, semicivilizados y racialmente inferiores. Sin embargo, en su argumento, Rusia no es sino un ejemplo que acompaña al caso español y que hace un guiño sobre los posibles enemigos comunes, sobre todo Alemania.

De la misma forma, el lector queda sorprendido por la voluntad de Roca Barea de separar la civilización anglosajona y de tratar a Gran Bretaña de un modo completamente diferente a Estados Unidos. Hay algo así como una negación del carácter anglo de los Estados Unidos, o al menos una voluntad de dejarlo en latencia, como si fuera posible superarlo en el futuro. Eso le permite ser extraordinariamente dura contra Inglaterra y pasar por alto la continua depredación de los Estados Unidos de territorios hispanos a lo largo de los siglos XIX y XX. Esa continua humillación, constitutiva de la dimensión imperial de los Estados Unidos, no es considerada.

Por el contrario, Roca Barea privilegia al imperio norteamericano en su análisis de los fenómenos relacionados con los hechos imperiales y los complejos que producen. Lo considera una ocasión inmejorable para analizar la mezcla de envidia y admiración que la imperiofobia siembra a su paso. Se la ve gozar analizando no un imperio pasado, sino uno presente, dotado de vida. Aquí sus reproches se dirigen contra los intelectuales críticos europeos de Estados Unidos. El antiamericanismo está vivo y es mundial porque el americano es el primer imperio global, nos dice. La inspiración le viene de un conocido autor francés, Philippe Roger, que escribió en 2002 un libro sobre el antiamericanismo. Roger es un especialista en Sade y en el siglo XVIII, y le da pie a la autora para exponer algunos de los prejuicios europeos contra el sistema americano. Entre ellos, la vieja teoría de América como escenario telúrico degenerado que el conde Keyserling extendió en los primeros años del siglo XX por todo el mundo. La información que nos da Roca Barea sobre todo este asunto se puede obtener en internet[2]. Por supuesto, no voy a negar que los intelectuales europeos más despistados creyeron durante el siglo XIX que América era un país social y económicamente inferior. El despiste llega hasta Ortega y Gasset, que siempre habló de Estados Unidos como una factoría en el alba del proceso civilizatorio, pero no fue compartido por Ramiro de Maeztu, que escribió crónicas informadas sobre sus logros. Tampoco Hegel compartió ese prejuicio, pues consideró a los Estados Unidos la tierra del futuro; y todavía menos Alexis de Tocqueville, que celebró la estructura comunitaria de su vida como contrapunto de la homogeneizadora sociedad que veía en el horizonte europeo. Donoso Cortés también les prometió un gran protagonismo mundial, y desde luego Max Weber vio en ellos el mayor éxito de la ética protestante y de su capacidad formadora del capitalismo moderno. Por cierto, un error lamentable de Roca Barea: Max Weber no se pudo hacer eco de las críticas que le dirigiera Kürnberger en 1930. Para ese año Weber ya llevaba casi una década muerto. Y, por cierto, sería bueno que Roca Barea leyera las memorias de su esposa, Marianne Weber, para apreciar hasta qué punto a su esposo le entusiasmaba América. Por propia confesión, nunca se sintió más a su gusto que en el Chicago floreciente anterior a la Ley Seca. Así que no es verdad que todos

2 Con su sentido del orden tan especial, este asunto vuelve a tratarlo en las páginas 367 y siguientes, donde mezcla un montón de cosas y asuntos, por ejemplo, la figura de Francisco Javier Clavijero, «un ilustrado convencido», pero también jesuita, que es uno de los talentos que prepararon la independencia de México, y que dependió de las enseñanzas del caballero Boturini, que, como sabemos, fue censurado por la corte madrileña y condenado a vivir en la miseria. En realidad, la teoría de América como continente degenerado es mucho más reciente, supone la idea de la evolución, y no tiene nada que ver con la mirada sobre el indio propia de los españoles, que tendió a fundar el mito del buen salvaje, como se ve en la temprana obra de Vasco de Quiroga que hacía de ellos pueblos que bien podrían compararse con los cristianos originarios. Las consideraciones que sigue a este punto sobre el racismo científico, que ella comienza con Gall, [372] olvida que la frenología no es la única forma de acercarse a las razas. Las complejas ordenaciones del mestizaje que llevaron adelante los españoles en el siglo XVIII y sus intentos de medir el color de la piel para establecer científicamente estas diferencias y graduarlas, son completamente ignorados por Roca Barea. Por supuesto que ella media el racismo con el predestinacionismo protestante. Los católicos no pueden ser racistas para ella.

los grandes intelectuales europeos hayan extendido prejuicios contrarios a los Estados Unidos.

Por supuesto, el eurocentrismo es una posición intelectual detestable y coincido con los esfuerzos de la autora por eliminarlo. La diferencia es que a mí no me gustaría caer en la eurofobia. Por cierto, que quien más hizo por extender una imagen negativa de Estados Unidos en Europa no fue el mundo protestante europeo, sino un tal Edgar Allan Poe, traducido pronto por Charles Baudelaire. Fue su metáfora del *hombre de las multitudes* lo que puso en circulación el arquetipo del americano inculto y materialista, anónimo y brutal, el nuevo Calibán de una civilización de hierro y de fuego, y eso a pesar de los esfuerzos de Emerson y del poeta Walt Whitman, el autor de *Canto a mí mismo*, por reorientar la vida cultural americana hacia una épica democrática. Y puestos a ser justos, no hay nada de antiamericamismo en Nietzsche ni en muchos otros lectores de Emerson. *La caída de la casa Usher* hizo más por empeorar la imagen de Estados Unidos en Europa que todos los esfuerzos de los europeos, Gobineau incluido.

Roca Barea vincula con fuerza el antiamericanismo con el antisemitismo. Y, en efecto, durante una buena parte del franquismo, ese fue el sentimiento que las elites españolas dedicaron a Estados Unidos. Allí se habían impuesto algunos de los enemigos más siniestros de Franco, los judeomasones. Roca Barea insiste mucho en vincular ambas fobias, y como sus imperios han de padecer todos el mismo destino, ella se empeña en defender que la leyenda negra contra España y la hispanofobia también son asunto de los antisemitas. Esto es pintoresco y de ello hablaremos después. Eso que ella llama el imperio español, impulsado y forjado por los que destruyeron al milenario pueblo sefardita, también padeció el antisemitismo europeo. Ya es triste destino. Las elites cercanas al rey Fernando (representadas por los dominicos) hicieron todo lo posible por destruir hasta la última gota de sangre hebrea en España. Eso no las hace antisemitas. Por el contrario, ellas fueron las víctimas de los furores antisemitas europeos. «Una parte significativa de la propaganda antiespañola se nutrió de los prejuicios antijudíos». [73] ¿Quiere decir Roca Barea que las elites gobernantes hispanas eran filosemitas? Eso no llega a decirlo. ¿No estará forzando aquí un poco los parecidos entre EE. UU. y España, haciendo de ambas potencias amigas de los judíos? Las elites europeas hostiles a España usaron todo lo que pudieron la alta presencia de etnia hebrea en España y lanzaron frecuentes desprecios por eso. Pero las elites dirigentes españolas interiorizaron esos mismos prejuicios y montaron el dispositivo de eliminación del pueblo sefardí justo para demostrar una homogeneidad europea que garantizara su aceptación por parte de los europeos, lo que muchas veces significó exclusivamente que ya compartían su insensato prejuicio antisemita.

Nada que ver con el hecho de que Estados Unidos acogiera a miles de judíos que huían del Holocausto y que encontraron en América su nuevo hogar, a pesar de los núcleos de supremacismo que jamás se extirparon. Todavía cuando Joseph Roth se preguntaba dónde podían ir los judíos amenazados en toda Europa, desde el Rin a los Urales, solo podía responder que sobre España pesaba todavía el *haram*, la prohibición que lanzaron los rabinos como consecuencia del decreto de expulsión de 1492. No parece entonces que los judíos hayan considerado a España un país filosemita. Queda, sin embargo, el problema del sionismo. Que Estados Unidos apoye al Estado de Israel es legítimo y justo. Que apoye la política en Gaza y Cisjordania lo es menos. Que alguien, judío o no, apoye a la ligera la causa del sionismo no es necesario, y que se apoye al fundamentalismo religioso es contraproducente incluso para el interés del Estado de Israel en el largo plazo. [74] Pero cubrir como antisemitismo la crítica al sionismo y al fundamentalismo es no entender nada del mundo judío y tampoco del mundo mental de los judíos norteamericanos. Muchos de ellos se atreven a elevar críticas al Estado de Israel que yo jamás me permitiría. Y Roca Barea debe creerme si le digo que no por ello son antisemitas. Pero por si quiere una discusión más detenida para distinguir entre antisionismo y antisemitismo, que lea la correspondencia entre el sionista Károly Kerényi, el famoso intérprete de los mitos griegos, y el hijo de generaciones de rabinos turineses, el egiptólogo y germanista

Furio Jesi, tristemente desaparecido en plena madurez en los primeros años setenta. Quizá eso le ilumine un poco acerca de esta diferencia y verá como el autor de *L'accusa del sangue. Mitologie dell'antisemitismo* podía ser perfectamente antisionista. Y por supuesto, y aunque procuro no compartir la islamofobia implícita de la autora, reconozco el derecho a la existencia del Estado de Israel, un derecho bien ganado ante la Humanidad por el sufrimiento del Holocausto. Esto para no caer en su populismo político. [73]

Roca Barea plantea a menudo las cuestiones en términos genéricos. Estado Unidos es un país muy grande, los judíos americanos son muchos, los antisionistas no siempre son antijudíos, los judíos no siempre son sionistas o pro-Estado de Israel, los patriotas americanos no siempre son defensores del imperio y hay muchos analistas de calidad, como Bruce Ackerman, que consideran la conversión de la república americana en una república presidencialista imperial como el peor enemigo de sus tradiciones patrias. En suma, el país de la democracia y de la prensa libre tiene muchas caras y no conozco a nadie que no pueda admirar alguna de ellas. Así que no veo que los EE. UU. padezcan como España por una leyenda negra. Es más, tiendo a pensar que si eso pasara no harían el quejica. Lo mismo se puede decir de los europeos. Unos son más antiamericanos que otros, aquellos son solo republicanos y antimperialistas y detestan la inclinación de los EE. UU. a intervenir en otros sitios, pero admiran su régimen constitucional; otros son aliados de las pulsiones imperiales, como ella, Aznar y otros que jamás aceptarían un estado federal como el americano en España. Quizá dejar de hablar de los pueblos y de las culturas como algo homogéneo nos permita identificar mejor y más libremente lo que nos gusta de ellos y así defender lo que queremos que reconozcan en nosotros. Cada ciudadano es libre de llevar la autocrítica hasta donde estime oportuno y desde luego tiene derecho a reclamar que no se le haga por eso formar parte de ningún síndrome imperiofóbico o de ningún complejo de inferioridad que rueda por la humanidad desde hace milenios. Lanzar la piedra de que los pensadores americanos autocríticos no lo fueron con Stalin es sencillamente falso. ¿O es que Gore Vidal, Noam Chomsky, Susan Sontag, Hannah Arendt y tantos otros han sido agentes del Kremlin? No es verdad que Chomsky haya sido una máquina de antiamericanismo, así, en bruto. [76] Es un crítico de muchos elementos de la política americana. Se puede estar de acuerdo con él o no, pero reducir sus argumentos al antiamericanismo es desvirtuar las cosas. En suma, Roca Barea no logra convencernos de que los Estados Unidos padecen una leyenda negra. No comparten destino con España, a la que por lo demás han combatido con fuerza durante mucho tiempo por sus aspiraciones imperiales o neoimperiales en América. Y, sin embargo, no creo que esto le preocupe mucho a Roca Barea. En el fondo ella lo que quiere es exponer la leyenda negra contra España. La pretensión de ganarse la benevolencia de los Estados Unidos por compartir ese destino me parece ingenua y trivial, a no ser que responda a extrañas orientaciones. Así que pasemos a lo que ella considera la verdadera víctima, España. Solo entonces identifica Roca Barea victimarios concretos.

B. Los victimarios: las naciones europeas

Primer victimario: Italia

Al tratar la leyenda negra contra España, Roca Barea parte del libro del investigador sueco Sverker Arnoldsson, que en los años 50 del siglo pasado fue un becario de la fundación Rockefeller para estudiar el mundo hispanoamericano y que luego pasaría a ser un personaje central del Instituto de Goteburgo dedicado a estas materias. Su tesis es que en Italia debemos ver la primera manifestación de prejuicios antiespañoles. Roca Barea acepta la tesis de que la hispanofobia italiana se basaba en la presencia de soldados, comerciantes, putas y judíos españoles de tiempos de Fernando el Católico y Carlos V en Nápoles y Roma. ¿Qué tiene que ver esto con el imperio español como institución? Ni Nápoles ni Roma eran sustancialmente parte del Sacro Imperio Romano Germánico. ¿Eran parte de un cierto imperio español? Por supuesto, Roca Barea silencia todo el pasado imperial de la corona de Aragón sobre Sicilia y Nápoles, una construcción federalizante que contrasta en parte con la forma imperial hispana posterior, que, sin embargo, asumió su sistema de virreinatos como forma de gobierno[3]. Este

3 Contrasta en parte porque el imperio posterior de Carlos no fue innovador en instituciones capaces de dotar a los territorios de su forma política autónoma, como de hecho hizo la Corona de Aragón, que extendió la forma de Generalidad por sus dominios, sin centralizar una administración. Por supuesto, innovó con la institución del virrey, que posteriormente utilizó el imperio de Carlos, pero sin la base institucional paralela de la Generalidad, que en la federación aragonesa establecía una forma política para el territorio virreinal dado. Este orden de la Generalidad

elemento catalano-aragonés-valenciano expansivo amenazó con desequilibrar el sistema de ciudades-estado italianas desde el sur, a veces aliándose con Milán, pero casi siempre frente a Florencia y amenazando Roma. Para Roca Barea solo cuenta la primera expansión mediterránea hispana ya en el reinado de Fernando el Católico, que, sin embargo, era el heredero de la lógica poderosa y tradicional de la corona de Aragón. Si la autora hubiera estado atenta a la genealogía medieval de este imperio de las cuatro barras, habría visto que no generó leyenda negra alguna radical o masiva. Es verdad que Arnoldsson recuerda citas de Petrarca contrarias al dominio aragonés. Pero Dante canta con sus mejores versos a la casa de Aragón en su *Divina Comedia*. Dividida entre los *angevini* y los *catalani*, la opinión de los poetas e intelectuales se dejó llevar por esos bandos. Nada de mala sangre, ni de marranos durante los siglos XIV y XV. Antes y después, siempre hubo un partido hispano en Italia y eso le permitió a Elías de Tejada escribir su *Nápoles hispano*. Así que el desprecio que llamaba judíos a los españoles en general tiene una genealogía precisa. Solo cuando los poderes castellanos levantaron la cuestión racial en los tiempos de Juan II y Enrique IV (el pogromo de Toledo es de 1449 y en él se redactó el primer estatuto de limpieza de sangre, si dejamos a un lado las leyes de Ayllón de primeros de siglo), dividiendo a sus propios pueblos entre cristianos viejos y nuevos, los demás pueblos europeos dirigieron a la generalidad de los hispanos los insultos que parte de sus dirigentes lanzaban contra los sefarditas. Aprendieron que lo que más les dolía a esas elites era la presencia de judíos en su seno y les aplicaron los mismos insultos que ellos mismos aplicaban a los judíos.

---

podía reconocer la estructura social de cada territorio e iba desde la más senatorial de Barcelona (con su constitución de 1283, *Recognoverunt proceres*) a la forma más menestral y de pequeña aristocracia de *caballers* y *generosos* del reino de Valencia, a la forma mixta de ricos hombres y mesnaderos aragoneses. El imperio carolino imita en América la forma aragonesa en la representación del soberano, pero no en la ordenación jurídica del pueblo y del territorio. Por supuesto, esta ordenación virreinal albergaba territorios heterogéneos en América y por eso los virreinatos no sobrevivieron ni se traspasaron a las posteriores repúblicas.

Como puede apreciar cualquiera que lea las fuentes de la época, Italia aparecía a los ojos de los españoles de entonces como un sistema complejo y caótico. Cuando estallaron las guerras de los infantes de Aragón, todos vieron que se hacían al itálico modo, lucha de todos contra todos. En estas condiciones, los insultos iban por barrios. Todos se insultaban entre sí. Ver aquí el origen de la leyenda negra es un ejercicio estéril. Pero en la valoración de la intervención española en Italia, Roca Barea roza el descaro. Ella destaca «La evidencia innegable de que son tropas españolas las que están defendiendo Italia de turcos y berberiscos». [131] Aquí apreciamos que nuestra autora se traga la propaganda de Fernando el Católico cuando conquistó el reino de Nápoles a sus propios familiares, los descendientes de su tío Alfonso el Magnánimo. El rey católico aseguró ante el mundo que el ejército que preparaba iba dirigido a luchar contra el turco. Nadie lo creyó en todo el orbe cristiano. Roca Barea lo cree a pie juntillas y lo asume como evidencia. Que Fernando quería Nápoles por lo mismo que lo quería su tío Alfonso, por su riqueza fiscal, es tan claro como que el Magnánimo era el principal agente comercial de todo el tráfico entre la gran ciudad, Sicilia y España. Por supuesto, Fernando heredó la competencia contra los angevinos por Nápoles, pero nadie describiría la situación de Fernando en Italia como que «España mandaba». [131] Maquiavelo, que estaba atento a todo esto, no lo vio así. Él se dio cuenta de que Fernando tenía un reino tan pobre que necesitaba con angustia conquistar Nápoles, como necesitaba expropiar a los judíos con la Inquisición. Todo esto es decisivo para comprender el imperio de Carlos V, que siempre vio Nápoles y Sicilia como una herencia patrimonial, no como un dominio incluido en el Imperio para el que fue elegido en 1518.

Por supuesto que mientras reinó el Magnánimo, los humanistas celebraron sus glorias, desde Giovanni Pontano a Lorenzo Valla y Eneas Silvio Piccolomini. Solo con los Borgia comenzaron los prejuicios contra los catalanes en Roma. Solo con Carlos V y tras el Saco se amplió a los *hispani*. El Humanismo tiene muchas caras y no todas ellas responden a esa elite de intelectuales impunes que

Roca Barea ve en toda imperiofobia. Su comprensión de las realidades italianas dista mucho de lo que era frecuente en mi juventud, cuando se leían los textos del probo Elías de Tejada, el español que desde posiciones conservadores fue consciente de la realidad plurinacional de España, en la línea de Maeztu. Claro que hubo arrogancia y chovinismo en el Humanismo italiano, pero como la misma autora confiesa, no fue especialmente respecto a los españoles, sino respecto a todo el mundo. Para ellos los *barbari* eran todos los trasalpinos. El caso de Paolo Giovio es muy interesante porque Roca Barea no es capaz de explicar que fuera a la vez admirador del Gran Capitán y detestara a Fernando y a Carlos. El caso no es raro. Giovio se vinculó a las aristocracias italianas renuentes a integrarse en el séquito imperial de Carlos, quien desarticulaba todo el orden político italiano. Algunas de ellas formaban parte de las primeras casas castellanas vinculadas a Italia en los tiempos del Magnánimo, como los Ávalos. Giovio los defendía, como defendía a Fernández de Córdoba, el que se opuso a Fernando con rotundidad y gallardía. ¿Era por eso Giovio un antiespañol, un resentido, un intelectual que se aliviaba en su complejo de inferioridad? Era un tipo que se orientaba a través de las realidades políticas de su época y tomaba partido a favor de una alianza con las aristocracias hispanas que contuviera la influencia francesa, pero que no destruyera los equilibrios internos de Italia.

Y lo hacía con toda la sutileza de la política italiana, de la que Roca Barea percibe solo algunos elementos limitados. Solo esa miopía le permite decir que «Roma y el imperio español mantuvieron a pesar de algunos desencuentros como el anterior (el Saco) una relación de alianza que duró más de dos siglos y de la que ambos salieron beneficiados». [137] Debería leer los informes del secretario Vargas, o de Diego Hurtado de Mendoza para comprender que la alianza verdadera fue siempre entre Roma, los Medici y Francia y que los imperiales, bloqueados por el tabú de la Iglesia, no supieron jamás desatar el lazo que los maniataba. La situación se tornó ridícula desde el punto de vista estratégico, porque la dependencia de Roma no hacía sino favorecer al enemigo francés. No solo fue el papa Carafa. Sucedió con el Medici Clemente o con el papa Farnesio. Un poco desorientada en todo caso en cuestión de fechas, Barea dice que «difícilmente habría habido una Italia del Renacimiento sin el paraguas de aquel imperio». [138] Cuando Carlos puso su pie en Italia por primera vez el Renacimiento ya era un fenómeno en retirada y había dado lo más imponente de sus producciones en el Nápoles del Magnánimo, en la Florencia de los Medici o en el Milán de los Visconti. El imperio español se dejó sentir en Italia por primera vez con el Saco de Roma, que no fue precisamente un paraguas. Más bien fue el más importante expolio artístico y patrimonial del mundo moderno con anterioridad al pillaje de la codicia nazi.

Por supuesto, aquella expresión es representativa de lo promiscuo que es el uso de Roca Barea de la expresión «imperio español». Respecto a los supuestos beneficios que la administración imperial española produjo sobre Italia, la autora confunde las cosas. Desde luego, Sicilia resurgió con las medidas de orden público impulsadas por el Magnánimo (que es silenciado una vez más porque extendió la condición imperial de la corona de Aragón) y Nápoles también despegó con su corte regia. Ambas cosas no tienen nada que ver con el imperio español de Roca Barea. La red de ciudades italianas era la más rica de Europa y las grandes monarquías deseaban echarle mano por su riqueza fiscal. No es que las monarquías hicieran grande a Pisa, Florencia, Milán o Génova. Estas eran grandes y por eso las monarquías deseaban someterlas. Milán era grande en toda circunstancia y no es que las ciudades imperiales italianas se hicieran importantes por el imperio, sino que eran grandes y por eso apetecían su propiedad todos los poderes europeos con aspiraciones imperiales. Que muchos italianos vieran oportunidades en la administración imperial era cierto, y que muchos se integraron en el séquito imperial también. Pero en la misma cantidad otros perdían sus puestos y expectativas y otros más tuvieron que vincularse al papado, a los Medici o a Francia. La vida histórica es siempre dura y los oportunistas de todo tipo aprovechan las ocasiones. En todo caso, la resistencia contra el imperio de gran parte de la nobleza italiana, que aspiraba a mantener su propio equilibrio, se mantuvo firme. Decir que «el poder de España en Italia se basó en gran parte en el apoyo de la clase media» [143] es una afirmación pintoresca y graciosa. Nadie pensaba en aquellos términos y todo lo que sabemos es que las gentes se quejaban de los impuestos de una dominación extranjera, de las destrucciones de sus campos y de su comercio y de tener que alojar a las tropas de los diferentes ejércitos.

Todo el capítulo de Italia se basa en un paso de danza que vincula fechas distantes entre sí, ignorando los contextos de cada una de ellas. El miedo al turco tras la toma de Otranto de 1480 se proyecta un siglo después al Milán de 1583, que no conoció ese miedo. Por cierto, que el miedo al turco arrancó de manos del papa la bula fundacional de la Inquisición, pues solo bajo esa condición Fernando se dispuso a defender el sur italiano, lo que por cierto le dio la ocasión de intervenir en la bota de la península italiana y apropiarse de ella. Para analizar el origen italiano de la leyenda negra, que debía ser en todo caso anterior a la emergencia del otro gran fabricante de propaganda, los protestantes, nuestra autora se va a Lope de Vega, a obras que ya consideró Menéndez Pelayo como significativas, pero que se escribieron cuando los protestantes ya estaban asentados y estabilizados. Sin embargo, cuando analizamos la obra concreta de Lope no apreciamos dónde queda la leyenda negra en el texto ni la especificidad de su origen italiano. En realidad, de ella queda muy poco. La obra de Lope versa sobre el tipo humano del soldado fanfarrón. El modelo de *miles gloriosus* es tan viejo como Plauto y como personaje cómico ya hizo las delicias de los lectores hispanos desde Francisco López de Villalobos al *Lazarillo*. Si la sátira tiene una dimensión universal, no creo que ridiculizar al soldado fanfarrón sea una nota específica de la leyenda negra. Denunciaba a todos los soldados, y no solo a los españoles. Por lo demás, Roca Barea reconoce que los «mismos italianos que escriben versos y encendidos elogios a los ejércitos de España, a sus reyes y a sus hombres, los llaman marranos y bárbaros». [157] O sea, que la crítica a los soldados como tipo humano no es un elemento crucial y específico de la leyenda negra, sino un detalle universal de la comedia de costumbres. Igual sucede con las putas, como bien afirma ella misma en otros pasajes de su texto. Bárbaros llama Maquiavelo a los franceses y marranos llamaban a los genoveses todos los italianos. ¿Dónde queda la leyenda negra italiana contra España? En realidad, en ningún sitio. Roca Barea tiene que reconocerlo, frente a Arnoldsson. Hay una ambivalencia de la cultura italiana respecto a España. Pero esta ambivalencia, de amor y odio, no se debe para la autora a que muchos italianos lucharan junto a los españoles contra el enemigo común que para ellos era la católica Francia. La causa para Roca es otra: «haber militado juntos en la defensa del catolicismo». [157] Esta es la clave de todo para Roca Barea: luchar contra Francia es asumir la defensa del catolicismo. ¡Como si Francia fuera un poder sarraceno! En realidad, como la fábrica italiana de la leyenda negra es insignificante, en la página siguiente, Roca Barea tiene que confesar que esa propaganda antiespañola no tiene nada que ver con la «versión protestante». Esa sí dispuso de un taller de propaganda y estuvo inspirada por el odio. Y por eso, por la lucha cerrada común contra los protestantes, Italia no podía entregarse a la leyenda negra contra España. Sin embargo, da la casualidad de que el más fanático de los luchadores contra los protestantes, el cardenal Gian Pietro Carafa, luego papa como Paulo IV, inquisidor general a la española en Italia, fue el más fanático de todos los antiespañoles y uno de los que puso en circulación la idea, que todavía resuena en Naudé, de que el protestantismo fue una astucia de Carlos V para destruir a su gran enemiga, la Iglesia de Roma. Cuando vemos estas realidades tan complejas, propias de una época en lucha, nos damos cuenta de que Roca Barea nos ha contado una historieta hipersimplificada que no ayuda a comprender la historia del catolicismo, de la Monarquía hispánica ni de las realidades europeas.

Segundo victimario: los protestantes alemanes

Vayamos entonces al análisis del segundo actor de la leyenda negra, el mundo protestante alemán, porque ese es el centro del libro. Este mundo se desglosa en cuatro capítulos. El primero, pequeño, se dedica a las guerras de religión como guerras antimperiales. El segundo trata de Alemania, para ofrecer el tercero a Inglaterra y después el cuarto a los Países Bajos. En total, las cien páginas centrales del libro. Aquí las confusiones, silencios, ignorancias y ligerezas de Roca Barea son innúmeras. La primera y más decisiva: considerar que el Humanismo norteño tiene una idea imperial: «La idea de un imperio europeo concebido como una *Universitas Christiana* es fundamentalmente erasmista». [161] ¡No y rotundamente no! Resumo aquí algunas de las tesis acreditadas en mi libro *¿Qué imperio?*, y en el más reciente *Imperio, Reforma, Modernidad*. Esa que indica Roca Barea es una idea de Marsilio de Padua, de Dante y de Gattinara, una idea italiana y gibelina. En su esencia afirma un emperador con poderes espirituales que haga estéril la figura papal. Erasmo y Vives afirman una idea de *Universitas Christiana*, desde luego, pero sin poderes imperiales. Por eso se oponen tanto a la política de Roma, que concede al poder espiritual dimensiones propias de los poderes temporales, como a la del gibelino Gattinara, que quiere para Carlos poderes espirituales. Por supuesto Carlos siempre se mantuvo en la indecisión y esa fue la clave de su fracaso. El Humanismo estuvo por la división de poderes. Quiero decir que no solo defendió mantener firme la división entre poder temporal y espiritual, sino también multiplicar los poderes temporales. Los humanistas del norte no son partidarios de los poderes imperiales unificados, sino de los naturales, cercanos a los ciudadanos. Como Roca Barea no se ha asomado a la *Institutio principis christiani*, la obra política de Erasmo, no puede identificar la posición del gran humanista y dice que el emperador era para él un líder temporal y espiritual. ¿Y por qué se negó entonces, ante las reclamaciones de Gattinara, a editar el tratado *De Monarchia* de Dante? Poner al mismo lado a Campanella, que publica al inicio del siglo XVII, con Erasmo, [161] que está en su apogeo un siglo antes, es una barbaridad cultural e histórica.

Pero dejemos de lado las equivocaciones sobre Erasmo. La tesis más básica de este momento del libro es que «el protestantismo fue la carga principal de dinamita con que se voló este proyecto prematuro de unidad europea». [163] Aquí tenemos de nuevo las ideas de Fernández Álvarez. El protestantismo surge expresamente para volar este proyecto que impulsaba Carlos V de unión de los europeos. ¿Qué se quiere decir con esto? Que el protestantismo no tiene sustancia religiosa alguna. Que es un arma política retrógrada, reactiva contra el progresista proyecto imperial unificador de Europa. Por supuesto, no se cuestiona si aquella unidad europea, que solo beneficiaba a la Casa de Austria, era realista, razonable, sensata, integradora y cooperativa. Ni una palabra acerca de lo progresivo de una unidad que solo beneficiaba a una única instancia: la Casa. Sobre esta concepción política de la Casa se han escrito importantes estudios, sobre los que la autora no dice nada[1]. Esto es lo de menos para Roca Barea. Más importante es la sugerencia implícita de que el protestantismo no tenía sustancia alguna religiosa. La religión no es para ella sino una mera excusa, una pantalla ficticia en la lucha por el poder. Y esos fines son el nacionalismo, la forma política alternativa al imperio, la ideología

1 Cf. Otto Brunner, «La casa como estructura y la antigua economía europea», en *Neue Wege der Verfassungs- und Sozialgeschichte*, Vandenhoeck & Ruprecht, Göttingen, 1968, segunda edición.

particularista en la que se hacen fuertes las oligarquías locales regresivas y los intelectuales sin escrúpulos, la bestia negra en el esquema populista la autora.

Por supuesto, el Humanismo alemán era protonacionalista. Lo era por mimetismo con el Humanismo de Italia, Francia y Castilla. En realidad, estos son fenómenos convergentes en toda Europa. El problema era que Alemania constituía la realidad popular que pagaba más impuestos para mantener la apariencia de una Iglesia universal, lo que solo beneficiaba a las aristocracias italianas asentadas en la curia romana. Desde el concilio de Basilea, los *agravios de la nación alemana* constituían una queja secular y Roma no daba señal alguna de poder resolverlos. Claro que Lutero activó esas quejas. Pero Lutero no denigró a los pueblos católicos ni a España. [162] No necesitó fundar en el odio a nuestro país el sentimiento nacional alemán, como de forma completamente irresponsable afirma Roca Barea. Ese sentimiento fue reforzado por escritores y caballeros contemporáneos de Lutero como Ulrich von Hutten o Sebastian Brandt. Todos ellos lucharon con uñas y dientes contra una curia romana que se llevaba los pocos recursos de los sencillos alemanes, algo que no les parecía especialmente cristiano. Por supuesto, Lutero y muchos otros como Bucero, Melanchthon y Calvino, siempre pensaron que ellos eran los auténticos católicos y por eso mantuvieron aspiraciones a restaurar por doquier la catolicidad cristiana. Roca Barea, al atribuirles la conducta reactiva, hace bueno el adjetivo de «protestantes» que le aplicaron los defensores de la tradición. Ellos se llamaban reformados porque luchaban por un nuevo cristianismo que no extrajera los recursos materiales de los pueblos, pero que tampoco bloqueara los recursos espirituales que prometía la lectura de la Biblia, cuya ignorancia eternizaba la envejecida forma de pensar de los teólogos escolásticos. En todo caso, mi conclusión no concierne al *significado* que se pueda atribuir a los procesos históricos que se dieron hace 500 años. Este significado puede ser diverso y en una sociedad democrática *debe serlo*. La historia permite mirar fenómenos históricos desde muchos ángulos, pero no debemos olvidar que también es interesante entender el significado que los propios actores daban a sus actos. Para Roca Barea, sin embargo, ese significado concierne de forma unívoca al presente, y nos afecta en la esencia básica de nuestro ser. Y es así porque determina la esencia de los niños que hoy nacen y se educan en el protestantismo, porque para ella es esencial, unívoco y terminante que se eduquen en el odio a España. «No hay esperanza alguna de que decaigan los prejuicios protestantes contra España porque están en el ADN de su identidad colectiva». [164]

Lo que realmente le interesa a Roca Barea es mostrar que el enemigo real de España, el verdadero forjador de la leyenda negra, es Alemania, el mundo protestante y en realidad el protestantismo. Esa es la tesis y me gustaría saber su opinión sobre el acercamiento del papa Francisco a los reformados. Para imponer esta tesis, Roca Barea aborda el mundo de Alemania con su modo particular de entender las cosas. Por supuesto, considera que la situación de la Iglesia católica a primeros del siglo XVI era su misma esencia eterna. «Entre su enorme poder temporal y su misión espiritual estaba la Iglesia desde los tiempos de Constantino, y aun antes». [167] El Julio II que avanzaba como un centauro embutido en su coraza dorada no es para ella una novedad. ¡Por eso Erasmo era un ignorante al satirizarlo camino del infierno! Quizá piense que ya el papa Silvestre lo hacía. Así que los reformados alemanes no tenían ninguna razón religiosa para escandalizarse. Entre la Iglesia primitiva y la de los siglos XV y XVI no hay cambio sustancial. Esa es la opinión implícita de Roca Barea. No hubo motivo religioso alguno de queja. En realidad, para ella, los protestantes no eran hombres religiosos. Eran políticos. Decían oponerse a Roma, pero solo querían oponerse a la unidad europea impulsada a su manera por Carlos V, una que, para realizarse, debía vencer militarmente a todos los Estados patrimoniales europeos. En este sentido, para Roca ese imperio carolino «es una auténtica recreación del Imperio romano», [170] pues se basa en la victoria militar. Para este momento, Roca Barea se ha olvidado ya de la tesis de que Roma fue solo una potencia defensiva. ¡Ahora canta la ofensiva militar que busca la unidad europea de Carlos V, aunque a ella se llegara por la derrota de todos los demás! Eso es lo que ve como ideal Roca Barea. A eso le llama unidad europea.

No es de extrañar que todos lucharan contra Carlos: abiertamente Francia, Venecia, Florencia, Roma, Ginebra, Zúrich; a veces Inglaterra y, de forma encubierta, la católica Baviera y una parte de Hungría. Por supuesto, Francia amenazó con un cisma nacional si Carlos imponía sus criterios en Roma. Pero he aquí que esta forma militar de imponer la unidad en beneficio de una Casa, ese motivo político y solamente esa fue la causa de la Reforma. La pregunta clave no se plantea: ¿y si los reformados alemanes se unieron a los señores alemanes porque comprendieron que su reforma religiosa genuina no podría seguir adelante si Carlos imponía un proyecto europeo que finalmente mantendría la primacía de Roma? ¿Por qué no pudo ser la Reforma una alianza sincera entre cristianos que deseaban acabar con el poder temporal de la Iglesia romana, que además imponía su poder espiritual con el rigor del dogma mediante las órdenes religiosas arcaicas, y aquellos otros que deseaban derrotar a un emperador que comprendía la unidad del imperio como resultado de una victoria militar? ¿Y por qué no asumir que se buscaba una nueva relación entre las dimensiones espirituales y las temporales de la vida, las religiosas y las políticas, de tal modo que quedaran deslindadas mediante una mejor división de poderes? Debemos recordar que el *cuius regio eius religio* no es una doctrina reformada, ni vino inspirada en ella, sino un acuerdo diplomático de compromiso que buscaba no expandir más las luchas religiosas y definir un *estatus quo* inamovible. Al invocar ese principio se olvida el diferente régimen interno de las relaciones entre la dimensión espiritual y la temporal en los principados reformados y en los católicos, eso que se ha llamado el diferente régimen de confesionalización. Por supuesto, esto son cuestiones muy elaboradas para el populismo intelectual reaccionario de Roca Barea.

En todo caso, el catolicismo no era un poder extranjero e ilegítimo en Alemania. [168] Austria, Baviera, buena parte de Renania hasta Colonia, eran católicas. La curia de Roma, sus prácticas abusivas de extracción de recursos fiscales mediante las indulgencias y su sistema de poder, sí lo eran a ojos de muchos pueblos y ciudades. Eso le llevó a decir a Aleandro, el representante del papa en la lucha contra Lutero, que nueve de cada diez alemanes estaban con Lutero y el décimo también estaba contra Roma. Poner todos aquellos recursos de la curia al servicio de las comunidades que los producían fue la aspiración por todas partes. Eliminar el *dumping* de los monasterios, fue otro motivo económico importante. Pero acabar con una forma de regir las conciencias, de hacer pagar el pecado, de atormentar a los fieles, fue un motivo religioso específico y autónomo, lo mismo que forjar un sentido de la salvación capaz de consolar a una humanidad sufriente y de darle ánimo para emprender un nuevo curso histórico. La Reforma fue un proceso religioso económica y políticamente condicionado, pero en modo alguno fue un mero acontecimiento político. También tuvo su dimensión religiosa y cultural genuina. Por eso, Roca Barea tiene que silenciar que en muchos sitios los bienes «secularizados» de las iglesias se destinaron a la fundación de escuelas, gimnasios y universidades regidas por sus propios centros urbanos y pagados con los dineros que antes se iban a Roma. Los monasterios, por su parte, dejaron de hacer *dumping* a los oficios locales ordenados en gremios. Al final, eso permitió que los territorios reformados ganaran la batalla de la escolarización y lograran un orden artesanal económicamente equilibrado.

Por supuesto, Roca Barea tiene que llamar a estas nuevas elites «oligarquías», como si los institutos dominados por dominicos y franciscanos se eligieran democráticamente, y como si no apostaran por la Reforma los menestrales urbanos en todas partes, que se libraron de la competencia desleal de los frailes y sus talleres desregulados. En suma, Roca Barea tiene que camuflar la lucha legítima de los reformados contra la curia extranjera extractiva como si fuera una lucha de privilegiados contra un proyecto imperial emancipador. Ni siquiera fue una lucha nacional contra el papado, como ella misma dice. [169] Fue una lucha de grupos dotados de una conciencia religiosa firme y de actores políticos, con o sin esa conciencia, contra una Iglesia extractiva y celosa de su poder temporal; y muertas ya las esperanzas iniciales puestas en él, se convirtió luego en una lucha contra el emperador en la medida en que Carlos no sabía romper con *esa* misma Iglesia. Roca Barea no muestra interés en explicar por qué las cosas fueron así y no de otro modo. Su idea fija es que se trataba de gentes ansiosas de poder y que no se arredraron ante nada por obtenerlo. Así los dibuja una y otra vez, olvidando el hecho sencillo de que, por muchos defectos de carácter que albergara, Lutero nunca dejó de ser el *doctor* Lutero y que dio clases hasta el final de sus días. No contó jamás con cargo alguno ni político, ni civil ni religioso. Si tuvo influencia se debió a su autoridad, no a su potestad. Por ejemplo, lo que cuenta Roca Barea de las relaciones entre Zwingli y Lutero como una persecución, o que este llamó a los seguidores de aquel «fanáticos y demonios», solo aspira a presentar un debate firme y sincero de varios días, que acabó en una despedida fraternal, como un acto inquisitorial, lo que en modo alguno fue. El diálogo de Marburgo acabó con importantes acuerdos y se acotaron los desacuerdos porque Lutero defendía una variación de la doctrina católica de la presencia real de Cristo en la Eucaristía, frente a la tesis de la presencia simbólica de Zwingli. Las actas de la reunión concluyen con sentimientos de benevolencia y fraternidad entre las partes que, sin embargo, y por ese motivo específicamente religioso, no acuerdan su federación eclesial contra el interés de los señores y los políticos, muy necesitados de ella.

Lo decisivo, lo que parece duele a Roca Barea una y otra vez, es el proceso de expropiación de los bienes materiales de la Iglesia, y sobre todo de los monasterios (algo que España lograría *de forma parcial* en 1837). «Es en este punto donde se produce la ruptura definitiva». [172] Ese expolio, ese hacerse con lo que no es suyo, es lo que le enoja casi como si fueran bienes suyos y se los acabaran de expropiar. «Salvar lo que se pudiera de los bienes de la Iglesia católica», [173] esa fue la aspiración de todo el proceso desde el lado católico y no puede contener su dolor al decir que las propiedades secularizadas con posterioridad a 1552 «¡nunca fueron devueltas!» [174] Con cierto sentido asume que las doctrinas duras de la Reforma estaban en Agustín. ¡Y en Pablo!, podríamos añadir. Pero en lugar de preguntarse por qué entonces se escribieron tantos libelos declarando hereje a Lutero, afirma que reclamar esa doctrina cristiana más auténtica de Pablo y Agustín fue «una cobertura ideológica o espiritual». [172] Pero si se hubiera reconocido, como deseaban muchos, que Lutero traía de nuevo a Pablo y Agustín, se habría impuesto la idea de una reforma general de la Iglesia. Todo se habría acabado si Lutero no hubiera sido declarado hereje en 1520. Se habría dicho que su doctrina era la auténtica cristiana y punto. ¿Por qué Roma luchó de forma tan despiadada contra él antes de que se produjera la primera expropiación? ¿Por qué Eck, Cocleo, Witzel y compañía escribieron «sesudas respuestas teológicas», [181] que no eran sino sutilezas escolásticas que carecían de todo espíritu religioso y que nadie entendía? Por supuesto, Roca Barea calla ante estas preguntas. Ella solo tiene respuestas a martillazos. Como que la Reforma fue un «quítate tú para ponerme yo» (algo muy extraño porque todos los grandes reformados ya eran clérigos y no tenían que quitar a nadie para ponerse ellos; al contrario, desdeñaron ofertas de promoción eclesiástica que otros más arribistas aceptaron).

Luego, Roca Barea se embarca en historias increíbles, como que entre los reformados jamás hubo libertad para interpretar las Escrituras. Eso se puede verificar consultando las infinitas ediciones de Basilea, Estrasburgo, Ginebra o Wittenberg, que circularon libremente por el mundo reformado, o los estatutos de las numerosas universidades que se fundaron por aquel entonces y que garantizaban la libertad en el seno de los claustros. Por supuesto que la reforma ministerial reconoció el estatuto de los maestros pastores como orientadores de la interpretación, pero poner el dardo en que no hubo libertad completa en las interpretaciones de la Biblia es dejar de lado lo importante: que en el mundo católico no podía haber libertad de interpretación porque existía prohibición de leer la Biblia para quien no fuera clérigo. Y así llegamos el martillazo final: «las persecuciones entre las facciones protestantes y las guerras que entre ellos se desataron provocaron más muertos que las luchas contra los católicos». [173] Esto es relevante para entender la forma de argumentar de la autora. Suelta una frase rotunda, incomprobable, valorativa y contradictoria con lo que ha dicho antes. ¿Cómo es posible que hubiera facciones protestantes si no había libertad de interpretación? Luego, sin citar un solo ejemplo, dice que hubo más guerras civiles entre los protestantes que entre ellos y los católicos. Las diferencias entre reformados fueron muchas veces intensas en el plano de la interpretación, pero rara vez dejaron de ser debates intelectuales para pasar a persecuciones mortales. Las cinco ciudades federadas con Estrasburgo, las ciudades alemanas o las suizas eran diferentes en sus credos, pero eso no les llevó a la guerra. Por supuesto está el asunto de la reforma radical, de los anabaptistas y de Münster, una línea apocalíptica que pronto evolucionó hacia un espiritualismo pacifista radical de amplía influencia. En el caso de Münster sabemos que intentaron resistir con pactos con las fuerzas imperiales. En cuanto a la cifra de víctimas que produjo ese desdichado episodio, no puede compararse con las guerras confesionales fundamentales. Cuando Roca Barea describa las consecuencias de la guerra de los Treinta Años entre las potencias católicas y las reformadas, que dejarán la población europea reducida a la mitad, ya no pensará así. Pero ¿quién se acuerda de los golpes del martillo cuando ya no suenan?

A pesar de todo, conviene que nos hagamos la pregunta. ¿No estaba este capítulo dedicado al ADN protestante de la leyenda negra contra España? ¿No era su innovación específica la producción de una propaganda sistemática antiespañola? Para Roca Barea, esa propaganda antiespañola generó la riqueza editorial del mundo reformado. «La propaganda protestante hizo triunfar a las imprentas». [178] La misma autora, que no cita ni una sola vez a Lutero por la Weimar Ausgabe, asegura impertérrita que este, hasta 1530, produjo «alrededor de 3.183 panfletos», de los cuales 2.645 en alemán y 538 en latín. [180] De nuevo la frase populista: para ser «alrededor de», las cifras son *bastante* exactas. ¿Cuántos de esos libros fueron contra España? ¿Triunfaron las imprentas porque todos esos panfletos se dirigían a la lucha contra España?

Obviamente no. Lo más cercano relacionado con España fue el escrito sobre las leyendas de los judíos, que se dirigió contra las objeciones que Pablo de Brugos escribiera contra Nicolás de Lira. Así que Lutero no parece haber sido particularmente antiespañol. Pero lo más gracioso es que cuando analizamos de cerca la contribución de la propaganda reformada a la leyenda negra contra España, y recorremos las fuentes que cita Roca Barea, tenemos que son colecciones de grabados y panfletos gráficos todos los cuales se dirigen... ¡contra el papa! A no ser que la propaganda antipapal sea parte de la leyenda negra *española*, no entiendo el argumento. A no ser que España y el papa sean sustancialmente la misma cosa y el imperio español y el papado sean uña y carne, no podemos decir que Lutero, con sus miles de panfletos contra la curia, sea el principal forjador de la leyenda negra contra España.

Ahora debemos abordar el problema del antisemitismo de Lutero. Aquí de nuevo la corrección científica de Roca Barea es inversamente proporcional a su saber. Ha pasado de puntillas por el antisemitismo de Erasmo, el según ella defensor del imperio integrador de Carlos. Luego hace equivaler la «áspera misericordia» con la que Lutero defendía que se debía tratar a los judíos, a la «intolerancia absoluta». No hay forma de entender un idioma castellano que permita igualar ambas expresiones. Áspera misericordia es ciertamente una expresión que refleja una condescendencia un tanto despreciativa, pero no deja de ser misericordia. La expresión «intolerancia absoluta» parece que requiere exterminio. Y en realidad, por ahí quiere ir Roca Barea, pues sugiere que esa «áspera misericordia» de Lutero allanó el camino a la solución final de los nazis, como si los cuatrocientos años de vida de las comunidades judías en suelo alemán, con su rica, compleja y plural experiencia desde 1500 a 1933, no significaran nada. Por supuesto que en todo este tiempo hubo momentos más desagradables que los de una áspera misericordia, pero también los hubo mejores. En todo caso, los judíos siguieron allí, mientras que hay que recordar que durante esos mismos cuatrocientos años no hubo comunidades judías reconocidas en España, un país sobre el que pesaba la maldición de la expulsión. Durante cuatro siglos los rabinos judíos no tuvieron que maldecir a Alemania, así como mantuvieron la prohibición de venir a España.

Para apoyar su argumento, Roca Barea confiesa que esa imputación de los crímenes de los nazis a Lutero la realiza un filósofo como Karl Jaspers: «en Lutero se encuentra ya el programa nazi reunido», [183] cita. ¿Dónde dice esto el gran filósofo? No lo sabemos. Roca Barea cita un libro editado por la Liturgical Press de Collegeville, Minnesota, escrito por Franklin Sherman. No da la cita de Jaspers, que yo no conozco. Por supuesto, sí conozco la afirmación de que Lutero era un antisemita y de que la Iglesia reformada alemana ha pedido perdón por sus responsabilidades en el genocidio nazi. Este benemérito Sherman es el editor de *Bridges*, una revista que aporta *Documents of the Christian-Jewish dialogue*. Ha editado dos volúmenes en la Paulist Press de Nueva York. Es una revista ecuménica[2]. Así que esta es la clave: Roca Barea utiliza contra Lutero y el protestantismo lo que a todas luces es un escrito de hombres y mujeres de las Iglesias reformadas, que asumen su parte de responsabilidad en la *Shoá*. Esa revista también edita documentos del Vaticano sobre este asunto en los que se lamenta que el catolicismo pueda haber fortalecido el antisemitismo que desembocó en el nazismo. Desde luego que el cristianismo es culpable de antisemitismo desde el inicio. ¿Pero es propio de la honestidad

2 Según la reseña de la Stanford Library tenemos esto que transcribo: «*Bridges: Documents of the Christian-Jewish Dialogue* is a comprehensive collection of statements on Christian-Jewish relations issued by churches and interfaith organizations around the world since the end of World War II. Vol. 1 contains such groundbreaking documents as the World Council of Churches' statement «The Christian Approach to the Jewish People» issued at its founding assembly in 1948; the Episcopal Church's «Deicide and the Jews»; the Second Vatican Council's historic declaration *Nostra Aetate* (1965), addresses by Popes Paul VI and John Paul II and other Roman Catholic documents; and official statements by Lutheran, Reformed, Methodist, Baptist, and other Protestant denominations, as well as ecumenical bodies. Joint Christian-Jewish documents include the famous «Ten Points of Seelisberg» and other statements from national and international interfaith organizations. All of these documents show the Christian churches in a posture of radical repentance for the hostility toward the Jewish. Continues with a comprehensive collection of statements on Christian-Jewish relations by church bodies and interfaith organizations in the United States and around the world from the period 1986-2013, with introductory essays by three leading scholars in the field».

científica utilizar los textos de petición de perdón escritos por las Iglesias reformadas para aumentar sus culpas y elevarlas a Lutero? ¿Es elegante usar los textos que fomentan la mutua comprensión de religiones para excitar el enfrentamiento entre ellas? ¿Es justo cargarle exclusivamente a Lutero, aprovechando que los reformados asumen su parte de responsabilidad, los efectos de un antisemitismo cristiano milenario, constante, general?

En todo caso, el antisemitismo de Lutero no puede formar parte de la leyenda negra contra España, pues España no fue precisamente ajena a ese indigno sentimiento. Contra España solo tenemos un cargo que pronunciara Lutero: su expresión *turkischen Spanier*. Esta expresión no implica que Carlos fuera un aliado de los turcos, algo que todo el mundo sabía que era la especialidad de venecianos y franceses. La comparación, que no era propia de Lutero, sino de todos los defensores de las libertades alemanes, se refería a que Carlos gobernaba en España como el sultán en Turquía, y que ellos no permitirían que Carlos los gobernarse a la manera española. Pero esto no solo lo pensaban los alemanes. Sea quien sea el autor de *Viaje a Turquía*, el médico imperial Andrés Laguna u otro, toda esta protonovela se basa en que la vida en Turquía no es peor que la vida en España. Así que no era solo Lutero, sino también algunos españoles cultos los que pensaban que el régimen político hacia el que evolucionaba España era más bien propio de musulmanes, pero peor.

En todo caso, propaganda sistemática contra España no la vemos en ningún sitio. Todo lo que tiene que decirnos Roca Barea lo ha sacado del artículo de Heinz Schilling *Del imperio común a la leyenda negra*, que forma parte del libro editado en el 2003 en la Complutense, por el que otrora fuera embajador de Alemania en España, Henning Wegener, *España y Alemania. Percepciones mutuas de cinco siglos de historia*. Allí obtenemos la noticia fiable de que solo tras 1580 y hasta Westfalia se publican panfletos claramente españoles: en setenta años unos cincuenta. Como se ve, ninguno puede atribuirse a la pluma de Lutero. Como esta cifra es bastante modesta y tardía, Roca Barea tiene que añadir los «panfletos anticatólicos en general». [185] Para ella eran anticatólicos y, por tanto, ¡antiespañoles! Pero sin el menor punto reflexivo concluye que la «demonización de España empieza en Alemania con Lutero», siendo así que en 1580 Lutero ya llevaba casi cuarenta años muerto. En suma, la evidencia es que todo comenzó cuando la guerra de Flandes y así lo confiesa Schilling. Roca Barea, que lo ha sacado todo de él, se revuelve furiosa. «No se puede dejar fuera a Alemania y al protestantismo alemán como productor de leyenda negra». [185] No hay evidencias de que se pueda poner dentro, y ella no aporta ninguna. Aunque carece de fuentes que avalen su propuesta, tiene que tildar a Schilling (un autor reputado y central en los estudios sobre confesionalización europea) de olvidadizo. «Los olvidos de Schilling son sintomáticos del panorama general de la historiografía *oficial*», dice, en una nueva confesión de populismo intelectual. [185] Pero por supuesto seguimos sin saber cuáles son esos olvidos.

El tratamiento que hace de las guerras religiosas alemanas es muy deficiente, pero esto es algo que a ella debe importarle poco. Si bien la Reforma se benefició de un sentimiento nacional muy extendido en Alemania, pronto la división de poderes católicos y reformados impidió esta representación nacional compacta e inició la gran escisión de la historia alemana, larga de consecuencias y de destino. Roca Barea, sin embargo, insiste en su fijación de vincular el nacionalismo y el protestantismo. [190] Da igual que el nacionalismo político solo se pueda reconocer claramente tras la Revolución francesa, porque solo entonces forja un estado unitario capaz de imponer una única versión de la nación. Le importa poco caer en anacronismos. El populismo intelectual no conoce matices. Pero en este sentido, ¡cómo sería de nacionalista el nacionalismo alemán que a principios del siglo XVIII la nación alemana estaba dividida en casi trescientos estados! La consecuencia para la autora es que la leyenda negra es un asunto de los nacionalismos protestantes europeos, mientras que el catolicismo español fue siempre europeísta, unitario e integrador. Puede que sea así. Pero debemos recordar que ser europeísta no es precisamente querer una unidad política impuesta por la fuerza de la victoria militar, ni una unidad que solo beneficiaba a Carlos, su casa y sus aristocracias, sino estar en condiciones de generar un poder equilibrado entre todos los intereses y poderes en juego y lograr las instituciones que los preserven y defiendan. Desgraciadamente, eso no fue lo que impulsó Carlos.

Al parecer, Roca Barea no conoce las constituciones alemanas imperiales que prohibían determinadas cosas, entre ellas introducir tropas extranjeras en suelo alemán, o entregar cargos a extranjeros, algo que los castellanos llevaban a rajatabla en Castilla. En realidad, desconoce hasta qué punto Carlos deseaba alterar la constitución del Sacro Imperio Romano Germánico, sobre todo para aumentar sus poderes ejecutivos y para regir con una lógica patrimonial la sucesión imperial electiva. En realidad, la autora desconoce que había algo como una constitución imperial, personificada en un documento conocido como *Die Goldene Bulle*. Como la he analizado en *Imperio, reforma y modernidad*, no insistiré en ella. Así, quejándose de Schilling, quien recuerda que Carlos recibió la hostilidad de muchos príncipes alemanes, incluso católicos, porque introdujo tropas extranjeras, Roca Barea añade: «como si esto fuese algo nunca visto en territorio alemán y no un hecho absolutamente habitual en las muchas guerras que en esos territorios tuvieron lugar antes y después de Carlos V». [187] Con Carlos sí fue habitual, y después también, pues la guerra de los Treinta Años fue una guerra europea. Pero antes ¿cuándo fue habitual? Roca Barea debería citar alguna guerra sostenida en el ámbito imperial con introducción de mercenarios extranjeros por parte de algún príncipe alemán. Para no tener que hacerlo —por desconocer el tabú de la guerra civil propio de la cultura alemana— dice que era «absolutamente habitual». Con esa sensación de extrema seguridad, evade toda necesidad de demostración. Pero debo recordar que los príncipes alemanes rehusaron la ayuda militar de Francisco I en varias ocasiones justo por no escandalizar con la presencia de extranjeros. En todo caso, el mayor interés de la autora pasa por hacer del conflicto entre Carlos y la Liga de Esmalcalda una guerra civil entre alemanes.

Si recordamos las quejas de Carlos contra Baviera, por no prestarle toda la ayuda demandada, podemos decir que pocos alemanes estuvieron de parte de Carlos. Roca Barea no tiene reparos en enfadarse con su fuente, de la que ha tomado mil detalles, Arnoldsson, por hablar de ocupación de Alemania con tropas españolas. «¿Qué ocupación?», pregunta encarada la autora. [188] Como si el emperador tuviera el derecho sobre el Imperio propio de un rey sobre su territorio. No lo tenía y por eso no podía introducir tropas pagadas con dinero español y reclutadas fuera de Alemania. No le permite a Arnoldsson ni la licencia de hablar de *soldados españoles*. Solo quiere recontar efectivos. «Hubo españoles en aquel conflicto, pero hubo sobre todo y principalmente alemanes». [188] Ahora ya lo vemos. Carlos allí pintaba poco. Las guerras eran entre «los alemanes que apoyaban la unidad política y religiosa del Imperio» y los que ganaron la guerra, los secesionistas y cismáticos protestantes. Eso implica ignorar que los que a veces luchaban con Carlos, como Baviera, querían trocearlo con fuerza para elevarse a reino, mientras que los que guerreaban contra Carlos también querían la unidad del imperio, y más que él, solo que no querían el *tipo* de unidad que deseaba imponer Carlos. Por eso luego llegaron a la paz con el emperador Fernando, que tenía una mejor comprensión de los problemas constitucionales imperiales y no deseaba violar permanentemente sus cláusulas. Por eso, aquella guerra no fue una civil entre alemanes. Fue una guerra entre Carlos y algunos príncipes alemanes reformados que pudieron recibir dinero francés, cierto, pero que fueron escrupulosos en no introducir soldados franceses. Todo ocurrió ante la observación neutral de otros príncipes alemanes. Al final, ni siquiera cooperaron con Carlos los príncipes católicos alemanes como el de Baviera, más hostiles a Carlos que muchos príncipes protestantes, porque muchos católicos, como Colonia o Mainz, veían con inquietud la posibilidad de que un Carlos triunfal impusiera a Roma un concilio general a su manera y forma, con demasiadas concesiones a los protestantes, algo en lo que Lutero jamás creyó.

Sin embargo, ya el colmo de lo estrafalario llega cuando Barea ultima su argumento. Dice entonces:

> *La participación de los alemanes en los asuntos del imperio, antes y después de Carlos V, fue bastante más importante de lo que habitualmente se dice, porque como todo imperio, el español era un conglomerado multinacional.* [188]

Aquí la perplejidad del lector informado es radical. Nadie discute que la participación de los alemanes en el imperio alemán fuera importante antes y después de Carlos. Al fin y al cabo, era el Sacro Imperio Romano Germánico. Lo lógico sería que la participación de los alemanes en los asuntos del Imperio alemán, como la de los franceses en los asuntos de Francia, fuera no solo más importante, sino la única importante. De esta manera se evade la cuestión relevante: ¿por qué tendría que intervenir el emperador, en tanto soberano español, en el imperio alemán? Aquí se nos sugiere la idea, por el contrario, de que los alemanes eran parte del imperio español. Pero no era así. Carlos era por elección la cabeza del Imperio alemán (elección pagada con dinero español, desde luego) y por herencia el monarca español; y los alemanes deseaban que no mezclara las dos cosas, porque esa mezcla era un azar histórico que no podía eternizarse ni elevarse a necesario. Y eso es lo que quería precisamente Carlos: convertir el Imperio en hereditario y eliminar el sistema electoral alemán para así gobernarlo como un territorio patrimonial propio. Para ello tenía que eliminar las libertades de las ciudades y de los príncipes. Por eso ninguna de estas realidades deseaba que Carlos gobernara el imperio alemán con las fuerzas y modos con que gobernaba España. La pregunta que no se hace Roca Barea es: ¿Qué era el imperio español? Y debemos responderla así: el imperio español no ha existido nunca. Carlos intervenía en Alemania por ser emperador alemán, no por ser emperador español. ¿O es que los alemanes aspiraban a intervenir en el consejo de Castilla? Podrían haberlo hecho si formaran parte del imperio español. El problema es que Carlos intervenía en Alemania, para lo que estaba legitimado, violando las constituciones alemanas, introduciendo fuerzas armadas de las que solo disponía en tanto que rey de Castilla, de Aragón, de Navarra o de Nápoles, y financiadas por la plata de sus reinos hispánicos, o los de nueva

España, que nunca fueron constituidos en imperio ni formaban parte de él, como ya se encargaron de recordarle los castellanos en las cortes de Toledo de 1525. Al final, Roca Barea nos introduce en un mundo al revés. Habla de imperio español y nos induce a creer que los territorios alemanes eran una parte de él, como si España hubiera tenido bajo su mando alguna vez esos territorios.

La brutalidad del relato de Roca Barea culmina con la descripción del comportamiento de Calvino, quien no era ni alemán ni luterano. Aquí su capacidad de falsear los hechos y los conceptos no tiene límites. Su resumen de sus actuaciones en Ginebra, ciudad de la que solo al final de su vida Calvino llegó a ser ciudadano y en la que vivió humildemente, es este: «El procedimiento habitual fue la ejecución de los opositores hasta terminar siendo el dueño absoluto de la vida política, económica y religiosa de Ginebra». [189] Roca Barea ignora que Calvino respetó escrupulosamente la división de poderes de Ginebra, que luchó con fuerza y decisión para que la aceptación a la Cena dependiera exclusivamente de la propia comunidad eclesial y no del poder político; oculta que nunca ejerció cargo político alguno en la ciudad, que solo muy tarde gozó de la ciudadanía y que nunca fue señor absoluto de Ginebra. Que Calvino fuera el dueño de la economía es un enunciado ridículo. Por supuesto, sus reformas religiosas y de costumbres generaron la insatisfacción de las grandes familias aristocráticas y, desde luego, estas grandes familias perdieron la batalla política en las elecciones, por lo que algunos de ellos tuvieron que salir al exilio y otros fueron juzgados por los representantes políticos, no por Calvino. Cualquier biografía de Calvino da cuenta de estos conflictos políticos iniciales, pero ninguna de ellas afirmará que Calvino ejecutara a los opositores. Fue un consejo político elegido por la ciudad quien juzgó a los encausados y solo unos pocos fueron condenados a muerte, siendo la mayoría de ellos exiliados. Por lo demás, ni Calvino ni nadie acabó con la disidencia, pues las elecciones no dejaron de tener lugar en Ginebra. Por último, después de mostrar el lado que puede resultar más antipático del calvinismo, en tanto que proscribía el «disfrute», los bailes ostentosos y las formas galantes de vida de los ricos aristócratas, asegura que «los destierros y la hoguera se convirtieron en un paisaje semanal». [189] Una afirmación absolutamente monstruosa, escrita con la finalidad de apabullar al lector ingenuo.

Lo cierto es que la única muerte en la hoguera en la que se implicó Calvino fue la de Servet, en unas circunstancias muy específicas y con un significado muy especial. Citando a una oscura activista, que hasta donde yo sé no tiene ninguna posición académica, Sally Stepanek, afirma que en cuatro años Calvino quemó a cincuenta y cuatro personas. Añade que en diez años las víctimas fueron más de quinientas[3]. No aporta ninguna prueba de estas cifras, que no son en modo alguno refrendadas por los biógrafos, ya que las penas del Consistorio que presidía Calvino eran de naturaleza moral. Calvino puede ser un personaje antipático, pero convertirlo en un patético criminal es algo infundado. Entre las penas del Consistorio que organizó como censura de costumbres, no introdujo la hoguera. La pena más grave era la separación de la comunidad eclesial y siempre manifestó que nadie podía morir por sus creencias. En todo

3 En realidad, en las páginas anónimas de internet se lee algo parecido: «Desde 1541 hasta 1559 tuvieron lugar los actos oficiales del Concilio establecido por el calvinismo que exhibieron un oscuro capítulo de censuras, castigos, encarcelamientos y ejecuciones. Durante los estragos de la peste en 1545, más de veinte hombres y mujeres fueron quemados vivos acusados de brujería y de una perversa conspiración para propagar la horrible enfermedad. Desde 1542 hasta 1546 se llevaron a cabo cincuenta y ocho juicios de muerte y setenta y seis decretos de destierros. Durante los años 1558 y 1559 los castigos infligidos por diversas ofensas sumaron cuatrocientos catorce, una proporción muy grande para una población de 16.000 habitantes». Como se ve, nada de unanimidad. En la peste fueron ajusticiados siete hombres y veinticuatro mujeres como causantes de extender la peste (las famosas *lanzapestes*) y lo que se sabe de Calvino es que intercedió para que no fueran quemados vivos. Cf. Bernard Cottret, *Calvino, la fuerza y la fragilidad*, Editorial Complutense, Madrid, p. 171. Calvino mismo refirió los hechos, pero él no tiene nada que ver con ellos, aunque desde luego creía que existían estos delitos y los temía. Como todos sus contemporáneos, sentía pavor de los brujos y desde luego quería acabar con ellos, pero no formaba parte de los magistrados que los juzgaban. Cottret no da otra ejecución imputable a Calvino que la de Servet y relata con rigor la situación psíquica que produjo en Calvino. Por supuesto, esta forma de tratar a Calvino no forma parte de ninguna leyenda negra sobre el gran reformador y estudioso. Repárese en lo que decía *Monte Carmelo* en 1910 sobre Calvino y Robespierre: «Comparad la conducta del Parlamento de París con la del tirano protestante. La feroz intolerancia de Calvino ha sido moralmente más considerable, más implacable que la salvaje intolerancia de Robespierre. En un campo más vasto, habría hecho derramar Calvino más sangre que el terrible apóstol de la igualdad política». Esta forma de argumentar es la que Roca Barea ha resucitado.

caso, la división de poderes funcionó en Ginebra durante toda la vida de Calvino, y se mantuvo el régimen electoral de formación de los Consejos. Roca Barea no menciona algo que suele caracterizar precisamente a las dictaduras: la cantidad de exiliados y perseguidos que se refugiaron en Ginebra, venidos de todas partes de Europa, no tenía precedentes ni siquiera en la Roma papal. Al final, el populismo intelectual se impone: «Torquemada, comparado con Calvino, parece una mascota». [190] De este modo, ante una frase así, podemos quedarnos satisfechos. No conocemos mejor a Calvino ni a Torquemada, ni a España ni a la Ginebra moderna, pero tenemos una expresión con la que nos sentimos reconfortados y a gusto en nuestro sentimiento de superioridad. La peculiaridad específica del proceso histórico español (no afirmo la excepcionalidad, desde luego) queda así ignorada.

En conclusión, si la intención de Roca Barea era hacernos ver que los protestantes estaban movidos por un profundo odio a España, no lo ha conseguido demostrar. La leyenda negra comienza con las guerras con los Países Bajos y es un arma de combate en una Europa rota. La Ginebra de Beda ya escribirá contra España desde prejuicios inasumibles, despreciando por ejemplo a Vives por el hecho de ser español. Pero durante la época de Carlos todo era demasiado poroso, reversible, magmático como para impulsar una leyenda negra de forma programática. Desde luego, los reformados españoles no contribuyeron a ella. Por el contrario, podríamos leer muchos testimonios de su puño y letra de aceptación de la autoridad legítima imperial y de su compromiso con su patria. Por ejemplo, léase la carta de Antonio del Corro a Felipe II. Es tan lúcida como la que escribió Calvino a Francisco I de Francia en la primera edición de la *Institución Cristiana* y estaba inspirada en ella. En todo caso, no hemos leído ni un solo texto de Calvino ni de Lutero contra España como país o nación en todo su libro. La hostilidad y la amistad se dirige a actores concretos y sobre todo a los dirigentes. Nunca a los países.

Tercer victimario: Inglaterra

El tratamiento que Roca Barea hace de Inglaterra es sencillamente alarmante. Por supuesto está excluido de su imperiofilia, a pesar de que logró el milagro de que una pequeña isla perdida en el Atlántico pudiera gobernar y crear la comunidad de Estados más extensa que se conoce. En esta defensa del imperio y de sus ventajas civilizatorias, Inglaterra está excluida. Por supuesto, las provincias norteamericanas no son para la autora parte del imperio inglés [342-343]. Es importante para ella negarlo rotundamente porque quiere luchar con toda su fuerza contra el concepto de civilización anglosajona y la idea de «una continuidad del poder anglosajón en el mundo». Sea cual sea la forma de presencia de Inglaterra y luego de Gran Bretaña en América del Norte (imperial o privada), no cabe duda de la fuerte (aunque no única) impronta británica y anglosajona de los trece territorios coloniales. Pero de lo que no cabe duda es de su impronta protestante. Esto ahora es lo de menos para ella. Lo decisivo para Roca Barea es que solo Estados Unidos es un imperio. Inglaterra no. Sin embargo, de vez en cuando se descuida y se expresa así: «En este magno drama cósmico que enfrenta al anglosajón, cabeza del imperio protestante, con el español, cabeza del mundo católico». [343] Para ella, llamar imperio a lo que generó Gran Bretaña es llamar imperio a «cualquier cosa que así se llame». Pero mantener un drama cósmico no se mantiene con cualquier cosa. La contradicción es radical. Como lo es que el imperio inglés del siglo XIX sea mero colonialismo triunfante. El imperio, ya se sabe, no forja colonias. Replica la sociedad matriz. Los vínculos de los territorios de Nueva Inglaterra con la metrópolis británica ni son imperiales (en el sentido en que España se replicó en Nueva España) ni son parte del colonialismo del siglo XIX. Lo fundamental es negar las aportaciones británicas a esa unificación del mundo, que Roca Barea canta con firme convicción. Las razones de esta exclusión ya se pueden entender: solo un imperio católico es un imperio de verdad, aunque a veces las connotaciones son más racistas que religiosas: «En 1800 la raza anglosajona domina muy poco». [344] ¡Que se lo digan a Napoleón! Cómo tratar a Estados Unidos desde esta perspectiva es un misterio. Ni es una potencia católica, ni puede negar ser anglosajona; no fue colonia, pero ahora es imperio.

En todo caso, ver para creer. Inglaterra, la gran unificadora de tierras en una imponente *Commonwealth*, la que aprendió la lección de su primera fractura interior con la independencia de los Estados Unidos, la que supo mantener la hegemonía de su Estado sobre medio mundo, he aquí que por obra de Roca Barea forma parte del bando de los apostatas, los nacionalistas, los fragmentadores, los separatistas, los luteranos: el bando local de las oligarquías antimperiales. De las páginas que dedica Roca Barea al destino histórico de Gran Bretaña el lector no obtendrá la más leve explicación de cómo fue posible ese milagro por el que un país pobre de solemnidad generó la elite más numerosa, preparada, arrojada y firme para civilizar tierras tan increíblemente extensas como la India, Oceanía y buena parte de África. Una explicación de este secreto histórico no se verá en el libro. Por el contrario, solo comprenderemos que Inglaterra es el agente más obstinado de la propaganda antiespañola. Ni por un instante se pregunta la autora si la formación de ese inmenso imperio se debió fundamentalmente a que las elites británicas se propusieron *no* imitar las formas imperiales de los españoles. Eso no le interesa. Solo le interesa —gran descubrimiento— que Inglaterra fue antiespañola desde que fue anticatólica.

Ahí está todo, en el fatídico año de 1534, cuando Enrique VIII se proclamó jefe de la Iglesia de Inglaterra. ¡Lo más relevante de la aventura mundial de Inglaterra es su «odio a España», un país que desde 1648 no levantó cabeza! Como si no tuviera nada mejor que hacer Inglaterra que preocuparse de España. Tenemos aquí el perfecto ejemplo de la megalomanía del insignificante. Claro que hay muchas cosas en la primera modernidad inglesa que son hostiles hacia España. Pero no se puede amenazar a un pueblo con invadirlo con la flota más grande conocida desde Jerjes y luego quejarse de que hagan canciones y obras de teatro contra el invasor. ¿Qué quiere Roca Barea, que saltaran de alegría porque los refinados, católicos, cosmopolitas y civilizados españoles imperiales pretendían subir Támesis arriba? A veces tenemos la impresión de que la Armada de 1588 se puso en marcha por el bien de los ingleses.

Lo que más sorprende del relato de Roca Barea es que aquellas lejanas batallas impulsadas por seres lejanos, monstruosos a su manera, inquietantes, bestiales, como sin duda lo eran Enrique VIII, Francisco I o Fernando de Aragón, las tome como si fueran suyas, cercanas, amigas o enemigas, de hoy en día, y en ello le fuera la vida y el honor; como si compartiera con su sangre y su carne la detestable causa de aquellos soberanos autocráticos de ganar tanta tierra, pueblos y fisco como pudieran, para la gloria exclusiva de una familia. Vemos a Roca Barea sufrir con la gota de los reyes, con las fatigas de los tercios, con la rabia y la furia de los mercenarios; se enoja como si fuera un inquisidor con la traducción de la *Brevísima relación*, con las conspiraciones de los flamencos y los ingleses (era una guerra lejana y extraña, señora Barea, por la que muchos españoles de entonces no daban un céntimo, imagínese los de ahora). Se entristece como Carlos V porque su forma de entender el imperio no era querida, entra en fase melancólica porque los españoles no son comprendidos, exclama poseída por la extrañeza cuando luchan contra el imperio y todavía le duele que Antonio Pérez cruce la frontera y publique sus *Relaciones*. ¿Pero qué furor histórico es este? Roca Barea se excita con todo. Recorre los siglos, acumula noticias que le afectan y como al penitenciario en Semana Santa le duelen los latigazos sobre la espalda desnuda. Y luego está eso de los renegados. Con ellos el dolor se relaja. La violencia ya no es masoquista. Con los renegados españoles es sádica. «Los textos más rotundamente exitosos de la leyenda negra proceden de españoles o son atribuidos a españoles». [201] Ya lo vimos. Es el misterio más trágico, el de los renegados. Pero si miramos bien, descubrimos el colmo del nacionalismo español. Los españoles fueron vencidos porque había españoles renegados. Si no, los extranjeros no eran capaces de ganarnos. Por supuesto, su presentismo histórico casi reclama que nos hagamos la pregunta de quiénes son ahora los renegados.

Así pasan páginas y páginas dedicadas a Inglaterra analizando oscuras obras literarias que no interesan a nadie, sin que sepamos un ápice más de la extraordinaria aventura de un pueblo que hizo rodar dos cabezas de reyes un siglo y medio antes que los franceses. Cromwell ni es mencionado. Desde luego, exponer esta formidable aventura del calvinismo inglés y escocés, que avanzó en la renovación de la ciencia y la técnica desde Bacon a Boyle hasta llegar a Newton, le está prohibido. Todo eso solo es relevante porque era antiespañol. Aquí se aprecia hasta qué punto es estéril esta aproximación a las cosas. Justifica la derrota histórica de España por la propaganda, como si esta fuera el arma omnipotente de Goebbels en manos de siniestros poderes protestantes. No es capaz de comprender que la propaganda animaba las tabernas, los teatros, los pasquines, los parlamentos (algo respecto de lo cual Roca Barea no tiene nada que decir) y hacía todo esto porque *ellos* iban ganando. No es la causa de la victoria, sino el efecto. La gente se entusiasma con el que va ganando, no con el que va perdiendo. Al pretender que España perdió por esta conjura de papel, la autora no tiene ya necesidad de investigar las actitudes, formas de gobierno, de comprender el poder, de estudiar y de pensar, de dominar la realidad que nos llevaron a todas aquellas derrotas históricas. Por supuesto, con esa estrategia no tiene que analizar si acaso el gran parlamentarismo británico tuvo que ver con la victoria de Inglaterra, o qué innovaciones (por ejemplo, la revolución agraria del cercado de los campos) llevaron a este pueblo a tomar ventaja sobre todos los demás de Europa. No puede ni acariciar la idea de que la fortaleza de ánimo, la energía y la confianza, la constancia, el rigor y el entusiasmo procediese de su nuevo sentido de la fe religiosa, de considerarse el nuevo pueblo elegido. Lo único decisivo es la propaganda, no las realidades materiales, culturales y sociales. Quizá si las tuviera en cuenta comprendería por qué a lo largo de los siglos tuvimos infinitas Roca Barea que nos distrajeron acerca del sentido de las cosas, del principio de realidad y de las formas de controlarlo, y nos embarcaron en formas de representación que eran autoengaños ilusos y perniciosos, incapaces de comprender por qué perdimos batallas decisivas en nuestra historia.

Claro que en Inglaterra tuvieron lugar actuaciones condenables y sucesos tremendos cuando se produjo la gran sima que dividió al país en católicos y protestantes. Debemos recordar que esa sima era anterior a Cromwell e incluso a 1534 y que muchos de los fenómenos que luego fueron habituales se iniciaron en tiempos y a iniciativa de Thomas Moro, bastante implacable en perseguir luteranos y reformados. Tenemos noticias precisas de que instauró un sistema de inspección de cartas y de que le gustaba el espionaje tanto como a cualquier poderoso. Pero en lugar de explicarnos el proceso histórico, todo lo que obtenemos de Roca Barea son afirmaciones de este tipo: «la reina Isabel provocó ella sola más muertes que la Inquisición en toda su historia». [208-209] Ya vemos. Es el mismo estilo que en el caso de Calvino. Todo reside en saber quién mató más. Esta vocación de sepulturera de Roca Barea es tan extraña como estéril. Le obsesiona contar quién tiene a su cargo más muertes. Como si estuviera en el día del Juicio final, ha de contar las víctimas que produjo cada uno de los personajes históricos. ¡Como si fuera posible saberlo! Isabel I, Lutero, Calvino, todos tienen infinitas muertes sobre su conciencia. ¡Muchas más que España! Para adscribir todas estas víctimas le basta «aplicar la lógica». Con el *tu quoque* lo resuelve todo y la historia se cierra. Esa es la forma de luchar contra la leyenda negra. Los demás deberían tenerla más negra aún. ¿De qué nos sirve esta voluntad de contar las carnicerías continuas de la historia, de ellos, de nosotros, de los demás? Hoy sabemos que hace ocho mil años, grupos de pueblos orientales invadieron la península ibérica y no dejaron varones vivos. Como dijo Walter Benjamin, la historia es barbarie. ¿Cómo es qué queremos contar aquellas lejanas muertes con precisión, mientras dejamos las cercanas en el anonimato? ¿No sería mejor mostrar nuestra indisposición con los principios políticos que llevaran a unos y otros a matar sistemáticamente? Benjamin, con más piedad, se representó la historia como un inmenso osario que apenas se deja ver bajo las alas del ángel de la historia, el ángel que no puede sino volar impulsado por el viento del progreso, por mucho que él quiera detener ese torbellino ciego e imperial que le impulsa. Roca Barea, no. Quiere contar todos los cráneos rotos de los demás, inventariar sus osarios, reunir las cenizas. Pero solo las de *ellos*, para que no puedan echarnos en cara los *nuestros*. Sin embargo, ellos no lo hacen desde hace mucho tiempo. ¿Cuál es la necesidad de hacerlo nosotros? Claro, los grandes pueblos rescatan del anonimato los cuerpos de sus ciudadanos caídos, estén donde estén, y jamás los dejan en el olvido. Pero para honrarlos de forma conjunta con los viejos enemigos. Así se construyeron los grandes cementerios europeos. Ella no, los cuenta para echárselos todavía en la cara de alguien. ¿Puede haber algo más estéril? ¿Y esto entusiasma a los ministros, a los directores de cine, a los periodistas famosos y lo saludan como una buena nueva?

Desde luego, la conciencia nacional británica, sobre todo la de las clases más bajas, se ha forjado en esas excentricidades como la de Guy Fawkes y la Bonfire Night. Todos los pueblos convertidos en nación por la presión del poder del Estado, y sus intensos procesos de formación de subjetividad, tienen un enemigo definido, un Otro frente al que cohesionarse. Lo bien triste es que los españoles hayamos sido el Otro de varios de esos pueblos en el lejano periodo de su formación, pero lo más triste es que a su vez hayamos sido el Otro de nosotros mismos. Ese es el asunto central, sobre el que Roca no quiere pensar. En fin, todo el capítulo dedicado a Inglaterra se concentra en dos cosas: primero, en lo que los ingleses hicieron con los irlandeses, una vergüenza para cualquiera que lo cuente, sea inglés o saharaui, y que avergüenza a todos los historiadores ingleses razonables, como cualquiera pueda ver en el relato de Niall Ferguson en *Cómo los ingleses dominaron el mundo*. Aquellos hechos deberían hacerle reflexionar a Roca Barea sobre las bondades de los imperios, desde luego, pero ella se los sacude con la excusa de que Inglaterra no forjó un imperio. Segundo, se explaya en describir la historia de la peripecia del catolicismo en Gran Bretaña hasta que finalmente los católicos recobraron la plenitud de sus derechos ciudadanos a mediados del siglo XIX, algo que no comprendo qué tiene que ver con la leyenda negra. Roca presenta este hecho de forma extraña, como la asombrosa maravilla de que «la tolerancia religiosa ha conseguido por fin abrirse camino en Occidente» ¡a pesar de la esencial intolerancia protestante! Por supuesto, esto no se debe a que, ya desde el siglo XVIII, desde Inglaterra se pudiera ir al cielo por mil caminos (como dijo Voltaire). No. Se debe a «la evolución interna de la sociedad occidental». [214] La tolerancia no requiere para nada a los seres humanos. Es un asunto evolutivo. Todos se persiguieron, los católicos a los protestantes y estos entre sí. [226] Al final, cansados, se impuso la tolerancia.

Esta forma de describir el proceso encierra una falsedad completa, como se ve por el testimonio de Spinoza, que se muestra maravillado de que en la Holanda del siglo XVII convivan en paz las más diversas sectas, lo mismo que en la Gran Bretaña posterior, lo mismo que en la confederación suiza o en los Estados Unidos. Para ella, no hubo «ni tolerancia ni libertad religiosa ni en un lado ni en otro hasta hace poco más de un siglo». [226] Por supuesto, olvida decir que en España no la hubo hasta 1975 y la de hoy de forma muy peculiar, como testimonia la obstinada voluntad de la Iglesia católica de ocupar el espacio público con mil festividades. El resto, contar por enésima vez la épica de la Armada Invencible o la hazaña de Blas de Lezo, y la necesidad de recordarla para comprender «qué glorias alcanzaron los antepasados y cuán lejos estamos ahora de ellas». [216] Sinceramente, cuánto más lejos estoy de esas glorias, mejor me siento.

Al final, todo es inverosímil. Roca Barea habla de una ley del silencio por la que se calla todo lo que los países «pilares de la civilización no quieren recordar» y los «logros de aquellos cuya reputación se desea perjudicar». [223] Entre estos España. Sin embargo, esto no concierne a los británicos. Sus historiadores no solo no olvidan nada de lo propio, sino que se han hecho millonarios escribiendo la historia de los españoles. Dudo que haya algo por decir en nuestra historia que no haya producido royalties para los historiadores ingleses. Y desde luego no lo hacen para perjudicar nuestra reputación, sino porque no sabemos hacer algo comparable en objetividad, serenidad y discreción de juicio. Y mientras la historiadora sea Roca Barea es bien comprensible, y hasta necesario, que eso suceda. Así que nada de ley de silencio en el sentido en que dice Roca Barea. En realidad, la única ley del silencio de la que se nos da un ejemplo claro es la que impuso Felipe II para hablar de la derrota de la Armada: «En lo que Dios hace no hay [...] sino no hablar de ello». [224] Como para él Dios lo hacía prácticamente todo, la historia debía silenciarse. Por eso prohibió que se escribiera historia en España. ¿Así cómo vamos a ser conscientes de nuestros logros? ¿Cómo vamos a contrarrestar los relatos hostiles de otros actores? Desde entonces, y dada la prohibición de escribir historia impuesta por el rey prudente, como hace tiempo mostró precisamente un historiador inglés, Richard L. Kagan, apenas hemos tenido tradición de escribirla[1]. Todavía el más grande de nuestros historiadores, el jesuita Mariana, hacia 1600 solo podía escribir nuestra historia anterior a Fernando el Católico, excluyendo a este rey, dejando claro que los monarcas son muy susceptibles y no les gusta oír críticas de sus antepasados. Así que un siglo de silencio. No es de extrañar que los ingleses nos escriban la historia. ¿Quién ejerce entonces la ley del silencio? Por supuesto, no hay ningún

1 Cf. Richard L. Kagan, *El rey recatado. Felipe II, la Historia y los cronistas del rey*, Colección Síntesis, Universidad de Valladolid, 2004. Kagan nos cuenta cómo el sentido católico del rey le impedía aceptar que se escribiera historia sobre su vida y sobre su reinado. Esto le parecía un gesto blasfemo y en esto era animado por sus confesores, que de este modo expresaban su deseo de mantener el monopolio de la verdad.

pueblo que haya ignorado la opresión y el ridículo de sus gobernantes, y el español, que no es un pueblo especialmente estulto, ha sabido desde hace mucho tiempo quién le gobernaba. Por eso no dejó de hacer cancioncillas anónimas contra sus poderosos, como Felipe II, que siempre miró con aprensión por las ventanas del Alcázar con miedo a una revuelta, razón por la cual se trasladó a El Escorial. El propio Mariana escribió mal de su gobierno y fue encarcelado. El mismo Sigüenza escribió su magnífica historia de Carlos V con cautelas y reservas sobre el rey.

Claro que los miembros relevantes de la Iglesia gozaron de cierto ambiente de libertad, pero cuando Roca Barea dice que «contrasta con otras naciones de Europa», como siempre, nos deja sin indicar cuáles. Ningún monarca podía controlar a la Iglesia y los reyes españoles no lo hicieron del todo. Pero el problema no es ese. La cuestión decisiva es si hubo libertad política en instituciones como los parlamentos ingleses, franceses o imperiales, primero; y segundo si la Iglesia usó siempre esta libertad que sin duda le concedía su poder para el bien común. Basta leer a Sigüenza para ver lo que pasó cuando Carlos, en el momento más difícil de sus guerras imperiales, intentó recabar de la Asamblea de la Iglesia castellana una contribución. Alegaron que esa era una medida propia de luteranos. Carlos tuvo que renunciar a la contribución.

En suma, siempre que tiene oportunidad de hacerse una pregunta interesante, Roca Barea nos lanza una respuesta estéril. Lo más sorprendente de su argumento es su incapacidad reflexiva. Cuando al final del capítulo dedicado a Inglaterra establece que el nacionalismo es «victimista por naturaleza y fabrica enemigos», apenas se da cuenta de que ella se convierte en una quejica archinacionalista al recontar todo lo que han dicho de nosotros los forjadores de la leyenda negra. ¿Y con qué finalidad hace ese inmenso recuento de quejas? No sé si para fabricar enemigos, pero desde luego sí para obtener provecho: vender muchos libros dando carnaza a todos los talentos españoles necesitados de llorar juntos por las injusticias que han cometido con nosotros como pueblo. Todo lo que ella argumenta se puede describir así: en algunos momentos de nuestra historia en los que nuestros reyes han combatido con muchos poderes y pueblos europeos, invadiendo sus tierras o pretendiendo invadirlas, estos nos han tenido por enemigos y han luchado como han podido contra nosotros. Y Roca Barea se extraña de eso. Pero ella prefiere describirlo así: «La hispanofobia forma parte indisoluble de buena parte de los nacionalismos europeos». [226] Que algunos pueblos y poderes se hayan tenido por enemigos nuestros con razón durante un tiempo, al ser atacados injustamente por nuestros reyes, no quiere decir que sean hispanófobos. Si así fuera, no vendrían por millones todos los años a visitarnos. Roca Barea no parece darse cuenta, por el contrario, de que quejarse amargamente de la existencia de la leyenda negra y sentirse odiado por buena parte de los pueblos europeos, es una de las más estúpidas y estériles características del nacionalismo español. En realidad, es tan estéril como eso de fundar una marca España. Como si los seres humanos fueran estúpidos y se dejaran determinar exclusivamente por la propaganda. A veces, Roca Barea parece creerlo. Y por eso hace la suya de forma descarada y asombrosamente burda.

El gran problema de este libro es que Roca Barea se muestra muy favorable a Estados Unidos y muy hostil a Gran Bretaña. Pero en realidad no hay manera de separar la impronta cultural de ambas potencias imperiales. Nuestra autora detesta a Gran Bretaña porque es protestante. ¿Y Estados Unidos? Todo lo que Estados Unidos tiene de valioso, procede de su admirable constitución, que escribieron los padres fundadores, todos ellos cercanos a la cultura parlamentaria inglesa. Desde el punto de vista negativo, Inglaterra aspiró a crecer a costa del poder español tanto como luego Estados Unidos se expandió a costa de anexionarse territorios hispánicos americanos que redujeron considerablemente la república de México. Roca Barea admira a Estados Unidos porque ha sido capaz de superar el antisemitismo. ¿Y Gran Bretaña, que entregó su imperio a un descendiente de sefarditas llamado Disraeli? Eso no lo hemos visto en Estados Unidos todavía, por no decir en tierras hispánicas desde Alonso de Cartagena. Cromwell ya trató con Menasseh Ben Israel, otro sefardita, maestro de la sinagoga de la misma Ámsterdam en la que vivió Spinoza. En realidad, los únicos imperios que destruyeron a sus ciudadanos judíos fueron el romano y el español y, frente a todo pronóstico, el alemán bajo el poder nacionalsocialista, después de que muchos alemanes judíos hubieran dado la vida por Alemania en la Primera Guerra Mundial y dirigieran la economía del país durante la época terrible de la guerra, como hizo Walter Rathenau. Así que volvamos a la pregunta, ¿cómo admirar a Estados Unidos y denigrar a Inglaterra? Eso es algo que el lector de este libro no logra entender. Pero tiene una explicación en el talento sutil de Roca Barea: al enemigo ni agua.

Cuarto victimario: Holanda

Si la descripción de Italia, Alemania e Inglaterra como autores de la leyenda negra es superficial e inconsistente, la parte del libro dedicado al problema holandés es cercana al delirio. Delirar es asegurar que Carlos V intentó estructurar los Países Bajos «al modo de un estado federal». [229] ¿Dónde están las fuentes de estos planes de Carlos? No lo sabemos. ¿Fue federal el modo en que se trató a Gante en la rebelión de 1540, que fue sometido a una intensa represión? ¿Qué sentido de lo federal tan extraño tiene Roca Barea? Tan raro como lo tenía Carlos V. Según ella era necesario una *homogeneización* de los Países bajos por sus particularismos, pero el federalismo busca preservar la diferencia y no homogeneizar. Había setecientos códigos legales, nos dice, ni uno más ni uno menos. Para eso estaba el Tribunal Superior de Malinas, renovado por Felipe el Hermoso para revisar y unificar las sentencias dispares. Era necesario crear instituciones unitarias y eso fue lo que hizo Carlos con esfuerzo, dice Roca Barea. Aquí hay una confusión conceptual. Es seguro que había particularidades. El mundo histórico siempre las produce. Pero aquellas diferencias eran las que los pueblos identificaban con sus libertades ancestrales y sus modos de vida. Esta vinculación sentimental a sus constituciones antiguas no impedía su evolución, como se vio luego, pero esta se debía llevar a cabo con el consentimiento y participación de sus poblaciones.

Carlos no sabía nada de esto, ni de consentimiento ni de participación cooperadora. Como otros miembros de su Casa, luchó por privar a las ciudades de todos sus derechos políticos. La autora no necesita reparar en este pequeño detalle. Carlos, dice, quería construir «una unidad europea sobre la base de la común religión compartida». [231] ¿Pero la libertad política no debía ser un elemento de esa unidad europea? ¿Solo la religión? ¿Qué tipo de unidad era esa que se produce sin libertad política? ¿Cómo iba a ser aceptada por realidades políticas que tenían una larga tradición presidida por el valor del *Bund*, la federación, como forma de encarar los problemas? ¿Acaso no era posible mantener la unidad de religión bajo la más intensa opresión política? ¿No es esto lo propio de un imperio islámico, como ya Lutero había señalado? Para Roca Barea esto de la libertad política es irrelevante. La cuestión religiosa es lo único importante, como sucede en los imperios islámicos, de los que no quiere oír hablar porque quizá es un poco su heredera. Fuera de la religión, todo se reduce a puro darwinismo, lucha por el poder, maquiavelismo.

Esa es la única realidad para ella. Y así, los perversos nobles y oligarcas flamencos y holandeses que solo buscaban poder y privilegios, pensaron ante todo en romper la religión. Luego, tuvieron que fingir que la de Felipe II era una tiranía para poder rebelarse. Usaron la religión para engañar al buen pueblo y salirse con la suya. A eso se reduce el misterio. Pero aquel proceso tiene otro relato posible. El gobierno de Felipe podía ser considerado como una tiranía en el sentido clásico del término, uno compartido y operante en todos los actores y observadores de la época. Era una tiranía porque violaba de forma continua, escandalosa e insuperable la ley natural (que prohibía apresar con mentiras a los huéspedes amigos y asesinarlos sin juicio, que es lo que hizo el duque de Alba con Egmont, igual que antes había hecho Carlos con Hesse o con Pierluigi Farnesio) y las leyes ancestrales de los pueblos, el sentido de su republicanismo antiguo, como hizo Felipe II en Aragón, y no tuvo necesidad de hacer en Castilla porque su padre ya lo había hecho más de cincuenta años antes con las comunidades. Y era legítimo rebelarse contra ese gobierno tiránico porque, según la doctrina tradicional, al tirano se le puede adular, se le puede engañar y se le puede matar. Era la doctrina clásica desde Bartolo y lo usaron todos los actores allí o en Francia, cuando los Valois comenzaron a imponer una política que violaba las leyes antiguas del gobierno.

La religión fue todo menos homogénea en los Países Bajos y las guerras posteriores, con sus azares e idas y venidas, decidieron dónde iban a quedar las fronteras entre reformados y católicos. Las ciudades se dividieron en sus poblaciones, el conflicto civil fue ingente y, desde luego, por razones específicamente religiosas, aunque estuvieran implicados otros valores políticos, culturales y económicos. Luego, tras tiras y aflojas, idas y venidas desde un bando a otro, en las que muchas ciudades pasaron de católicas a calvinistas y luego a católicas, todas acabaron de un lado u otro de la línea por múltiples contingencias y azares. Pretender cualquier lógica maquiavélica aquí es bastante inútil y, pasado cierto tiempo, muchos ciudadanos se tomaron con cierto relativismo ser una cosa u otra y muchos cambiaron más de religión que de camisa. Otros se concentraron en un ecumenismo básico, como el fenómeno de la Phamilia Caritatis, a la que pertenecieron algunos españoles que allí vivían, como posiblemente el gran Arias Montano. Pero tras todo esto, no podemos evitar preguntarnos: ¿por qué una sociedad tan sensible a sus propias libertades ancestrales —que los duques de Borgoña habían defendido con fuerza e inteligencia durante un siglo frente a la homogeneizadora Francia— se levantó contra la administración de los Austrias? ¿Cuál fue el origen del malestar? ¿Los planes federales de Carlos? ¿Cómo empezó todo?

Lo más sorprendente es que Roca Barea lo sabe. La monarquía de Carlos pretendía cambiar los tres obispados que administraban los Países Bajos por... ¡diecisiete! Una medida, como se ve, de carácter profundamente federal. Algunos de esos ingleses que se hacen ricos vendiendo libros sobre historia española nos halagan diciendo que era una medida «que simplificara la administración y contuviera el poder perturbador de los nobles ambiciosos». [231] ¡Pero por amor del cielo!, ¿se simplifica la administración pasando de tener tres obispos a diecisiete? ¿Se mejoraba así una situación ingobernable —según dice Roca Barea— con la creación de catorce obispados más? Para ella, sí. «Era una anomalía que los Países Bajos tuvieran solo tres obispados». [234] ¡Claro! La norma ideal comunicada a Carlos por la voz divina era que los flamencos tenían que dar de comer a diecisiete obispos. Era lo racional, lo eficaz y, el colmo del delirio, una administración «menos gravosa». Y todavía se queja de que nunca se explique «por qué este cambio era malo». [235] Que sea menos gravosa una administración con diecisiete obispos que una con tres, ¿quién puede creer eso? ¿Así se limitaba el poder de los nobles? Pero ¿quién ocupaba los obispados? ¿Los burgueses o los menestrales? Carlos, y luego Felipe, deseaban crear una imponente administración religiosa, capaz de controlar la población y beneficiar con sus cargos a los nobles más adictos. Todos sabían que esa medida era el primer paso para imponer la Inquisición. En suma, era una revolución social y cultural completa, un cambio en la comprensión de un cristianismo muy popular, muy caritativo, como se ve todavía en los beguinajes o beaterios de Brujas, de Malinas, de Lovaina, inspirados en la *Devotio moderna*. ¿Alguien puede imaginar que aquellos catorce obispos adicionales iban a bajar los impuestos? ¿Y quién iba a pagarlos?

Las protestas contra estas medidas no eran anticatólicas. En realidad, no se necesita ser anticatólico para protestar por esa insensatez de elevar de tres a catorce los obispados en un territorio dado. Pero si los gobernantes se empeñan en medidas tan extravagantes, es lógico que los pueblos busquen otras soluciones como entregarse a una variación del cristianismo que no tiene obispos. Roca Barea sugiere que los holandeses debían haber aceptado aquella propuesta sin rechistar. ¡La imponían los soberanos legítimos! La amenaza no estaba en los planes multinacionales del emperador, que mal que bien aceptaban. Estaba en una política que, con los patrones ideales de la época, era completamente injusta. Antes de esto, la nobleza holandesa y borgoñona era fiel a Carlos. Desde la destrucción de Gante, humillante y feroz, las cosas comenzaron a torcerse. La fidelidad de Egmont, sin embargo, se mantuvo a prueba de bombas. Había sido el representante de Felipe en la boda con María Tudor de Inglaterra, y era primo del rey. Había peleado con los españoles en San Quintín y en Gravelinas. Cuando el rey Felipe impuso finalmente la Inquisición, percibió que aquello no podía traer nada bueno, pero todavía menos cuando impuso las alcabalas, ese impuesto musulmán que los reyes castellanos asumieron y que deseaban extender a los holandeses de todo orden y condición. La alcabala es un impuesto al consumo, universal e injusto, pues afecta por igual a ricos y pobres.

Egmont vino lealmente a España para que Felipe retirara la medida. Fue inútil. Sin embargo, no se hizo aquí nada contra él porque tenía muchos partidarios en la corte, entre ellos el mismo príncipe heredero, Carlos, que fue excluido a empujones de la reunión del Consejo de Estado de forma manifiestamente ilegal. Cuando Alba llegó a los Países Bajos invitó a Egmont a cenar en palacio y ya no vio jamás la luz y la libertad. Fue asesinado en un acto que escandalizó a la opinión europea, que no se acostumbraba a estas actuaciones, a pesar de que Carlos había hecho lo mismo con Felipe de Hesse, con Pierluigi Farnesio, el hijo del papa, con los Fiesco genoveses, todos ellos asesinatos impulsados por los agentes de Estado. Roca Barea, con su desfachatez y desenvoltura, dice que «Egmont y Horn fueron ejecutados por traición al comienzo de las rebeliones, no de manera arbitraria sino conforme a las leyes vigentes». [233] Para persuadir por cansancio, lo repite varias páginas después. Es falso. ¿Qué *ley vigente* de ningún país del mundo de ningún tiempo histórico permite que en una cena entre viejos amigos y compañeros de armas unos sean detenidos y ejecutados sin juicio alguno por otro de ellos? Eso es lo que hizo Alba y lo miremos como lo miremos fue una villanía. Roca Barea, en una finta, le echa la culpa de sus muertes a Guillermo de Orange, quien pasó a liderar la oposición de los holandeses justo por la reacción escandalizada ante estas muertes[1].

---

1 Otro ejemplo de la forma de proceder de Roca es el siguiente. Cuando quiere convencernos de que Alba reformó todo el sistema jurídico holandés y lo sometió a una racionalización duradera, cita Gustaaf Janssens, en un libro editado en flamenco sobre el duque de Alba, que ha sido traducido al castellano, aunque editado en Bruselas. La cita es decisiva por su rotundidad. Sin embargo, no está extraída del libro, sino de un artículo de Sánchez Martín sobre la Infantería Valona. En Dialnet no hay ni rastro de este artículo y en todo Google no hay ni una sola cita y referencia de este artículo. Al final, uno no puede constatar si efectivamente las cosas son como dice Roca Barea.

Su capacidad reflexiva aquí, una vez más, es mínima y podríamos dar muchos ejemplos de ello. Al defender que la administración de Austria «arrinconaba particularismos», imponía racionalidad, profesionalidad y eficacia, argumenta que hacía todo esto porque «se apoyaba en los buenos profesionales de la nobleza baja y media y la burguesía». [235] ¿Era eso el duque de Alba? No. ¿En quién confiaba él? En su hijo. Una prueba de su eficacia: el impuesto de la alcabala, que Roca llama con desvergüenza «un impuesto más igualitario». [243] Igualitario era, desde luego. Los pobres debían pagar lo mismo que los ricos por el pan, el vino, la carne, la sal y la ropa. Todo lo que entraba en la ciudad debía gravarse. Igualitario, desde luego, pero porque esquilmaba a todo el mundo por igual. Es lo mismo. Para ella, los flamencos llevaban «lustros buscando la rebelión» y la encontraron en la excusa de la religión. Se hicieron calvinistas sin razón ni motivo religioso, por interés, para tener un motivo por el que rebelarse, por puro afán de poder. [260] Esa era la única realidad. Lo demás resultaba fingido. ¿Quién va a hacerse de verdad y en serio calvinista? Que los holandeses se resistieran a dejarse gobernar al modo que toleraban los españoles de aquella época, que exigieran que se respetara lo que era una exigencia general de aquel tiempo, el gobierno con hombres del país, que no aumentaran los impuestos, que no se multiplicaran los cargos episcopales sin necesidad, que no se violaran sus libertades ancestrales, todo eso no le parece razones para su malestar. Que la lucha contra Inglaterra impulsada por Felipe II convirtiera en nuevos enemigos a los socios ancestrales, los ingleses, poniendo en peligro todo el sistema económico de los Países Bajos, eso no debía ser motivo de malestar. «Es evidente que esta idea [de malestar] no surgió espontáneamente en la cabeza de los neerlandeses». [235] ¡Claro que no! ¡Tuvieron que venir de Ginebra los predicadores calvinistas a explicarles que se arruinaban y a mostrarles que corrían un gran riesgo de ser destruidos! Entonces convirtieron la religión en excusa. ¡Pura propaganda triunfante! [236] Si este es todo el análisis de la realidad histórica que promueven nuestros grandes líderes de opinión pública, si este es el sentido de su justicia, que el cielo nos proteja.

Sigamos el argumento de Roca Barea un poco más allá. Que estos calvinistas eran una minoría sagaz, astuta, perversa, que supo manejar a las buenas gentes y engañarlas con la excusa de la religión, lo demuestra a sus ojos el hecho de que en las tropas de Carlos y Felipe hubo muchos holandeses. ¡Prueba irrefutable de que la buena gente sencilla del pueblo estaba lealmente con su rey y que los rebeldes eran una oligarquía nacionalista! «Cuesta trabajo encontrar una acción militar en la que no hubiera holandeses en el bando realista». [239] Luego dice que había más holandeses en el bando realista que en el de Orange. [241] Cualquiera que esté familiarizado con los textos y las fuentes que describen la forma de ser de los soldados de la época, llegará a la convicción de que la inmensa mayoría se alistaría en las filas del mismísimo Satanás por una buena paga. ¿Qué demuestra esto, sino que la mayoría de los soldados se reclutaban sobre el terreno? Por supuesto que muchos eran holandeses, pero no debemos creer ni por un momento que eran soldados populares, convencidos de defender a su rey y a su patria. Eran profesionales de la guerra y en frente tuvieron comerciantes y artesanos que al final los vencieron. La razón la explicó muy bien Saavedra Fajardo, un hombre lúcido y discutido, cuando aseguró que una monarquía jamás podrá vencer a una república, porque este régimen es mucho más barato y cuenta por eso con el respaldo popular.

La forma en que Roca Barea se documenta es a veces específicamente populista. Recoge información de páginas web más que dudosas, en muchas ocasiones claramente vinculadas a su misma línea ideológica y, por general, autorreferenciales, esto es, que recogen informaciones unas de otras y las repiten. Estas páginas son, por lo general, anónimas. Otras veces son el objeto de sus críticas. Así, cuando tiene que documentar la toma de Brielle, va a una página que identifica la causa del conflicto en las «imposiciones religiosas católicas». [244] Como sabemos, este es un punto débil de la autora. Así que Roca Barea estalla diciendo que la situación fiscal era catastrófica y que «el imperio invirtió allí mucho más que recaudó». Ella tiene los libros de cuentas a mano. Como es sabido, la cuestión de los costes y beneficios del imperio ha sido muy debatida y se le han dedicado grandes estudios, como el de Antonio Miguel Bernal, *España proyecto inacabado. Costes y beneficios del imperio*, publicado en 2007. Nada de eso se consulta. Sencillamente se afirma que la situación era un desastre y que el imperio invirtió mucho más de lo que extrajo. El problema aquí —dejando aparte que Borgoña no era el imperio— es realmente que el imperio en sentido jurídico apenas tenía recursos. Ese había sido el sentido de su impotencia desde Federico I Barbarroja. Barea argumenta como si tuviera una hacienda propia. En realidad, Carlos no tenía sino lo que extraía de sus pueblos, por lo que era de dudosa justicia transferir recursos de unos pueblos, los castellanos, a otros, los flamencos o los alemanes. Por lo demás, ni las Provincias Bajas ni España eran parte del imperio, con lo que en caso de que fuera como Roca Barea dice, la expresión adecuada es «España mandó allí más recursos de los que extrajo». Obviamente no podía extraer nada porque la transferencia de recursos a España era más bien una imposibilidad. En su totalidad, la frase como tal no tiene sentido.

Hablar del imperio español como una realidad identificable, como un sujeto jurídico histórico, es una ilusión de Roca Barea. Como lo es representarse a la monarquía hispánica como una hacienda eficaz. Así, por ejemplo, ante el asunto de la alcabala, comenta que «el rey Felipe II se apresuró a presentar cuentas detalladas» [245] para acallar los rumores de que los Países Bajos soportaban una gran presión fiscal. Por supuesto, no hay ningún pueblo que no se haya quejado de una presión fiscal insoportable en tiempos de Felipe II. Lo increíble de la expresión es que Felipe II se apresurara a algo, y sobre todo a presentar cuentas detalladas. Nunca las tuvo y las bancarrotas fueron abundantes en su reinado (al menos las de 1557, 1576 y 1596), con confiscaciones masivas, aleatorias y tiránicas cada vez. La anécdota del contador Luis Ortiz, que le presentó un plan para elaborar una hacienda más fiable, es muy conocida. Tras una somera explicación, Felipe II confesó no entender nada. Acto seguido tiró todos los papeles del contable al suelo. En suma, era este tipo de actitudes, junto con otras muchas, las que los pueblos europeos gobernados por Carlos y Felipe consideraban parte del «gobierno a la española» y por nada del mundo querían padecerlo.

Esta forma de gobierno no era especialmente española (excepto la intensidad con que algunos fenómenos se producían, como la amplitud de la Inquisición y la riqueza excesiva de la Iglesia), y lo mismo temían de Francia. Sencillamente ni los alemanes ni las Provincias Bajas querían tener sobre ellos un rey absoluto que ignorara sus hábitos protoparlamentarios y sus formas de vida. La capacidad de estos reyes franceses o españoles para generar políticas expansivas y opresivas era temida desde antiguo, y esas políticas provocaban guerras continuas. Roca Barea se queja de que esas guerras fueran resistidas con todas las fuerzas por los pueblos que las soportaban. En todo su relato, quiere transmitirnos la sensación de que la única actitud digna de esos pueblos era someterse al poder de Carlos o de Felipe, lo ejercieran como lo ejercieran. Ninguno de esos pueblos lo hizo sin antes perder la batalla. Ni siquiera los castellanos lo hicieron con gusto ni antes ni después de los comuneros.

Por último, dos detalles relevantes. Roca Barea ofrece un tratamiento especial a Francisco de Enzimas. A él le dedica la peor de las expresiones: era un renegado. Como veremos más adelante, es una fijación en el libro. Así que dejaremos este asunto para la ocasión propicia. El otro detalle relevante de su tratamiento de Holanda es acerca de los hechos que Schiller elevó a obra de arte y Verdi a conocida ópera. He estudiado esta obra y sus detalles históricos y he llegado a la conclusión de que incluso el más creativo de esos personajes, el marqués de Poza, obtiene su inspiración de la realidad histórica. Muchos personajes del entorno del príncipe Carlos fueron investigados por la Inquisición y algunos de ellos, próximos al marquesado de Poza, fueron sometidos a proceso en los grandes autos de fe de Valladolid. Por supuesto que el proceso se incoó mediante una elaborada información y espionaje, como la obra refiere, y desde luego que se produjo el auto de fe en el que el rey tuvo que inclinarse a jurar los estatutos de la Inquisición, como si esta fuera la institución soberana del Estado. Cuando los hechos se redactaron en informes que recorrieron Europa, sembraron el estupor que todavía se refleja en la figura del Santo Inquisidor. La penetración de la obra de Schiller consiste en reunir dramáticamente dos momentos diferentes del reinado, el auto de fe de Valladolid de 1558, en la fase inicial del reinado, y el momento de la crisis de Carlos, Alba y Egmont. Sin embargo, la obra obtiene sus más certeros elementos del estudio psicológico de Felipe, siempre dominado por el fantasma de su padre Carlos, y siempre celoso de su hijo del mismo nombre, a quien le roba la novia. Esa fijación psíquica a la obra del padre y esos celos del hijo hicieron que Freud admirara la obra hasta el punto de tomar el motivo del psicoanálisis de ella. Es cierto, este complejo de inferioridad respecto al heroico emperador, que la obra refleja con nitidez, y que constituye la razón por la que el príncipe Carlos desprecia al rey Felipe sin disimulo, es la mejor explicación que podemos dar de la actitud de este gobernante, Felipe, que no pudo percibir lo propio de su tiempo y se dejó llevar por la pulsión de repetición de la política de su padre. Esta actitud le impidió innovar y plantear nuevos cursos de acción a un país que caminaba hacia la crisis a marchas forzadas[2].

---

2 Hay otro detalle de populismo intelectual que conviene recordar y denunciar. Analizando el problema de don Carlos y la obra de Schiller, Roca Barea salta a otra fuente científica, las novelas de Pérez Reverte, a las que detesta como el último eco interiorizado de leyenda negra. Entonces hace referencia al conde de Villamediana, que fue asesinado cuando bajaba de su diligencia en los días del cambio de gobierno entre Felipe III y Felipe IV. No fue el único asesinado por estas fechas de entre los que se opusieron al ascenso de Olivares, como se puede ver en mi *Historia del poder político en España*. El motivo era la crítica radical al gobierno y en general a las costumbres de la corte. En todo caso, Villamediana era el descendiente de la familia Taxis, que había montado el servicio imperial de correos y que luego se trasladó a España, donde siguió ejerciendo el cargo con ciertas dificultades económicas. Por supuesto, Schiller sabía hasta qué punto este servicio era decisivo para el espionaje imperial y lo describe controlado por el Gran Inquisidor. La familia de Villamediana era una de esas casas nobiliarias europeas que se había hispanizado, como los banqueros Fugger, dueños de las minas de Almadén y de la villa de Almagro, en pago a sus servicios al emperador. Para camuflar su populismo con rasgos transversales de la izquierda política, algo que luego vimos en una campaña de prensa más bien estéril, Roca Barea comenta: «La compra y venta de los servicios del Estado era y es una práctica común. Ahora se llama privatización, o más eufemísticamente, externalización». [290] Por supuesto, el servicio de correos era una excepción para ella, que afirma que en España «amplios sectores de

Con una melancolía inocultable, Roca Barea comenta que «por si alguna popularidad le faltara», la obra recibió la mejor música de parte de Verdi. A ella le parece fatídico que dos de los más grandes talentos dramáticos de Europa asociaran su inspiración y su increíble capacidad artística para dejar un emblema de la época clásica de España, como es el *Don Carlos*. No se pregunta jamás cómo es que estos dos talentos se sintieron atraídos por la idea de exponer la inquietante personalidad de Felipe. ¿Qué actitud elevar ante esta obra, que presenta una historia política tenebrosa, entregada al crimen del Estado, a la dependencia de poderes siniestros? Cuando Schiller escribió esta obra España era una monarquía que intentaba ponerse a la altura de Europa. No hizo una obra contra la España real de entonces, sino contra las realidades de las que toda Europa quería escapar o celebraba haber escapado. Ya en aquel tiempo, nadie se sentía identificado con aquella España pasada y no se la quería herir como tal. Se quería repudiar el tiempo de la monarquía absoluta, de la superstición y de la barbarie y promover gobiernos liberales. Cuando Verdi le puso música a la obra seguro que pensaba más en la Casa de Austria que sometía todavía a una parte de su querida Italia, que en España y los españoles, que mientras tanto habían sabido presentar batalla a la tiranía imperial napoleónica y entregar a Europa la palabra «liberal» y «servil». La actitud sana ante esta triste historia no me parece que obligue a hablar de Guillermo de Orange como el maestro de Goebbels, como

servicio público [...] se cubren por oposición». [291] Estos anacronismos son típicos del populismo intelectual de Roca Barea, que proyecta sobre el pasado español los rasgos de una administración racional impecable, cuando la burocracia carolina, y luego la filipina, era el caos más monumental imaginable. El servicio de correos fue siempre una empresa privada y el emperador contrataba sus servicios, como lo hacía con los banqueros. Por supuesto, si no contrataba, la empresa peligraba. Así que siempre funcionaba a crédito y al límite del impago. Por eso, al final, cuando ya no se podía hacer frente a las deudas, se compensaba el impago con otorgamientos nobiliarios y prebendas señoriales. Eso es lo que sucedió con el conde de Villamediana. Hablar de privatizaciones aquí es anacrónico. Villamediana, el más cercano al personaje de don Juan, libertino por antonomasia, admirado y temido, un talento con el verso y con la espada, representa a la perfección el ambiente de disolución de la corte de los Austrias menores. Fue la suya una inteligencia aguda que jamás conoció una causa noble a la que entregarse en medio de un clima de desmoralización general.

inspirador de una guerra santa de calvinistas y luteranos contra los inocentes y justos soldados de Felipe II, y como el artífice de la propaganda moderna. Más bien pasa por comprender que cuando esta obra se escribió, el espíritu de los tiempos despreciaba por todas partes ya aquella forma antigua e intolerable de gobierno, se diera donde se diera, sin que hubiera por eso sentimientos hostiles hacia los españoles de carne y hueso de aquella época. Con la misma lejanía deberíamos mirar hoy estos momentos de la historia. No iban contra España, contra la España real y lo que denunciaban estas obras era parte de lo que mucha gente ya no quería ser o nunca quiso ser. A esto se resiste Roca Barea, que nos descubre su alma con rotundidad cuando dice «Nada de lo que aquí se ha contado forma parte del pasado». [260]

Ya lo vemos. Para ella las cuentas no están saldadas. En realidad, todo en su libro proyecta una analogía entre nacionalismo, rebelión y Reforma y siempre induce a creer que todavía padecemos ese síndrome. Desde luego todo el libro está atravesado por la cuestión subliminal del caso catalán. Sin embargo, es ella la que adopta una actitud mimética de los nacionalistas catalanes cuando quiere mantener abierta la cuenta de agravios. «El proceso de educación nacionalista e hispanofóbico no se ha detenido», [261] nos dice en una conclusión que mira a Flandes y de reojo a Cataluña. En todo caso, la hispanofobia nos debería hacer temblar. Consiste en que ¡el Duque de Alba sigue haciendo el papel de coco para los niños holandeses! Roca Barea nos sermonea con que esto hay que tomarlo en serio porque hay un cómic sobre el personaje que lo presenta como el J. R. de la serie *Dallas*, aquella saga televisiva esperpéntica que escandalizó a nuestros padres. Si en algún momento alguien ha pensado organizar un nacionalismo español sobre este agravio, entonces es que no sabe nada del pueblo español. Y si alguien quiere saber cómo de en serio se toman los ciudadanos de los Países Bajos estos lejanos asuntos, que (ahora que puede, pues Franco se negó a exhibirla en España) vea de nuevo la película *La kermesse heroica* y que olvide todo este patetismo de pacotilla.

Ese pasado no nos concierne salvo en la medida en que alguien quiera repetirlo. ¿Querrá repetirlo Roca Barea? Claro, cabe la posibilidad de que ella quiera mandar los tercios a Bruselas, para extraditar a Puigdemont, o seguir celebrando autos de fe, y obligar a las buenas gentes a rugir después de la toma de juramento del inquisidor de turno, como Valdés obligó a Felipe II (algo que, por cierto, el rey jamás perdonó). Pero para los españoles que hemos depositado estos asuntos en los estratos del tiempo adecuados, desde lo más profundo de nuestra alma, la obra de Schiller es ya algo que habla de una realidad que únicamente existe en el arte y que plantea dramas humanos de una intensidad que solo tiempo después Freud iluminaría. De ella aprendemos mucho y gozamos más, porque la realidad que vemos no es la España real, sino el nombre integrado en una obra de arte inmortal, cuya grandeza es completamente autónoma. No forma parte de los agravios activos ni narra hechos que debamos apuntar en el libro de ofensas, algo a lo que se siente inclinada Roca Barea de forma permanente, como cuando recuerda que en los territorios calvinistas no se permitía celebrar culto a los católicos, como si aquí hubiéramos sido el espíritu ecuménico encarnado y lleváramos bajo palio a los calvinistas. Esta forma de argumentar, siempre pendiente del deber y del haber del libro de cuentas, que está reclamando continuamente ajustarlas desde una idea desequilibrada del derecho propio y del ajeno, que solo dispone como defensa la réplica de lo que los otros nos hicieron, es completamente estéril desde el punto de vista del conocimiento histórico, y desde luego no trae provecho alguno ni político ni moral. Su mera descripción de los hechos (cuando son ciertos, lo que no siempre es el caso), no nos permite comprender ni explicar nada salvo que uno sea tan darwinista como Roca Barea y crea que todo en la vida es una lucha descarnada por el poder. [260] Desde el punto de vista político, esta argumentación es tan claramente unilateral, parcial y desconsiderada, al entender que la Reforma fue solo un procedimiento astuto para el nacionalismo [260], algo que por cierto no explica la existencia de un Flandes católico, igual de nacionalista o más que el Flandes reformado holandés, o las aspiraciones separatistas del imperio alemán protagonizadas por la católica Baviera; y desde el punto de vida moral es cuestionable porque profundiza en las ofensas recibidas, pero sigue insensible al dolor producido. Si alguien no lograse olvidar las primeras, debería al menos ser igual de sensible para recordar las segundas. Salvo que sea un sujeto incapaz de la mínima empatía, un señor superior en el sentido nietzscheano.

Estas exquisiteces le deben parecer a Roca Barea carentes de virilidad y vigor. Puede ser. Sin embargo, son relevantes cuando se trata de comprender el mundo histórico. En él es muy importante una fecha decisiva, 1648, y las novedades que trajo. El sistema que salió de estas guerras con Holanda, y luego de la guerra de los Treinta Años, aplicó la conocida divisa «*cuius regio, eius religio*». Por todos sitios se buscó la homogeneidad religiosa y se concedió el derecho de emigración a los que no estaban de acuerdo con la religión del príncipe. Entonces se acabaron las persecuciones religiosas entre luteranos y católicos en el ámbito del imperio. En los acuerdos no entraron los calvinistas, que fueron perseguidos en todas partes: en Francia, en las tierras alemanas, en la Inglaterra de los segundos Estuardos y en los Países Bajos católicos, así como en las tierras imperiales de Hungría. Ellos fueron los que usaron con asiduidad el derecho de emigración que en 1648 se reconoció como base del reconocimiento de humanidad. Pero en los Países Bajos independientes la frontera religiosa se hizo todo lo difusa que muestran conocidas biografías como la de Justus Lipsius, que se podía pasar de una a otra confesión con cierta facilidad. Lo que Roca Barea cuenta en las páginas 256 y siguientes acerca de las persecuciones masivas que sufrieron los católicos en los Países Bajos es sencillamente falso. Los Países Bajos no tuvieron la homogeneidad propia de los estados patrimoniales y tuvieron una política religiosa plural, tolerante y abierta.

Así llegamos a los dos últimos ítems del libro, antes de que este se convierta en una historia más bien trivial de la leyenda negra en el curso de los siglos, tema sobre el que ya hay publicaciones más serias y solventes, como el monográfico de María José Villaverde y Francisco Castilla sobre *La sombra de la leyenda negra en el siglo*

XVIII[3]. Esos dos ítems son la Inquisición y el problema de América. Podemos añadir el tema de la Ilustración, por su relevancia, y acabaremos con el liberalismo. Ahora vamos a ver esa tercera parte dedicada a la víctima, a esa España crucificada por la leyenda negra.

3 María José Villaverde y Francisco Castilla, *La sombra de la leyenda negra*, Tecnos, Madrid, 2017.

3.ª PARTE

La leyenda negra en sí

Inquisición

Roca Barea muestra toda la audacia de su revisionismo histórico cuando se enfrenta a estas dos realidades, la Inquisición y el genocidio americano, que para ella son, de nuevo, expresión de la hispanofobia luterana. La mayor defensa que hace Roca Barea de la Inquisición es su racionalidad formal como tribunal. La Inquisición, dice una y otra vez, no daba un paso sin levantar un acta. De ahí pasa a afirmar que había documentación abierta siempre disponible. Así dice que la Iglesia ha abierto los últimos archivos inquisitoriales porque la verdad no podía sino favorecerle. Esto es más bien difícil de creer. En todo caso, es un poco lamentable que la Iglesia haya despreciado beneficiarse de la verdad cuatro siglos después, y dejara de abrir los archivos cuando podían beneficiar a los reos de entonces. Este hecho muestra que sencillamente no es verdad que la Iglesia haya llevado una política transparente sobre la Inquisición. Primero porque quizá no podía, ya que la Inquisición española no es la Iglesia española. Todavía se pueden ver las Biblias censuradas por la Inquisición entre las que tenía san Juan de Ribera en su biblioteca. La Inquisición podía llevar a prisión al mismísimo arzobispo de Toledo, Bartolomé Carranza, y antes al arzobispo de Granada, Hernando de Talavera, junto con todos los obispos del nuevo reino de Granada. La Inquisición era un tribunal de Estado, quedaba formada sobre todo por juristas, constituía una red centralizada con amplia autonomía local y tenía sus archivos propios, como el archivo secreto de Toledo, que absorbió el de Guadalupe y el de Ciudad Real y luego pasó al Archivo General Central de Alcalá de Henares y al Archivo Histórico Nacional. No todos los distritos salvaron sus archivos, por lo que nuestra documentación es más fragmentaria que la de la propia Iglesia, cuyos archivos episcopales son mucho más completos. La Iglesia española fue más plural que la Inquisición: acogió en todas las épocas a grandes hijos de España y estuvo abierta a un devenir histórico bastante desconocido por el público, quien se ha quedado por lo general con su papel de apoyo al franquismo. Muchos de sus grandes personajes en todas las épocas fueron críticos con el poder, y presentaron caras mucho más complejas. Los inquisidores eran la mano epistemológica del Estado, una herramienta de conocimiento e inspección, y por lo general no resistieron nunca las indicaciones, deseos y necesidades del soberano. Así, cuando por razones exclusivamente políticas se persiguió al fiscal Macanaz en el siglo XVIII, se buscó en los papeles causas contra sus familiares hasta dar con la prueba irrefutable de que era un «manchado». Una acusación dirigida contra un descendiente de judíos era siempre más aceptable por parte del público, sobre todo si ponía en su sitio a un personaje de Estado tan valioso y odiado como Macanaz. Martín Gaite escribió, en su libro de 1970 *El proceso de Macanaz, Historia de un empapelamiento*, la historia de este caso tan llamativo donde se obtiene un ejemplo de que la Inquisición funcionaba al servicio del Estado, sus poderes, tretas e intrigas. Lo mismo pasó con Esquilache, que se le acusó de judío para reforzar la hostilidad y el odio hacia sus medidas reformistas. En realidad, siempre fue la mano del Estado, desde el principio, cuando todos en España sabían que quien estaba detrás de sus decisiones e indicaciones era Fernando el Católico.

Más allá de estas consideraciones, para Roca Barea la Inquisición española no es un hecho histórico, sino un mito. El lema que nos propone para su capítulo es bien indicativo: «Con el cebo de la mentira se pesca una carpa de la verdad». Lo que quiso decir Shakespeare con esta frase es muy discutible, pero no creo que negara el valor de la verdad. Lo que quiere decir nuestra autora es que esa verdad no es tal, sino una «normalización completa del mito de la Inquisición». [265] Como sabemos, el forjador del mito es el protestantismo luterano. Fue el prejuicio hispanofóbico el que se cebó con la Inquisición. No es que esta especial institución, sin parangón en los anales de la Iglesia católica, y que de hecho no tenía soporte canónico alguno, generara la leyenda negra. No puedo repetir ahora lo que ya en su día expuse en mi libro *Monarquía hispánica*, que editó Espasa en el 2008, sobre el origen de esta institución, su problemática fundación y las dudas intensas de un papado sometido al chantaje, que estuvo a punto de retractarse de su bula fundacional. Por supuesto, todo este tormentoso proceso histórico de la Inquisición general moderna, y sus diferencias radicales con la inquisición episcopal tradicional no le interesa en absoluto a Roca Barea. A ella le interesa perseguir la línea de sus ideas fijas y aquí, como siempre, resaltar que fue un renegado español el que dio pie a esta leyenda. ¿Se acuerda el lector de que siempre hay una quinta columna que ayuda al enemigo? ¿Se acuerda de qué la movía? Según dijo la autora en diversos lugares, estos traidores, renegados, apóstatas, cuyo modelo es Las Casas, estaban entonces movidos por la conciencia de culpa que produce el uso del poder. Sin embargo, cuando los traidores fundadores del mito de la Inquisición entran en juego, no vemos que hayan ejercido poder alguno. Uno de esos nombres es Reginaldo González Montano, que iba en la portada del libro que se publicó en 1567, el famoso *Sanctae Inquisitionis Hispanicae Artes*. Este libro encierra algunos enigmas históricos que han abordado los editores recientes de una traducción inglesa para la editorial Brill, de Leyden, aunque Roca Barea se santiguará al oír estas referencias. A la autora de *Imperiofobia* estos problemas históricos no le interesan, pues tampoco consulta el libro español sobre el asunto, escrito por Nicolás Castrillo Benito para el Consejo Superior de Investigaciones Científicas de Madrid, en 1991[1].

---

1 Me refiero a *El Reginaldo Montano: primer libro polémico contra la Inquisición española*. El Reginaldus se puede leer ahora en *Artes de la Inquisición Española*, traducciones y comentarios de Francisco Ruiz de Pablos, Eduforma, Sevilla, 2008. Una edición actualizada de la versión latina, con traducción al inglés se puede encontrar en *Inquisitionis Hispanicae Artes: The Art of Hispanic Inquisisition*,

En todo caso, sabemos que el libro está relacionado con el grupo de frailes del convento de San Isidro que huyeron de Sevilla perseguidos de cerca por los espías de la Inquisición en 1558 en una investigación que afectó a cerca de ochocientas personas de todos los estratos sociales de la compleja Sevilla de la época. Uno de ellos era Antonio del Corro, sobrino del inquisidor del mismo nombre, y que se había convertido a la Reforma leyendo los libros que su tío requisaba a los encausados sevillanos, algunos de ellos predicadores imperiales, como el doctor Egidio o el doctor Constantino de la Fuente. Escaparon a los autos de fe que siguieron a una intensa y prolija investigación, como demuestra el libro de Tomás López Muñoz[2]. Esa «iglesia petita» sevillana, que como digo reunía en diversas ramificaciones a cerca de ochocientas personas, constituía el fruto de la simiente que había dejado en la sede metropolitana el Inquisidor General Manrique, un hombre fiel a su rey, sobrino del gran autor de *Coplas a la muerte de su padre*, procedente él también de una estirpe conversa. Caído en desgracia, y sobre todo después de su muerte, los dominicos dirigidos por Tavera y luego por Fernando de Valdés, se lanzaron contra estas elites forjadas en la Complutense que defendían y practicaban una Reforma específicamente española de inspiración judeoconversa mezclada ahora con elementos erasmianos.

Estos huidos (Antonio del Corro, Cipriano de Valera, Casiodoro de Reina) fueron los hombres que escribieron el libro sobre las artes de la Inquisición, que firmaron con este seudónimo. Para Roca Barea, adoptaron la «apariencia de víctimas», [268] aunque en realidad no lo eran. Esa es la tesis: el Consejo de la Suprema no producía víctimas. La Inquisición, como el presidente Bush, torturaba, desde luego, pero «la práctica de la tortura estaba rigurosamente

---

Reginaldus Gonzalvius Montanus, editada por Marcos J. Herráiz Pareja, Ignacio J. García Pinilla, Jonathan Nelson, Brill, Leyden, 2018.

2 Cf. Tomás López Muñoz, *La reforma en la Sevilla del siglo XVI*, Eduforma, Sevilla, 2011, 2 volúmenes, con un corpus documental impresionante. Por supuesto, Roca Barea no se aproxima ni siquiera a los estudios clásicos como el de Ernst Hermann Johann Schäfer, *Protestantismo español e Inquisición en el siglo XVI* Eduforma, Sevilla, 2014, editado en cuatro volúmenes por Francisco Ruiz de Pablos.

reglada en el Santo Oficio». [277] Eran sesiones que «no pasaban de quince minutos» dice Roca Barea, relajando el ambiente. Debemos imaginar la escena. Al final los esbirros de los inquisidores, pendientes del reloj, paraban de torturar a los quince minutos reglamentarios exactos, según constaba en el «manual de procedimiento». Los periodistas, directores, ministros y demás inteligencias preclaras que alaban el libro podían comentar esto de las sesiones reglamentarias de tortura de quince minutos, si es que han leído el libro, o tener la decencia de indisponerse con estos comentarios. Por supuesto, como en Guantánamo, la tortura se hacía siempre «en presencia del médico». Sufrir una tortura rigurosamente reglamentada te libra del estatuto de víctima. Esta es la consistencia lógica de la forma de argumentar de Roca Barea, que de nuevo insiste en que, si uno se arrepentía y dejaba de ser contumaz en defender su fe, la sentencia de muerte en la hoguera se sustituía por la de garrote, o se conmutaba por largos años de cárcel o multas que arruinaban a toda la familia. Ella calla los casos en que se mantenía la sentencia de muerte sobre el arrepentido, al que se le quemaba tras ser agarrotado. En todo caso, debería explicar si estos que murieron por su fe, usaban la religión también como un arma maquiavélica para ganar poder. Y falta al honor y a la verdad al decir que «nunca se aceptaron las denuncias anónimas». El concepto de anonimato aquí es muy equívoco. Por supuesto, quien denunciaba debía tener nombre y apellidos ante los inquisidores y como tales constaba en el acta, pero el denunciado casi nunca lo sabía ni conocía el proceso en su totalidad. Así que, para el encausado, se mantenían anónimos. Estos sevillanos que escribieron el libro sobre la tortura de la Inquisición (que ellos tampoco dudan que estuviera reglamentada según un pormenorizado método), para la autora se inventan todo lo que dicen. Por supuesto, también sabían que a veces al verdugo reglamentario se le iba la mano, como cuando se quedaron con el cadáver del doctor Egidio en la sala.

Conocedores de lo que era la Inquisición y de lo que pasaba en el castillo de Triana, los frailes huyeron y se exiliaron en Ginebra. Su trayectoria fue increíble, pacífica, mediadora y conciliadora, y algunos acabaron de profesores en Inglaterra. ¿Pero cuándo los fanáticos han considerado víctimas a los que tienen que marchar al exilio por actos en defensa de la justicia? En todo caso, para Roca Barea, la finalidad del libro no tiene nada que ver con la verdad. Consiste en atacar a los dominicos. Por supuesto, acusa a estos autores de antisemitas, al sugerir que les parecía muy bien la Inquisición cuando mataba a conversos, ignorando que ellos lo eran en su mayoría. Pero Roca Barea se equivoca del todo al señalar a los protestantes como autores de la leyenda negra respecto de la Inquisición. Olvida que la Inquisición venía funcionado desde 1481 y que ya tenía una pésima fama antes de que Lutero hubiera plantado cara a los muchos abusos del catolicismo primomoderno. Si alguien quiere saber algo más de esta vieja hostilidad, puede leer la carta del papa Sixto IV en la que amenaza a Fernando con retractarse de la bula de fundación por los indicios de que la Inquisición es una institución confiscatoria de los ricos conversos, o las cartas de Fernando de Pulgar sobre la arbitrariedad, avaricia, descontrol, furia y criminalidad de la Inquisición de Toledo. Si alguien llamase renegado a Pulgar, el patriota más limpio que ha dado Castilla, el hombre más íntegro de una generación en la que abundó la limpieza y la claridad, entonces merecería ser declarado completamente ignorante de las cosas de España y perder todo crédito para hablar de ellas. Lo importante es que todo esto ocurrió antes de que comenzara la Reforma.

Podríamos multiplicar los ejemplos de quienes se alzaron contra aquella barbarie, personificada por el inquisidor Lucero, un esbirro de Diego de Deza, a su vez el encargado de orden público de Fernando cuando, presionado por los castellanos, tuvo que abandonar la primera gobernación y marchar a Sicilia. Podemos ir al informe que Gonzalo de Ayora presentó a este mismo Fernando, con un valor tan estremecedor que no tiene par en nuestra historia. Quien llame renegado a Ayora, el hombre que forjó la teoría de lo que debían ser nuestros tercios, entonces merece ser declarado ignorante de las cosas de España. Que acabara sus días perseguido por el emperador Carlos por haber estado con los comuneros es más bien lógico. Pero nadie puede tener dudas: fueron nobles y sinceros castellanos los que se opusieron a la Inquisición, como ocurrió con los nobles y sinceros aragoneses, que mataron al primer inquisidor de la ciudad nada más llegar, conscientes de que no podía traer sino un golpe de Estado a sus constituciones políticas; o como ocurrió con los barceloneses, que se negaron a dejar entrar al inquisidor que les había tocado en suerte.

La leyenda negra es estéril no porque invoque hechos más o menos verídicos, sino porque no ofrece una interpretación útil de lo que ha significado en nuestra historia. Centrada en detalles, no tiene una mirada orgánica de nuestra evolución ni una interpretación profunda ni una valoración en el largo plazo de nuestra historia, de tal manera que nos haga mejores como colectividad. Pero desmontar la leyenda negra usando sus premisas es doblemente estéril. Coloca un «no» donde había un «sí», pero constituye un argumento igual de romo y de miope. Lo necesario es que los españoles logremos un relato de la manera en que nos afectó esta institución y apreciemos lo específico de la misma, no que nos enrolemos en una guerra de cifras y de muertes, de pequeños detalles sin densidad significativa. Lo relevante es lo que significó para nosotros como pueblo y la manera en que afectó a la constitución de nuestra inteligencia y a la formación de elites; a la manera de ejercer la dirección y de lograr obediencia y confianza.

De entrada, la Inquisición como institución jurídica fue la destrucción de todo el derecho patrio, que pasó a ser letra muerta ante esta institución regida por un derecho excepcional, sin otra ley que su propia voluntad discrecional. De este modo, Fernando pudo asentar su poder en toda España sin tener que pagar el precio de una política derogatoria, él que no tenía título alguno para gobernar en Castilla. El Tribunal estaba por encima de todas las leyes y podía actuar como soberano moderno, *legibus solutus*. Por eso protestaron las Cortes de Orihuela contra el tribunal, como protestaron las Cortes de Burgos de 1506, protestas que Fernando acalló con la excusa de que se trataba de defender la fe como valor absoluto, defensa que no se podía obstaculizar invocando las leyes antiguas. Todo esto ocurrió antes de que Lutero existiera. Denunciar este monstruoso tribunal no fue un asunto de luteranos ni de renegados, sino de castellanos de bien, que vieron cómo su idea de patria era destruida por un tribunal regio de cuyos hilos tiraba un rey consorte que no tenía derecho alguno a reinar sobre Castilla. Si Roca Barea hubiera leído algo de lo que escribieron los testigos más fiables y sobrios de la época entre 1481 y 1518, no podría hablar de la «invención de la Inquisición». [272] Este negacionismo histórico es ridículo. Por su parte, lo que escribieron los hombres huidos de Sevilla en ese libro europeo no era sino lo que sabían que existía en el castillo de Triana, donde el tío de uno de ellos actuaba.

La autora, que ha mostrado su filosionismo a lo largo de las páginas del libro, no quiere hablar de esta primera época de la Inquisición, especializada en extirpar todo espíritu intelectual libre en el mundo converso (que era la casi totalidad del mundo intelectual castellano y desde luego el único productor de cultura crítica). Ella solo está interesada en la peripecia de la Inquisición después de 1535, cuando se especializó en perseguir reformados. De este modo puede decir que fue un invento de los protestantes, sepultando en el olvido la época constituyente, la que sembró el terror en la población, la que forjó su siniestro poder, la época que determinó la forma de percibirla y temerla. De este abordaje genealógico de la Inquisición no nos dice nada cierto ni ordenado el libro de Roca Barea. Su sugerencia para explicar su silencio es que tampoco nadie habla nada de las otras inquisiciones. Esa razón es espuria. [274] Las otras inquisiciones eran las propias de las constituciones eclesiásticas, que entregaban al obispo arraigado en su sede la dirección de los casos notorios y conocidos. El Consistorio de Calvino solo entendía en conductas escandalosas y solo tenía una pena radical, que era la excomunión temporal y reversible. Esta inquisición tradicional, por dura y bárbara que fuera, no tenía nada que ver con la Inquisición general hispana, que era un golpe al derecho canónico y al derecho civil sin precedentes. Por supuesto, no se imitó en ningún otro sitio, salvo en Roma, cuando el fanático teatino antiespañol, el cardenal Carafa, la puso en marcha para desmantelar a los grupos de católicos dirigidos por un puñado de cardenales que estuvieron a punto de hacer papa a Reginaldo Pole y llevar en otra dirección el concilio de Trento. Por supuesto, la primera manifestación de rechazo contra la Inquisición no fue Sicilia ni Nápoles. [274] Como ya he dicho, ese rechazo se dio en la propia España, y buena parte de la guerra civil que conoció Fernando tras la muerte de Isabel se debía a este malestar. Sicilia conoció la inquisición porque Fernando era rey de Sicilia. Nápoles no la conoció y el papado reclamó sin éxito que se instaurase, porque sus habitantes supieron resistirla. Eso permitió que la aristocracia de Luisa Gonzaga organizase un núcleo reformado alrededor del converso evangélico español Juan de Valdés que, de no haber sido perseguido tras su muerte, bien podría haber cambiado la suerte del catolicismo italiano y español.

La Inquisición hispana, como tribunal destinado a destruir a los conversos y apropiarse de sus bienes, y de este modo impedir que las ciudades dispusieron de elites políticas capaces de constitucionalizar el reino, tuvo otras funciones en la historia: aquellas que, en cada momento, el poder del Estado consideraba necesarias para su seguridad y estabilidad. Claro que cuando los conversos ya no podían ser atacados, porque habían quedado reducidos y marginados, empobrecidos y desorientados, o aplastados tras varias generaciones de persecuciones, el tribunal se aplicó, tras el periodo de Alfonso Manrique, a la obsesión imperial, los luteranos, que a ojos del emperador eran una metamorfosis de los comuneros. Como es sabido, muchos de esos reformados eran también conversos, con lo que todo resultaba coherente. Uno de esos reformados, procedente de estratos conversos, es el personaje que Roca Barea llama de nuevo apóstata y renegado. Hablamos de Francisco de Enzinas, sobrino del cancelario de la Universidad Complutense, Pedro de Lerma, él mismo perseguido por la Inquisición en los días terribles del final del mandato de Manrique, a mitad de los años treinta, cuando se decidió purgar toda la renovación del erasmismo que conocía aquella universidad. Hablamos de elites bien instaladas, europeas, auxiliares del emperador, que ocupaban cargos en el arzobispado de Toledo, como el secretario Vergara; o de Sevilla, como el doctor Egidio; o en Valladolid, como los Rojas o los Cazalla; o en Valencia, como los familiares de Vives. Aquel Pedro de Lerma, cuando se exilió y marchó a París, lo hicieron rector de la Universidad al poco de llegar. Su sobrino, Francisco de Enzinas, no había traducido la Biblia, como dice Roca Barea, que habla de oídas, sino el Nuevo Testamento y algunos libros del Antiguo. Para ver lo renegado que era, debemos saber que se lo presentó al emperador Carlos en persona. Obtuvo tan elevada gracia porque su familia hacía préstamos muy importantes a la corte imperial. Pues sin entender lo que significa Burgos en el siglo XV y la primera mitad del siglo XVI no podemos comprender el humus intelectual del que brota Enzinas. Hemos de recordar que los estatutos de limpieza de sangre no entraron en Burgos. Buena parte de su elite era conversa o relacionada con los conversos.

Enzinas jamás unió, como dice Roca Barea, la «condena moral de España y la Inquisición». [271] Jamás confundió ambas cosas, como no puede confundirlas nadie que pretenda objetividad y rigor, por no hablar de una magnánima lealtad a su país, que era realmente la que tenía Enzinas. Para él, como para muchos, la Inquisición era el escudo que protegía a una elite descarada de frailes ignorantes, dotados de un espíritu arcaico, de métodos anticuados, cuyo fanatismo impedía al pueblo cristiano leer la Biblia en general y el Evangelio en particular. Por eso Enzinas lo tradujo y por eso fue perseguido. ¡Gran obra de un renegado! Y para dejar claro que no iba contra el poder legal establecido, se lo presentó a Carlos. Por supuesto, fue espiado, controlado, detenido y sometido a maltrato reglamentario. Pero su familia era muy importante, estaba vinculada a los intereses imperiales y logró su libertad. Luego se entregó con todo afán a las letras, a la edición y a su propio aprendizaje y murió consumido por el trabajo. Buscó la dirección de Melanchthon y la cercanía de Castelio —sobre cuya edición de la Biblia tradujo diversos libros del Antiguo Testamento—. Sus amigos eran los grandes mediadores, los hombres moderados, los que llegaron a la Reforma por ser humanistas. El plan de estudios que para él forjó Melanchthon, con sus lecturas clásicas, republicanas, críticas, cristianas, ofrecía el ideal de un hombre nuevo libre, risueño, contenido, riguroso y convencido. Cuando tradujo el catecismo de Calvino, Enzinas expuso por su cuenta unas reglas de vida que habrían cambiado la vida cotidiana de los españoles, asentadas en el control del tiempo, el trabajo bien hecho y la sobriedad. Toda su obra está editada y traducida por amigos de la verdad histórica, escrupulosos hombres de ciencia, católicos, reformados o agnósticos; así que Roca Barea podría haberse informado un poco sobre este personaje burgalés, honra de su patria, del que existen biografías de referencia[3]. Sin embargo, prefiere hablar de él de oídas y dejarse llevar por el prejuicio de que un español reformado era un renegado. No lo era. Era un castellano de bien que deseaba para su patria la posibilidad de forjar un pueblo cristiano desde la libertad y la confianza.

Claro que la Inquisición de la época fernandina, destinada a eliminar a los ricos e influyentes conversos, fue el complemento perfecto del exterminio del pueblo sefardita de tierras hispanas y funcionó de forma convergente con la expulsión de los hispanojudíos de 1492. Por supuesto que no hay parangón entre esta Inquisición y la posterior a Manrique. Claro que las costumbres no fueron tan terribles ni la persecución tan intensa contra los reformados. Por supuesto, cada vez más la Inquisición fue convirtiéndose en un tribunal de Estado y no en todas sus épocas fue un actor caracterizado por un abuso intolerable y una maldad indescriptible. [275] Como siempre, Roca Barea se lanza a computar sus muertos. Pero lo más importante de la Inquisición y lo más terrible de su obra no fue la cantidad de muertos que produjo, sino la herencia que dejó entre los vivos. Lo interesante es medir sus efectos a largo plazo sobre la subjetividad hispana y no enzarzarse, como hace Roca Barea,

---

3 Jorge Bergua Cavero, *Francisco de Enzinas: Un humanista reformado en la Europa de Carlos V*, Trotta, Madrid, 2006. Su ciudad natal, Burgos, en el año 2017 le dedicó un magnífico congreso al que asistieron los más importantes investigadores del periodo, que se han ocupado de Enzinas con aplicación, como Ignacio García Pinilla, Jonathan L. Nelson, Ricardo García Cárcel y otros.

en los tópicos habituales de quién mató más. El efecto fundamental de la Inquisición no fue sobre los muertos, sino sobre los que sobrevivieron. Roca Barea, que ejerce una forma excéntrica y pintoresca de escribir la historia, sin atención alguna a los procesos genéticos, yendo de un sitio a otro, de un año a otro sin orden ni concierto, buscando siempre lo llamativo, pero sin explicar jamás nada, une comentarios del veneciano Contarini en 1525 con los de Soranzo en 1565. Todo en dos renglones. Sin el contexto adecuado, nada significa nada concreto y todo significa lo mismo. Soranzo dijo en 1565 que la Inquisición sobrepasaba al poder del rey. Lo hizo porque con ello reflejaba la vivencia insólita del segundo auto de fe de Valladolid en el que Fernando Valdés obligó al rey Felipe a ponerse de rodillas ante él y jurar la constitución de la santa Inquisición. La noticia increíble dio la vuelta a Europa y se escribieron informes en todos los idiomas. Los he analizado en mi libro *¿Qué imperio? Un ensayo polémico sobre Carlos V y la España imperial.* Roca Barea no lo sabe, pero este Valdés es precisamente la clave del Gran Inquisidor de la literatura. Este Valdés, uno de los personajes más ambiciosos, miserables y funestos de la época, odiado por todos, incluido el rey, dominado por la avaricia, es el que retrata con suma grandeza Schiller, basándose en viejas historias de los días del imponente auto de Valladolid. Aunque está bien estudiado en una conocida biografía, Roca Barea la ignora[4].

¿Entonces, en qué gasta la autora las treinta páginas que dedica a este punto? Pues en establecer comparaciones sobre la forma en que torturaban los tribunales franceses y los españoles. Unos despellejaban, otros descuartizaban y otros quemaban. El objetivo de estas comparaciones es mostrar que, en estos tétricos asuntos, la cuenta es siempre favorable a la Inquisición hispana, mucho más reglamentaria. Por supuesto también se dedica a llevar los cómputos de muertes. La inquisición patria es la que menos mataba. Las fuentes más usadas para documentar sus afirmaciones son cómics,

4 Cf. José Luis González Novalin, *El Inquisidor General Fernando de Valdés, 1483-1568, Cartas y Documentos*, Universidad de Oviedo, Oviedo, 1982.

documentales televisivos, las fuentes de la nueva *ciencia* populista. Ese populismo intelectual le lleva a una de las innumerables frases caprichosas, ideológicas, inventadas, sin fundamento alguno: «La Iglesia de Roma no perdió nunca la esperanza de una reconciliación con sus ovejas descarriadas». [279] Para verlo bien, vayamos a la correspondencia de García de Loaysa, general de los dominicos, elevado al solio cardenalicio de la Iglesia católica y confesor del emperador Carlos. En la época de su coronación, hacia 1538, este hombre se expresaba así:

> *Señor, la cosa que al presente más codicio en esta vida es que, con esa empresa de Alemania salga vuestra Majestad gloriosamente [...] Por esta causa oso suplicar a vuestra Majestad, que cuando con armas no pudiere sanar esa dolencia, no temáis comprar la fe con dineros, y si fuera con los [dineros] más guardados, y que más deseáis meter en el arca, entonces será mayor vuestro mérito*[5].

Este es el lenguaje del dominico. A sus ojos, teniendo España y el Papado, Carlos tendría Alemania. «Teniendo ganado el Papa no es perder el sueño con temor del resto cuando todo se juntase»[6]. Sabemos de sus recetas: «con blanduras y dádivas convertir a los principales» y «para la gente común [...] la fuerza»[7]. Y de una forma sorprendente añade: «Esta sola curó la rebeldía de España contra su rey»[8]. La asociación entre reformados y comuneros, que obsesionará al viejo Carlos, se inicia aquí.

Lo más decisivo de esta correspondencia no está dicho. Más importante es la comprensión de García de Loaysa de que ahora no es

---

5 Heine, G. Heine, *Cartas al emperador Carlos escritas en los años de 1530-32 por su confesor*, Librería de W. Besser, Berlín, 1848, 14.

6 *Ibid.*, p. 17.

7 *Ibid.*, p. 22.

8 Esta comparación se obtiene en otros momentos de su correspondencia: «Siempre los comparé [a los alemanes] a los comuneros de Castilla» [Heine, p. 41]. Se ve de esta manera que los asesores de Carlos no veían en el asunto de la religión un asunto religioso, sino un asunto político.

el momento de la fuerza, porque la amenaza del turco es demasiado fuerte como para «gastar vuestras fuerzas en vuestros súbditos», sobre todo teniendo los alemanes «aliados los Suizos herejes»[9]. Por lo tanto, concluyó el dominico, «es necesario tomar otro camino». Y este era entregar a los alemanes a «vuestro hermano», convertido en Rey de Romanos[10]. Era preciso ganar tiempo, usar la Dieta para ello, asentar los negocios de la mejor manera posible «y volveros a España»[11]. El motivo central de este consejo era la imposibilidad de vencer a los luteranos, «ese piélago de maldades», «tantas gentes en número y en fortaleza» y más «teniendo a las espaldas siete cantones de Suizos más herejes que ellos»[12]. Puesto que el emperador no puede hacer «salud común de los cristianos, miréis por vuestros Reynos y estados»[13]. Esto significaba volver a España. Desde luego, la realidad siguió los dictados de García de Loaysa. Fernando fue elegido rey de romanos, y su tarea fue impedir que el asunto alemán desgastara a Carlos. Respecto a este, Loaysa seguía así. «Si quisieren ser perros, séanlo y cierre V. M. sus ojos, pues no tenéis fuerza para el castigo»[14]. «No os deis un clavo que ellos lleven sus almas al infierno», añade[15]. Como vemos, el dominico no perdía la esperanza de una reconciliación con las ovejas descarriadas.

Por último, Roca Barea se entrega a un argumento muy pintoresco. Páginas atrás ya había preparado el terreno con esta frase: «Nadie hasta ahora se ha atrevido a tocar el muy delicado punto de la conexión entre las persecuciones de brujas y el anticatolicismo en el mundo protestante». [271] Luego insiste: «¿Por qué en

9 *Ibid.*, p. 31.

10 *Ibid.*, p. 32.

11 *Ibid.*, p. 35. Sin duda, esta es la más firme de las recomendaciones. «Dejad rey de los romanos y manera de resistir al Turco y salgase V. M. de Alemania». [Heine, p. 39].

12 *Ibid.*, p. 41.

13 *Ibid.*, p. 57.

14 *Ibid.*, p. 51.

15 *Ibid.*, p. 52.

los territorios protestantes alcanzó proporciones épicas [la persecución de brujas] y no sucedió lo mismo en el mundo católico?». [284] Como muchas otras veces, la exposición es ambigua. Sugiere a primera vista que los reformados consideraban a las brujas como filocatólicas. Pero lo que quiere decir sencillamente es que los protestantes persiguieron mucho más a las brujas que los tribunales inquisitoriales católicos. Lo interesante, como siempre, es su explicación. Hela aquí: «La Inquisición [...] simplemente consideró la brujería un engaño y no procesó a casi nadie por este motivo». [279] Esto era así porque los inquisidores eran meticulosos «abogados y apoyaban sus conclusiones en pruebas y evidencias». Aquí, en su afán de sepulturera y de contar muertes, Roca Barea recorre Europa entera, dando diversas cifras, por supuesto sin citar una sola fuente fiable. Al final, no es capaz de explicar por qué la intensidad de la hostilidad de la Reforma a la brujería. No tenía que ver con el anticatolicismo, ni con el rigor de los inquisidores y sus abogados. Esencialmente dependía del rigorismo reformado de la lectura de la Biblia, que presenta siempre un Dios celoso de sus poderes y de su providencia y condena rigurosamente la magia y los intentos de desafiar su poder mediante pactos con el diablo. El mito de Fausto tiene ese origen. El racionalismo moral de la Ley, por lo demás, implica una clara abominación de la práctica de introducir métodos de obtención de éxito ajenos a lo mandado. En fin, la relación del ser humano con la naturaleza aparece en la Reforma iluminada por ser una obra comprensible de Dios, hecha para los hombres, y por tanto penetrable en su regularidad y necesidad, por lo que la ciencia permitida es suficiente guía para ordenarse respecto a las fuerzas naturales y librarse de sus coacciones. Por tanto, el racionalismo respecto del mundo que promovió la Reforma y la exclusividad de la gracia respecto a Dios eran muy hostiles a toda otra forma de relación con lo real, que debía estar dominada por Satanás, inspirada en la superstición y la desobediencia a la Ley. En este sentido, el mundo reformado heredó la indisposición del mundo judío para con la magia. La forma en que esta hostilidad es presentada por Roca Barea es curiosa: «Calvino y otros reformadores alimentaron las creencias populares en las actividades demoníacas y en la práctica de la brujería». [283] No parece razonable que hicieran las dos cosas a la vez, alimentar las creencias en la brujería y perseguirla con ahínco. Pero ya hemos visto que la coherencia no es el fuerte de Roca Barea. En todo caso, reprobaron la brujería como blasfema respecto de la trascendencia de Dios y como irracional respecto de los dones concedidos a los hombres, elementos centrales de su fe. La Inquisición española, por su parte, pendiente de las formas de la vida religiosa que desautorizaban a las elites oficiales y removían su estructura de poder, sabía perfectamente que la brujería, entregada a prácticas absurdas y ridículas, no significaba un peligro para el orden establecido ni para sus dirigentes. Lo más que hacía era embrutecer a un pueblo al que sus mismos agentes impedían el acceso a la educación y a la lectura. Así que en buena medida fue tolerante con ella porque era una aliada en la empresa tiránica de hacer peor a la gente. En realidad, no ponía nada en peligro. Embrutecía a la población, desde luego, pero esto nunca fue un fenómeno que la Inquisición deseara remediar. No ponía en peligro la dirección religiosa y cultural de la elite dominante.

Esto nos lleva a la necesidad de ofrecer un balance de este fenómeno inquisitorial, algo que no tendremos nunca en *Imperiofobia*, pues su aproximación es defensiva y reactiva, mimética y pasiva. Sin duda, no siempre fue lo que la leyenda negra dice, pero si nos limitamos a negar esto, nos quedamos sin saber cómo afectó a la evolución histórica de España. Todo lo que tiene que decirnos Roca Barea es que fue un mito, que «pertenece al mundo de las realidades simbólicas» y no a la «verdad histórica», [280] algo así como una «alucinación colectiva». [281] Cierto que es también un mito, pero no uno cualquiera. Roca Barea le da la dignidad del «Olimpo de los mitos». Pero al final se pone trágica y victimista, como todo buen nacionalista, y exclama que esa leyenda negra es «el auto de fe perpetuo y siempre exitoso» [289] en el que arde España. En suma, España es la víctima de la inquisición de nuestros enemigos, que nos han quemado de forma permanente en un auto de fe continuo. ¿Es este un enunciado histórico? No. La productividad de la leyenda negra no fue más allá del siglo XVII. Luego hay opiniones más o menos negativas sobre España, pero no leyenda negra. Presentarla como una hoguera continua es levantar una pantalla de humo para no examinar con ecuanimidad el efecto histórico de la Inquisición. Sin embargo, ese efecto se dio y va mucho más allá de la policía del pensamiento de la que habla Roca Barea. [280] Afectó a la identidad española y a la debilidad comunitaria de nuestra modernidad. Por la importancia que tiene este asunto le dedicaré un breve comentario.

Efecto Inquisición

Serán útiles unas primeras consideraciones sobre la vida histórica de la España anterior a la fundación de la Inquisición en 1478 y su puesta en marcha en 1481. Las comunidades religiosas son la base más firme de la identidad moderna y el efecto más duradero de la Reforma fue resignificar la vida comunitaria cristiana medieval mediante una nueva interpretación de la Cena del Señor. Eso renovó la vida urbana de las ciudades del norte y las dotó de una energía capaz de mantener sus derechos y libertades sobre una base comunitaria importante. Con anterioridad a la Reforma, la estructura de la vida de las poblaciones europeas era más o menos la misma, y España, aunque con importantes minorías, no era completamente heterogénea, al menos hasta la fundación de la Inquisición. El sistema de ciudades andaluz-castellano era relevante y funcional. Si queremos caracterizar esta larga etapa, podemos decir que la vida social estaba dominada por las tensiones entre la comunidad de sangre, la comunidad religiosa y los intercambios sociales que aprovechaban las zonas porosas de ambas. En efecto, la religión cristiana no hace desaparecer fácilmente la vieja comunidad de sangre. Ambas operan en cierto radio de acción y juegan de forma diversa, con sus gradaciones estamentales más o menos definidas. Los elementos comunitarios objetivos y conscientes imponen las prácticas de comensalía, las costumbres matrimoniales y las prácticas litúrgicas de religión. Todas estas actividades vienen regidas por tabúes y obligaciones mutuas. Comensalía, oración y ceremonias religiosas de comunión pueden ser compartidas entre gente de distinta sangre, pero quizá no siempre se permite el matrimonio legítimo abierto a todos los correligionarios, pues esta apertura tiene sus límites propios, basados en la interpretación mágica de la sangre y en el estatuto social. Esto es muy frecuente en la sociedad islámica y en la sociedad cristiana medieval. Sin embargo, las diferencias entre estratos aristocráticos y plebeyos diferenciados por la sangre no perturban la comunidad religiosa, sino que la constituyen y vertebran.

En este mundo, las relaciones con otras comunidades de religión pueden ser muy variables. Se puede comerciar, luchar, amar, fornicar, trabajar, enseñar, aprender, gustar de su arte, su comida, sus vestidos, sus formas de habitar y todo ello de forma más o menos intensa. Todo se puede hacer en grupos más o menos amplios y en tiempos más o menos duraderos. Pero la religión marcará por lo general el límite de comensalía y pondrá barreras adicionales al matrimonio. La convivencia entre religiones, por tanto, puede variar desde la estabilidad de la vida cotidiana pacífica hasta la crisis violenta que estalla en disturbio, matanzas y pogromos. Estas comunidades de fe fueron en la Península fragmentarias y ritualizadas: tuvieron que convivir con otras comunidades que tenían sus formas reconocidas de identificar el ingreso mediante un rito visible. Son comunidades fragmentarias porque la religión no domina la totalidad de la vida social. Así esta no podía ritualizarse de forma completa. Por lo demás, tras los elementos rituales religiosos, hay siempre componentes de naturaleza mágica más exclusivos entre los grupos, que no pueden generalizarse. En medio de esos círculos de condiciones, el campo comunitario fragmentario deja espacio al intercambio social, más intelectualizado y racional, movido siempre por el interés recíproco. Así, los miembros de las comunidades cristianas intercambiaban bienes y servicios con las comunidades judías y moriscas, desde el trabajo, el comercio, el préstamo, la asistencia a médicos y curanderos, etcétera. Por supuesto, los moriscos militaban con las tropas cristianas y los burdeles de mujeres moriscas no estaban cerrados a los bautizados. Desde este punto de vista no fueron identidades totales. Hablamos de comunidades religioso-rituales porque la religión se distingue por los procesos rituales, única forma de hacerse visible frente a los otros. Pero las comunidades religiosas no implicaban identidades culturales totales, porque los ritos no determinaban *toda* la vida social. Los cristianos a veces se vestían como los musulmanes, incorporaban sus músicas, o aceptaban de mayor o menor grado la dieta de los médicos judíos, frecuentaban sus prostíbulos, aceptaban sus profecías y encantamientos, cantaban sus canciones, gozaban de sus tejidos y comidas y tocaban sus instrumentos. La religión solo diferenciaba dentro de una cultura más amplia articulada sobre la vida social.

Podemos hablar entonces de identidades religiosas, pero en un difuso medio social. En ciertos casos, la poderosa vida social compartida podía quebrarse o limitarse. Pero de una y otra forma, esa convivencia cotidiana, pacifica o de crisis, se entregaba a la lógica que era electivamente afín con la ritualidad, la sangre y la religión de todos: la vida tradicional. Las formas históricas más o menos abiertas de la identidad se revelan en la dialéctica entre vida comunitaria y vida social, pero ambas vienen regidas por los usos y motivos de la tradición, ya sea en la vida cotidiana pacífica o en la crisis. En la tradición se revela la fuerza y los límites de la autoconsciencia comunitaria, los esfuerzos por explicitarla, provocarla, definirla, fortalecerla, atizarla. Este modelo funcionó muy bien para describir los fenómenos históricos hispánicos anteriores a 1481 y, por una razón que explicaré luego, las relaciones de las comunidades cristianas con las comunidades moriscas hasta su expulsión en 1606.

La verdadera alteración de la vida histórica hispana tradicional se halla en las luchas nobiliarias y urbanas del siglo XV, en la época de Juan II y Enrique IV, y en la variable constelación histórica que se fraguó en las relaciones entre los Trastámara aragoneses y los castellanos en la época de Álvaro de Luna. Lo que de verdad se disputó entonces fue la lucha entre el señorío colectivo urbano castellano, de índole republicana clásica, y el señorío aristocrático familiar que pretendía hacerse con el patrimonio público de las ciudades. Álvaro de Luna fue eliminado cuando ya no resultó necesario para defender al reino frente a los infantes de Aragón, cuando comenzaba a cobrarse sus servicios fortaleciendo su señorío personal hasta extremos intolerables. Los Pacheco y Chacón de la época siguiente de Enrique IV tuvieron el mismo programa de Luna. Sus enemigos fueron los nobles de estirpes conversas, asociados a las minorías dirigentes conversas de las ciudades, liderados por los Cartagena, que fueron capaces de destruir a Luna y ejecutarlo. Ellos, los Mendoza, los Manrique, los Estúñiga, se tornaron dominantes, y unidos a los letrados como Fernando de Pulgar, Alonso de Palencia, Diego Valera y otros, y a los jerónimos conversos como Alonso de Oropesa y Hernando de Talavera, se volcaron a apoyar a Isabel la Católica contra Enrique IV y su política de mercedes y dilapidación del patrimonio real. Tras la victoria de Isabel, y alrededor de Fernando, se fue sin embargo generando un programa regio que consideró que los aliados de antaño ya habían rendido todos sus servicios. Esto implicaba eliminar la fuerza de resistencia de las elites de las ciudades y someter a sus aliados nobiliarios para hacerlos auxiliares cortesanos del monarca. Así se fue formando un partido fernandino, con el apoyo nobiliario de la Casa de Alba y el de los dominicos como Diego de Deza.

El golpe de efecto de este proyecto político fue desarticular las elites conversas urbanas, que habían copado cargos en los cabildos, mediante la intensa persecución inquisitorial que nadie podía resistir, ya que se hacía en nombre de la religión que ellos oficialmente profesaban desde cerca de un siglo, en la mayoría de los casos plenamente asumida. La estabilización del poder de Fernando y la fundación de la Inquisición son aspectos del mismo programa, cuyo objetivo era disminuir la capacidad política de las ciudades y su control de los territorios fiscales. Era el mismo programa impulsado ya no por validos como Luna o Pacheco, sino por la misma corona. Aunque Fernando luchó contra Enrique IV, asumió su programa inquisitorial preparado por Alonso de Espina y que a duras penas habían logrado paralizar a los conversos como Alonso de

Oropesa o Juan de Lucena con sus encendidas críticas. Esa operación política, y el cambio de rumbo que implicaba, causó una decepción desoladora y una amargura que todavía se registra en los escritos de Fernando Pulgar y de Valera, pero sobre todo de Alonso de Palencia. Este se dio cuenta en sus *Décadas* de que el programa anticonverso de Fernando cristalizó cuando el rey visitó Sevilla y comprobó la riqueza de sus estratos urbanos. Un rey pobre como las ratas no pudo resistir la ambición rayana en la avaricia. La Inquisición fue la institución que cumplió la misión expropiadora.

Con la fundación de la Inquisición hispana, se alteró el cosmos tradicional histórico de las comunidades rituales. La ritualidad a la que se habían acogido las elites conversas no fue suficiente como factor comunitario de identidad y se impugnó su valor público para definir la pertenencia. Entonces se invadió el territorio de la Casa y sus prácticas propias, ancladas en formas tradicionales de tabúes, celebraciones y usos, muchos de ellos sostenidos por fijaciones antropológicas seculares. Ese aspecto se impuso a las evidencias públicas de la participación en los ritos oficiales. La decisión sobre la identidad comunitaria se entregó así a la verificación de una política de la verdad ante un tribunal cuyo efecto seguro era la expropiación. Toda verdad llevaba consigo la pobreza y la ruina. Este nuevo elemento no hizo sino desplazar al interior de la comunidad religiosa cristiana, que había funcionado muy bien políticamente, con capacidad de articular el proyecto isabelino, desplazar a su interior, digo, el fenómeno generalizado de la división según la sangre. Esta diferencia entre sangres, que era hasta este momento la forma excepcional de relación con el otro, se introdujo en el seno de la propia comunidad de rito cristiano. La sangre fue más fuerte que el sacramento. Lo que había sido una excepción condenada por el papa Eugenio IV hacia mitad del siglo XV, los estatutos de sangre del bachiller Marquillos de Toledo, devino entonces la política oficial, ahora bendecida por la Inquisición y luego regulada de forma estable por el arzobispo Martínez Silicio.

Con ello se produjo una transformación radical de la vida comunitaria tradicional. Una comunión, un rito de ingreso compartido, una práctica intensa de comensalía y de matrimonios mixtos, una fecunda práctica cultural de mestizaje constructivo que conoció cuatro generaciones de líderes conversos desde 1391 a 1481, se fracturó. El arma de la fractura fue el derecho y la censura concentrada de un tribunal supremo de Estado, entregado a jueces plebeyos ansiosos por demostrar su eficacia y alcanzar recompensas y favores con el rigor de su potestad. Pero el derecho positivo de un Tribunal de Estado no puede formar comunidad. El derecho tradicional puede ser, a lo sumo, expresión de la existencia de comunidad, pero no puede forjarla; así que tanto menos puede hacerlo un derecho nuevo, excepcional, ajeno a todos los fueros existentes. Con ello, el derecho del Tribunal de la Inquisición fracturó todo derecho tradicional y foral, que expresaba vínculos históricos poderosos. Respecto de la integración cultural y social de los conversos, disolvió la comunidad mixta que se estaba forjando desde Pablo de Burgos de forma consciente, eliminó su visibilidad, arruinó su riqueza y su poder, detuvo sus aspiraciones y los desalojó de sus puestos representativos. Las ciudades quedaron sacudidas y debilitadas. Pero el Tribunal también eliminó la potencia de la comunidad religiosa de ritual, pues el punto de partida de sus actuaciones era precisamente que la participación en los ritos ya no era garantía suficiente para la pertenencia identitaria. Solo la Verdad certificada por el Tribunal podría garantizarla, pero por lo general sus sentencias decretaban precisamente lo contrario, la exclusión. Sin embargo, el conjunto de conductas penalizadas era tan amplio que, en una sociedad todavía ajena al fenómeno de la disciplina, todos sus miembros podían ser culpables. Un comentario, una blasfemia, un reflejo ritual, una actitud habitual, una distracción, una práctica antropológica, cualquier cosa podía ser suficiente. La imposición disciplinaria fue traumática. En todo caso, el mismo Tribunal se puso por encima de la práctica sacramental y la devaluó hasta convertirla en una mera señal social insuficiente de protección.

Como esa comunidad mixta judeocristiana se había venido forjando durante un siglo, el Tribunal, que a lo sumo podía sentenciar casos singulares, y muy consciente de que no podía revertir por completo el curso histórico de más de cien años, impulsó actuaciones masivas que dieron significado al carácter general de la Inquisición. De este modo, el tribunal no actuaba tras la noticia de una denuncia concreta, sino que exhortaba a la autoinculpación generalizada. Así, su relación con la población fue la de generar el miedo de todo particular a ser investigado, algo posible pues se trataba de inquisición general permanente. Dada la práctica posible de la delación, el miedo a ser investigado por cualquier vecino rompió todo vínculo comunitario real. Ese miedo particular a un tribunal de Estado, cuyos agentes eran los mismos vecinos —los famosos *familiares*—, es el tipo de sentimiento que no puede fundar comunidad. Al contrario, el Tribunal solo podía funcionar quebrando vínculos comunitarios previos y cuanto más cercanos fueran, más oportunidades daban para fundamentar la denuncia. La desconfianza se impuso por doquier. De este modo, el Tribunal solo producía cristianos nuevos discriminados y señalados, y dejaba el resto bajo el manto de una cristiandad vieja que siempre era provisional y que seguiría siéndolo en la medida en que no fuera investigada. Todos eran en el fondo «todavía no cristianos nuevos». Así se extremó la fidelidad a un rito externo que nunca en el fondo protegía ante la realidad ancestral de la sangre, siempre discutible, pues dependía de lo lejos que se llevase la investigación. Podemos llamar a esta que forjó la Inquisición una comunidad negativa, pues solo identifica al que sale fuera de ella. Los demás se mantienen implícitos e inseguros. Lo que sale a la luz y se destaca es siempre su fractura y sus consecuencias: confiscación, mancha perenne, ciudadanía de segunda, discriminación y el miedo que reverbera en todos los demás, que se saben investigables, dado el largo proceso de enlaces interraciales matrimoniales previos. Aunque todos se reúnan en la iglesia, o en el auto de fe, nadie se sabe completamente libre de estar en el otro lado. Todos se aferrarán con tanta más fuerza al rito público cuanto más teman ser mirados por el Tribunal y separados de aquel. Lo que unía en todos los casos no era la confianza recíproca, sino el no ser mirado.

Ese proceso concedió las máximas posibilidades de pasar el filtro que imponía el Tribunal a los sujetos que no tenían relevancia social alguna. Como dijo alguien, solo los pecheros, que no guardaban memoria de sus antepasados, estaban limpios para el Tribunal. Este así concedía orgullo de raza justo a los que el régimen señorial oprimía. En realidad, generó una selección negativa que compensó con el pomposo título de cristiano viejo a quien no tenía otra cosa. Todavía Cervantes lo recordará con Sancho Panza. La desolación de un horizonte social que permitía ser adscrito a una sangre tanto más pura cuanto más plebeya e indocta fuera, hundió toda posibilidad de forjar elites urbanas con aspiraciones de dirección política.

A la postre, todo el mundo que pudo se apresuró a colocarse en solo uno de los polos de la fractura, el de los cristianos viejos. Cualquiera que pretendiera un puesto visible en la sociedad, tenía que lograr la adscripción a ese grupo mediante todo tipo de procedimientos de pago. Así, el archivo de la Inquisición se convirtió en una máquina de división social, con el resentimiento que podía generar saber que tu nombre podía figurar en sus pliegos. Lo que había comenzado siendo un Tribunal excepcional para una única inquisición general, se convirtió en la lógica que estructuraba la vida social misma, otorgando a la sangre la capacidad de generar dos grupos humanos. San Pablo fue olvidado. En cierto modo ese fue el sentido del odio visceral a la Reforma, que como sabemos fue ante todo una restauración paulina. Los intentos de Hernando de Talavera, y antes de Alfonso de Cartagena, que podían haber llevado a una reforma paulina hispana, quedaron en el olvido. Como la posibilidad de pertenecer a uno u a otro grupo racial siempre dependía de testimonios y de sentencias singulares, esos grupos tampoco tuvieron estructura comunitaria, pues faltaba la confianza, las obligaciones mutuas y la solidaridad, siempre precaria en una jungla de investigaciones. La ritualidad católica solo unió a los que se integraban en una óptica pasiva: eran vistos por los ojos perennes del Tribunal, pero nada íntimo los unía en una forma de ver común.

Cuanto más visible fuera el puesto al que uno pretendía llegar, más expuesto quedaba a las denuncias del Tribunal y sus investigaciones. El caso de Fray Luis de León, un hombre bueno, resultó arquetípico. Con esta lógica no podía forjarse elite alguna dotada de autoridad y de visibilidad. Quien se hiciera visible era el sospechoso. Por el contrario, la elite que manejaba el Tribunal, bien instalada en la orden de los dominicos y en los juristas de Salamanca, luchó con denuedo para que ningún otro grupo intelectual pudiera formarse ni generase autoridad o liderazgo. Sin embargo, justo cuando España iniciaba ese camino histórico, que le hizo pasar de disponer de una mera comunidad negativa (los no conversos) a convertirse en la negación de la comunidad (los potencialmente investigables), Europa caminó hacia una renovación de la vida comunitaria con una fuerza desconocida durante siglos. Eso fue la Reforma. La renovación del concepto de Espíritu, la insistencia en su divinidad como tercera persona de la Trinidad, permitió a los reformados, a la vez, reducir de forma drástica la comunidad de rito y aumentar la certeza de vínculo íntimo e invisible. Por supuesto que ese vínculo generó confianza, una ética social orgánica de asistencia recíproca y buenas prácticas de vecindad. Nada parecido sucedió en España, salvo en las aldeas más humildes. La existencia en común fue algo quebradizo, si no una fuente de peligros. La pertenencia libre, proclamada ante todos, visible, franca, valiente, confesada desde la espontaneidad expresiva, eso no fue permitido ni fomentado aquí. Claro que, en los territorios reformados, esa confesión implicó una fractura y una diferencia entre los que gozaban de la fe vieja y los que confesaban la nueva. La distinción explícita se impuso y las pertenencias implícitas se despreciaron como carentes de rigor y de compromiso. La comunidad de confesión reformada así fue una fuerza completamente antitradicional y desarticuló el mundo medieval por completo. Rechazó que se fuera cristiano por la participación en el rito, de forma implícita, sobreentendida, pasiva. Se debía proclamar públicamente, de tal modo que todos los confesantes se sintieran unidos en un mismo espíritu. La forma religiosa del mundo católico emprendió rumbos completamente diferentes y todos ellos fomentaron no solo la óptica, sino la fe pasiva e incluso la pasividad general.

Aquí tenemos que desehacernos de prejuicios. Se supone que hay una continuidad entre el catolicismo medieval y el reformado. Al fin y al cabo, se trata de la misma fe, se podría decir. Sí y no. En cierto modo es la misma fe. Pero no se trata de la misma *comprensión* de la fe. Si vamos al libro más importante de la Reforma por sus efectos generales, pedagógicos, universitarios, los *Loci Communes* de Melanchthon, ya vemos que tiene un papel social paralelo al de la Inquisición, pero de naturaleza completamente inversa. Desde luego, ambas instituciones son autoconscientes. Ambas constituyen filtros antitradicionales. Ambas tienen políticas de la verdad. Ambas quieren depurar una vida histórica atravesada por la mezcla y la contaminación. Ambas derogan derecho de forma muy intensa. Ambas devalúan los sacramentos y la autoridad de Roma. Ambas reforman las bases de la vida social. Podemos decir que la fundación de la Inquisición fue en cierto modo lo equivalente a una reforma de la vida española. Pero desde el punto de vista del contenido estamos en la más lejana antípoda.

Lo más importante es que la Reforma rompe con la política de verdad tradicional. Denuncia no tanto la forma en que la Inquisición halla su verdad, sino el objeto mismo que ella busca. Es su propia noción de fe lo que queda impugnada. Como dice Melanchthon en su *Loci Communes*, la noción de *fides informis*, la fe incompleta, la fe infusa, la fe adquirida, la fe general, la fe especial, la fe formada, la fe implícita, todo esto son inventos de frailes. Estas definiciones están diseñadas para mantener una comunidad ritual, no una comunidad de fe. Cubren todas las formas de adhesión y de asentimiento. «Por tanto —dice Melanchthon— la fe de los sofistas que llaman incompleta o adquirida, por la que el hombre sin Dios asiente a la historia del evangelio como nosotros normalmente damos asentimiento a la historia de Livio o Salustio, no es realmente fe. Es opinión, esto es, la deliberación incierta, inconstante, fluctuante de la mente sobre la palabra de Dios. Ya sabes cómo tenemos que evaluar la consideración escolástica de la fe. Los Sofistas no enseñan sino mentiras, vanidad e hipocresía. [...] Con Pablo, llamamos hipocresía a una fe inventada»[1]. La fe ahora es saberse elegido. Y, por tanto, debe ser confesada en tanto capacidad de abandonar y romper con la vieja fe. Y los que viven en común por ese Espíritu Santo que la transmite, son una comunidad positiva, que brilla con un nuevo código, un nuevo maestro, un nuevo orden, una nueva autoridad, que define la totalidad de la vida social desde una nueva intimidad. Por eso ya no es una comunidad difusa, ni ritual, ni negativa. Es una comunidad de fe compartida, porque rompe con todos los significados antiguos de la vida social y los resignifica en común. De ahí que el ingreso ya no sea ritual, sino espiritual. Saberse parte de los elegidos y confesarlo es unirse a ellos. Nada de elementos implícitos. La *confesión* es el sistema de ingreso, y como tal implica romper con el cosmos tradicional, lleno de confusiones y de supuestos nunca explícitos ni conscientes.

La Reforma significa que la conciencia cierta de sí une comunitariamente a los elegidos. Es la elevación de la fe a punto de palanca absoluto de la vida social concreta. La Inquisición es la elevación del Tribunal de Estado a palanca soberana. La primera define una comunidad positiva; el segundo, una comunidad negativa progresivamente destejida, que deja a los particulares ante un horizonte provisional de pertenencia, pero a costa de pasar desapercibidos. La primera exige alzar la voz, darse a conocer, hacerse visible, pronunciar la confesión de entrada en plena libertad, con la confianza de saberse acogido; el segundo solo prevé un acto de salida de la comunidad, arrancando la integración mediante la política de verdad de la tortura reglamentada. Las consecuencias para la identidad son tremendas. La Reforma permite sustitutos de las viejas identidades. El Tribunal de Estado inquisitorial hace que los restos sociales no tocados por él se aferren a los aspectos tradicionales que sobreviven como lo único familiar en un mundo donde todo lo nuevo es siniestro, peligroso y amenazador. Eso ha

1 Philip Melanchthon, *Loci communes Theologici*, edición de Wilhelm Pauck, The Library of Christian Classics, Westminster John Knox Press, Louisville, Kentucky, 2006, p. 91.

forjado el tradicionalismo hispánico, tan persistente. Nadie se atreve a destacar, a significarse. Confesar es solo un acto consecuencia de la tortura, que la culmina, no fruto de la libertad. Esa es la señal de no haber podido configurar comunidades modernas de fe. Y eso ha hecho inviable la vida política, porque no hay vida política moderna sin la comunidad moderna de fe, o sin esa presión a favor del libre asentimiento a un consenso forjado comunitariamente.

La mentalidad hispana no ha visto nunca un motivo para forjar lo común, toda vez que un Tribunal incontrolable y soberano tiene siempre la última palabra. Un Tribunal a lo máximo te libra de la pena si no te roza, pero siempre te entrega a un destino completamente individual, en el que el poder público que ese Tribunal representa es una amenaza, y cualquier prójimo un delator. La Reforma, por el contrario, supone generar un sentido moderno de comunidad, capaz de forjar valoraciones comunes y dotarse de un sentido del escándalo compartido, de lo aceptable e inaceptable para la conciencia libre. Carecer de ese sentido de la comunidad libre, asentada en convicciones espirituales compartidas, es el efecto de la Inquisición. Y ese déficit, que implica una incapacidad de forjar elites legítimas y cohesionadoras, que den voz a lo común, es su más pernicioso efecto en nuestra historia.

El más pernicioso, pero no el único. Hay otro quizás menos importante, pero que refuerza sus consecuencias negativas. Se trata de la imposibilidad de tejer una relación de confianza entre el poder y la sociedad. En efecto, la Monarquía hispánica de Fernando e Isabel fue en buena medida obra de esas elites conversas de la segunda mitad del siglo XV. Sin su apoyo, los jóvenes reyes no habrían ganado la guerra ni ordenado el reino. Sin embargo, estos actores, que habían colaborado de forma intensa para la victoria, fueron los primeros que pagaron con su suerte la estabilización del nuevo poder victorioso. Tan pronto el poder se asentó, se volvió contra ellos con una furia inesperada. Este hecho generó entre las elites más valiosas una irreparable desconfianza respecto del poder. Este apareció como un monstruo desagradecido e insensible, que no tiene sentimientos de gratitud de ningún tipo hacia los que le ayudan. Creo que esto generó un abismo entre los centros de poder y la inteligencia española, que ha llevado a una continua crítica de la corte como lugar de locura, de perdición del alma y de sospecha general, como se verá finalmente en Gracián. Al no disponer de un pueblo cohesionado comunitariamente, la desconfianza hacia el ejercicio del poder todavía creció más, pues los hombres y mujeres se vieron como átomos aislados incapaces de defenderse de una maquinaria inhumana.

Este episodio fortaleció el sentir popular expresado en cuentos y leyendas que tuvieron su culminación en el famoso relato que nos transmite don Juan Manuel en el volumen de *El Conde Lucanor* y que luego Borges reconstruyó en su fantástica narración sobre don Illán de Toledo. Esa comprensión arcaica no se disolvió, pero la modernidad se levanta sobre su rechazo. De este brotó la consigna reformada de que los ciudadanos eligieran a sus sacerdotes, a sus ministros, a sus jueces y por último a sus magistrados. En realidad, podemos ver en este cuento una profecía de lo que los realistas judíos del siglo XIII sabían. Ellos no se hicieron ilusiones, desde luego, y quien lea ese cuento sabrá apreciar el grado de penetración de las comunidades judías, que encaraban con plena conciencia la tragedia de vivir en su tierra desde milenios siempre bajo la imposibilidad de pasar inadvertidos y bajo la amenaza de verse implicados en el fortalecimiento de un poder que siempre acabaría por volverse contra ellos. Eran necesarios para levantar un poder que podía prescindir de ellos tan pronto creyera haber obtenido todas las ventajas que podían ofrecerle. Pero al menos aquellos judíos tenían el consuelo de su fidelidad. Los conversos, que habían abandonado su Dios para integrarse en una comunidad cristiana, vieron con estupor que eran tratados como los viejos judíos, sin ser considerados jamás como iguales por los demás españoles, y mucho menos todavía ser reconocidos como mejores, a pesar de su colaboración y méritos especiales. Esa desolación provocó la peor de las tragedias que puede vivir una colectividad: no podían regresar al principio ni gozar de futuro. Colocados en la desesperación de un presente que no era sino la antesala de su muerte, desaparecieron de la historia después de haber dado los mejores hijos a Castilla. Al menos los descendientes de aquellos expulsados en 1492, dispersos por el mundo, sostenidos por la fidelidad, siguieron sobreviviendo y mostrando su talento, como podrá comprobar cualquiera que conozca los apellidos sefarditas de tantos intelectuales europeos. Pero ni entonces ni ahora pudieron reconciliarse con las elites dirigentes españolas, hacia las que mostraron siempre una desconfianza insuperable. En esto compartieron el destino de muchos sencillos españoles, ellos también acostumbrados a no esperar nada bueno de sus gobernantes.

El imperio de América

Este tipo de reflexiones tiene la ventaja, frente a los datos y cifras, de ofrecer una idea de los déficits estructurales del cuerpo social español, visibles en el mismo presente. No están diseñadas para ser arrojadas como pedradas a un supuesto enemigo perverso, sino para comprometernos en un sentido práctico con un programa de mejora de la calidad de la vida hispana. Por supuesto que no son infalibles, pero implican un diagnóstico del que se deriva un compromiso. Si digo que la Inquisición fracturó todo espíritu comunitario existente, e impidió la formación de uno nuevo y moderno capaz de generar recíproca confianza, eso implica trabajar en la línea de superar los obstáculos que vemos entre nosotros para dotarnos de una perspectiva común con franqueza y libertad, con las herramientas específicamente modernas de la persuasión, la convicción y la deliberación común. Lo mismo sucede con el otro aspecto central de la leyenda negra, el tema de América. Nuestra mirada al pasado imperial español está llena de compromisos morales y la forma en que consideremos el asunto es sintomática de nuestra actitud práctica ante las relaciones con los países hispanoamericanos.

En efecto, cuando llegamos al segundo momento central de la leyenda negra, Roca Barea se entrega a su deporte preferido. Denunciar al renegado, en un ejemplo perfecto de entregarse a la práctica de hacer visible solo lo negativo, un resto de la práctica inquisitorial que hemos descrito. El asunto Las Casas es muy importante en esta historia porque muestra con claridad que la leyenda negra la inició un español. Es un síntoma más de esa comunidad negativa que evoluciona fácilmente hacia una falta de comunidad. Ella misma lo dice: «Tampoco nadie levantó la voz en España para acusar a Fray Bartolomé de las Casas de verter acusaciones terribles a partir de medias verdades o de ninguna». [76] Reparemos en la técnica de la frase. Una larga construcción sintomática (nadie defiende el buen nombre de España) deja de tener importancia para centrarse en la sentencia final: en Las Casas no hay ninguna verdad. Con esta premisa, no es de extrañar que la aproximación de Roca Barea a este personaje único y problemático sea superficial y forzada. Por ejemplo, no está claro que su estilo sea el propio de las *disputationes* escolásticas, como ella dice. [308] Las Casas era un dominico muy particular y apenas tenía formación universitaria. Su retórica no es académica, sino forjada en la Biblia y de ella viene su veta profética. El obispo de México, Zumárraga, que lo conoció como colega de Chiapas, dio fe de su carácter tenso y afligido, amargado. Exagerado sin duda lo era, pero no fue el único que resultó traumatizado por lo que vio en América. Pedro Mártir de Anglería también lo estuvo por lo que meramente escuchó. Hasta Vasco de Quiroga llegaron los gritos de los desdichados, sin ver nada ni hablar con nadie, solo en una experiencia mística cuando entró en una iglesia a orar. Luego será un testigo más ponderado y sobrio, pero no menos intenso en sus premoniciones de que la conquista acabaría con los indígenas. Que se promocionara injustamente a Las Casas, como afirma Roca Barea [309], es más bien dudoso. En todo caso, de su libertad de palabra dice Roca que sería «un misterio completo para el mundo protestante». [309] Por lo visto, la libertad de palabra de Lutero ante el emperador Carlos en la dieta de Worms de 1521, ante todos los poderes de Europa, no significa nada para ella. Y todo lo escrito libremente a favor o en contra de Lutero por todas partes, tampoco. Ahora se trata de otra cosa, casi racial: «los pueblos mediterráneos no educan a sus hijos para el silencio y la reserva, con todo lo bueno y todo lo malo que ello acarrea». [309] Esta es la causa. Las Casas era un mediterráneo. Los protestantes —según Roca— no saben nada de libertad porque son educados para el silencio y la reserva.

No se puede seguir con cierta lógica el argumento de la autora, que pasa de Las Casas a Juan de Austria y a Enrique VIII en un circuito tortuoso, para desembocar en los grabados de De Bry que iluminaron la *Brevísima relación* y mostraron en estampas terribles la suerte de los indígenas americanos bajo dominio hispano. Aunque el inicio está en un renegado español, el éxito se debe a la propaganda, ese «invento luterano, y el mundo católico no ha sabido usarlo adecuadamente hasta hace muy poco, si es que lo ha logrado». [311] Admirada, ella se pregunta cómo es posible que nadie, «absolutamente nadie» pudiera hacer frente a esta propaganda. Sin embargo, no es verdad que nadie alzara la voz contra Las Casas. La alzó Ginés de Sepúlveda, por lo menos; y antes, contra su colega Montesinos, el mayor jurista del reino, Palacios Rubios y también García de Loaysa, el general de los dominicos. Si Roca Barea persiguiera el matiz, tendría que explicar lo que pasó, pues es importante para entender las cosas. Fue la voz de Ginés la que fue sepultada y conocemos sus puntos de vista por las referencias que en sus respuestas hace Las Casas para condenarlas. ¿Qué sugiere esto? Que Bartolomé de las Casas estaba desde luego mejor relacionado con las elites que gobernaban en España, por ser dominico, que este hombre del emperador, servidor del papa y cronista de Carlos V. Que las elites de los dominicos lo apoyaran era lógico, porque no querían en modo alguno pensar las relaciones entre América y España en términos de imperio, como hacía Ginés; y bajo ningún concepto querían caracterizar el dominio hispano en estos términos ideológicos del imperio, porque eran preocupantes para los hidalgos castellanos, que reclamaban exclusividad en la conquista. Aquí, una vez más, los dominicos defendían los puntos de vista de los hidalgos castellanos y se comportaron como una orden nacional castellana, siempre en tensión con la ideología imperial, como sabemos. Esa tensión estaba viva desde los tiempos iniciales del imperio, como lo registra este texto de un testigo tan preclaro como Mártir de Anglería que, hablando de los actores de la época, dice:

> *El imperio no solo no era conveniente para estos reinos sino tan siquiera para el propio rey, y acaso, por el contrario, resultara un perjuicio. Afirmaban que [el reino] era libre y gozaba de sus prerrogativas; bajo el Imperio se convertiría en una provincia miserable. Calificaban el nombre de Imperio de hinchada ambición y de viento vano. ¿Por qué hemos de felicitar a nuestro rey, si las rentas del imperio son tan cortas y no ha de ganarse a ningún soldado alemán para hacer la guerra sino a costa de grandes dispendios? ¡Pluguiera a Dios que tal fantasma hubiera caído sobre el francés! ¡Nosotros habríamos disfrutado de nuestra paz y de nuestro rey! Se agotarán nuestras fuentes, se secarán nuestros campos, y nosotros perecemos de hambre, mientras tierras ajenas se saturan de nuestro pan*[1] .

Pensar que los imperios no están atravesados por tensiones extremas nos impide comprenderlos.

Como era previsible, en *Imperiofobia* no faltan las maledicencias sobre Las Casas, como que «renunció a su diócesis y prefirió vivir alrededor de la corte toda su vida» y que «es incapaz de distinguir un indio de otro». [315] Sencillamente no es verdad. La larga vida de Las Casas fue de extraordinaria intensidad viajera, pero la mayor parte de ella, entre 1502 y 1540, la pasó en América. Entre 1540 y 1544 estuvo por España, pero tras ese tiempo embarcó con misioneros, de nuevo rumbo a su sede de Chiapas. Regresó en 1547 y entonces se entregó a su lucha reformadora en España. Para ese tiempo era ya un anciano de setenta años. No regresó a América, pero no tiene sentido decir que no conoció a un indio. Es sencillamente una maledicencia gratuita. Igual que lo que dice después, que Montesinos era más valiente y capaz que Las Casas. [319] Fueron amigos, colaboradores y compañeros en su crítica

1 El texto lo destacó Ricardo García Cárcel, en su libro *Revolta de les Germanies*, IVEI, Valencia, 1981, p. 92.

del estado de cosas de América y jamás habrían consentido que se hablara de ellos de esta forma. A los dos los hizo callar su superior García de Loaysa y las leyes de Palacios Rubios, dirigidas contra ellos, que aseguraron la posibilidad de esclavizar a los indios por guerra justa. Por cierto, que Las Casas no negó la legitimidad del dominio español sobre América, como pretende Roca Barea. Se puede leer su obra tardía[2]. Aquí la autora es un desastre expositivo, como cuando dice que Ginés de Sepúlveda se basaba en Tomás de Aquino. [321] Su fuente real era la teoría de la esclavitud natural de Aristóteles. Y aunque es verdad que Vitoria negó en principio que el papa pudiera dar legitimidad al dominio español, acabó reconociendo la dimensión fáctica de la situación e incluso asumiendo la esclavitud de los indios si mediaba guerra justa contra los evangelizadores del rey, como era habitual en la sutil argumentación de los escolásticos, llena de meandros y cautelas. Que a esa ingente suma de objeciones y respuestas, de contradicciones y reservas, Roca Barea la llame «libertad de expresión» es un anacronismo más. Era una técnica de aplazar la decisión hasta que se diera una situación concreta a la que aplicar su dirección de forma soberana. Su talento era casuístico y aporético y la técnica argumental está diseñada para no asentar un principio decisivo general, de tal manera que se hace necesario siempre el complemento del consejo.

Lo más sorprendente es el nombre que invoca Roca Barea para identificar al único que se opuso a la obra de Bartolomé de las Casas. Ese hombre es ni más ni menos que Solórzano Pereira. Muy posterior a Las Casas, uno no puede imaginar cómo su obra, una recopilación y sistematización tardía de las leyes de Indias,

---

2 Fray Bartolomé de Las Casas, *Tratado comprobatorio del imperio soberano y principado universal que los reyes de Castilla y León tienen sobre las Indias*, publicado en 1552, y ahora en facsímil en Nueva Gráfica, La Laguna, 1997. Aquí se puede leer que los citados reyes «tienen justísimo título al imperio soberano e universal o alto de todo el orbe de las que llamamos Océanas Yndias e son justamente príncipes soberanos y supremos y universales señores y emperadores sobre los reyes y señores naturales de ellas, por virtud de la autoridad, concesión y donación no simple y mera, sino modal *is est ob interpositam causam* que la Sancta Sede Apostólica interpuso y les hizo. Y este y no otro es el fundamento jurídico y sustancial donde estriba y está colocado todo su título».

inmanejable por nadie que no fuera un oidor de la audiencia como él, podía ser la respuesta a la prosa incendiaria de Las Casas. El mamotreto de Solórzano Pereira realmente fue un intento de dotar de coherencia a leyes contradictorias, diferentes, caóticas, amontonadas por el tiempo, carentes de todo principio conductor sistemático, sin previsiones derogatorias ni lógica coherente. Al final, no hizo sino preparar las posteriores compilaciones de leyes de Indias. Por su parte, el autor era un hombre conservador y desde cierto punto de vista limitado, como se ve en su libro de *Emblemas políticos*, con el que pretendía educar al príncipe heredero Baltasar Carlos, ese apuesto muchacho que pintó Martínez Mazo. Su emblema más representativo es aquel en el que identifica el reinar con el gobierno pastoral. El dibujo del emblema nos propone a los súbditos convertidos en rebaños de ganado, a cuatro patas, que ascienden colina arriba para proveerse del sustento, el pasto que ofrece el rey pastor. Con esta teoría tenía muy pocas posibilidades de responder a Las Casas y de convencer a los europeos acerca de las virtudes de la Monarquía hispánica.

El que nadie refutara a Las Casas ha llevado a la historiografía española a una «actitud defensiva beligerante» [294] que llega intacta hasta Roca Barea. Y eso es lo que vuelve a hacer nuestra autora. ¿Cómo? Cantando de nuevo la vieja copla de que España no tenía colonias. Técnicamente era así, pero por una insistencia formalista propia de los juristas que habían inventado el Requerimiento, una declaración por la que se constituían vasallos del rey de España a indígenas completamente perplejos incapaces de comprender lo que estaba pasando. Sin embargo, las realidades de la colonia estaban ahí: una dominación que sometía a ingentes poblaciones subalternas, una destrucción de formas de vida autóctonas, una aculturación general, una prohibición de comercio libre, una extracción masiva de materias primas, etcétera. La diferencia metrópolis/colonia no la aceptaba ninguna metrópolis dominante, tampoco España mientras lo fue. Lo que estaba en juego era exigir a los enemigos que hicieran la guerra en la misma forma en América que en Europa. España deseaba que así fuera, para quitarse de encima las figuras de hostilidad que el derecho tradicional no permitía entre Estados, como la piratería y el filibusterismo, que Inglaterra usaba con insistencia en los territorios americanos. Así que los ingleses deseaban imponer el estatuto de colonias a las tierras americanas para verse libres de la guerra formalizada que estaban obligados a impulsar cuando luchaban contra sujetos soberanos. Por supuesto, la innovación conceptual de la distinción Estado/colonia le parecía a España monstruosa y nunca la aceptó. Las Indias a todos los efectos eran Nueva España. La tesis del libro, en la misma línea, es que España era imperial, no colonial. [295] Cuando Roca Barea cita a Powell, quien reconoce que «la Corona no intentó imponer en América algo extraño o inferior a lo que regía en la Península», [294] dice algo adecuado, aunque pertenezca al ámbito de deseo de sus reyes. También tiene razón cuando aprecia las diferencias entre la administración de los Austrias y de los Borbones [308], estos mucho más ansiosos de rentabilizar económicamente aquellas tierras. Pero en realidad la diferencia fue de intensificación, de grado, y no tanto de concepto. Sin embargo, y a pesar de que asumieron la lógica colonial de forma íntegra, los Borbones españoles siguieron hablando de América como Nueva España, sin distinciones jurídicas formales respecto de la Península y desde luego sin referirse a ella como una colonia.

Sin embargo, debemos entender bien lo que iba más allá de los deseos. Cuando Roca Barea dice que «sus habitantes indígenas fueron tan súbditos de la corona como lo eran los españoles peninsulares» [294] afirma algo jurídicamente aceptable. España se replicó en América. Aceptado. En un momento dado, Roca Barea reconoce en la «libre circulación de personas» [295] uno de los rasgos del imperio. Cualquiera que sepa algo de la aventura americana sabe que no fue nunca así. Primero, hasta bien entrado el siglo XVIII se impuso el indigenismo castellano. Ninguno de los puertos de los demás reinos peninsulares pudo establecer relaciones estables con las Indias. Segundo, no todos los castellanos podían viajar. Tenían que inscribirse en la matrícula de Sevilla, donde eran excluidos los de sangre impura, los afectados por la Inquisición, los de origen converso. Así que se transfirió a América la obsesión de la sangre limpia, lo que acabó marcando la personalidad de los criollos y su orgullo racial. Es verdad que se concedió, previo pago de la matrícula, el estatuto de hidalguía a todos los que llegaran allá. Esto significa que Castilla se replicó allí en el sentido de generar una sociedad privilegiada, donde los castellanos que llegaban, hidalgos de sangre o de estatuto comprado, se mostraban dispuestos a replicar la sociedad señorial que dejaban atrás y que no les había permitido promocionarse. Algunos de ellos aspiraron a fundar formas señoriales de alta nobleza, como Hernán Cortés, a lo que se opuso de forma férrea la alta nobleza castellana y la propia corona. La institución de los virreyes cerró esta política, al impedir que las Indias se pudieran gobernar mediante la alta nobleza autóctona.

No hay sociedad señorial sin el polo de la servidumbre. En Castilla, se tenía a los pecheros y los moriscos. En América se tenía a los indígenas. Y eso es lo que se trasladó también a las Indias, lo que alteró de forma integral las estructuras comunitarias indígenas. Se puede leer el memorial de Vasco de Quiroga para conocer la índole de los dilemas de un honrado jurista. Los pueblos indígenas no conocían la esclavitud como estatuto en sus culturas autóctonas. El derecho romano no la aceptaba más que por derrota militar en guerra justa. Así que los españoles no podían esclavizar por otro motivo. Pero para Vasco no había posibilidad de que la guerra que nos hacían los indígenas fuera injusta, pues era una guerra defensiva, tipificada como justa por toda la teología medieval. Así que Vasco concluyó que los indígenas bajo ningún concepto ni supuesto podían ser esclavizados. Sin embargo, en su cultura sí se conocían los servicios por horas, por tiempo definido, que permitían a los indígenas el derecho de vivir en familia y gozar de ciertos derechos de propiedad y vivienda. Vasco de Quiroga recomendaba que se usara de esta institución de venta de trabajo por tiempo definido, el estatuto de proletarios, para los indígenas. Eso permitía mantener una continuidad cultural que no rompía por completo su mundo de la vida. Sin embargo, por mucho que los soberanos recordaran una y otra vez la necesidad de tratar a los indios de forma humanitaria, nunca se pudieron evitar los abusos, de los que tenemos noticias no solo por Las Casas, sino por muchos otros informantes, entre ellos los obispos, como Zumárraga, el primero de ellos. En realidad, los castellanos en América creían tener derecho a ser servidos, porque ya eran hidalgos. Así que se aprestaron cuanto pudieron a no ser decepcionados en sus expectativas de extraer recursos de los que consideraban sus siervos. La encomienda —de la que no desea hablar Roca Barea— fue la manera de sintetizar las teóricas aspiraciones de evangelizar con las de conformar una sociedad señorial. La corona y el Consejo de Indias nunca tuvieron una política clara sobre esta institución, que distribuía a los indígenas para servicio entre los hidalgos encomenderos, y fueron frecuentes sus vaivenes sobre si debía ser hereditaria, vitalicia, por dos generaciones o por más. Todo dependía del grado de resistencia que mostraran los hidalgos, que en Perú llegaron a la guerra por ese motivo. Al final las encomiendas quedaron transformadas en puestos de funcionarios regios, lo que permitía extraer recursos compartidos para el fisco regio y para los detentadores del cargo. No alteraron el régimen de servidumbre, solo que ahora el rey participaba de los beneficios.

Los abusos aumentaron de forma continua. Ninguna regulación fue efectiva. Es verdad que los indígenas —e incluso los esclavos negros— tenían derecho a recurrir a los tribunales y usaron de ese derecho con asiduidad, convicción e incluso obstinación, como ha mostrado Tamar Herzog en sus publicaciones sobre las audiencias de Quito[3]. Pero la sociedad que al final se construyó fue neoseñorial y mantuvo a los indígenas en posiciones de servidumbre o cercana a ella hasta el siglo XX. Todavía cuando uno va a Medellín a la Fiesta de las flores se entera de que los famosos silleteros, que portan complejos y vistosos ramos de flores desde la sierra a la ciudad, no son sino un eco de los viejos siervos que portaban en sus

3 Tamar Herzog, *La administración como un fenómeno social: la justicia penal de la ciudad de Quito (1650-1750)*. Centro de Estudios Constitucionales, Madrid, 1995. Tamar Herzog, *Los ministros de la Audiencia de Quito 1650-1750*. Libri-Mundi, Quito, 1995; Tamar Herzog, *Mediación, archivos y ejercicio: los escribanos de Quito (siglo XVII)*. Edición de Vittorio Klostermann, Frankfurt, 1996.

sillas a los castellanos. Dado que había escasez de caballos, y que tampoco eran muy útiles en aquellas trochas escarpadas, los indígenas servían de medio de transporte por aquellas sierras abruptas. La fiesta de las flores es un recuerdo de aquella servidumbre y los campesinos se sienten felices de sufrir lo mismo que siglos antes, pero ahora para trasladar sus flores a la ciudad, con las que causan asombro por su arte, ingenio y cuidado.

Las dudas sobre la política a llevar en América por parte de la dirección del Consejo de Indias fueron tan continuas como las idas y venidas, las oscilaciones y las decisiones zigzagueantes. Por supuesto, Roca Barea analiza a su manera la tesis del imperio inconsciente y lo hace en varios lugares, de acuerdo con su peculiar sentido del orden. ¡Claro que el imperio español siempre operó con el modelo romano de urbanización, que se pautó definitivamente en 1573! ¡Por supuesto que el repartimiento de tierras entre los conquistadores fue el de la Reconquista! ¡Claro que se mantuvo el quinto del rey, como los musulmanes y los medievales hispanos! Desde luego que se utilizaron los caminos de los pueblos originarios. Todo eso indica que el imperio español supo utilizar las condiciones materiales de vida de los pueblos indígenas siempre que pudo y le resultaba beneficioso. Desde la figura del Cid, la forma de conquista del hidalgo castellano no pretende romper el sistema económico de las poblaciones conquistadas, sino apropiarse de sus excedentes. Y ese antecedente fue vital. Sin el entrenamiento que las familias de hidalgos profesionalizados para la guerra alcanzaron en las expediciones al norte de África de primeros del siglo XVI, siempre en territorio hostil, desconocido y difícil, no se puede entender la capacidad increíble de esos mismos hidalgos para adentrarse en los territorios majestuosos de América. Claro que su coraje y valentía sobrecogen cuando uno imagina su vida de conquistadores. Si se mira las nóminas de los que participaron en las empresas de Cisneros en Orán y luego se ve la de los que marcharon a América, se comprobará que muchos nombres son coincidentes. Este arrojo que hoy nos maravilla ya se había fortalecido por una práctica imperial previa en las guerras de Granada, en África, en Italia. Y por supuesto que se aplicó a los indígenas el mismo concepto de «rescate» que antes se aplicara a los musulmanes de Almería y de Málaga. El modelo de ciudad criolla era estable, y su función, como en la Península, era la de controlar fiscalmente el territorio, como ya lo habían hecho los musulmanes. En todas las ciudades se procuraba que existiese su hospital, su cabildo al modo castellano con los 24 regidores y sus agentes regios, como los corregidores. Nadie puede negar el modelo civilizatorio de la colonización hispana, muy visible, que caracterizó el sistema de la ciudad letrada hispanoamericana que en su día estudio Ángel Ramas[4]. Pero que todos los actores se dejaran llevar por estas prácticas tradicionales no quiere decir que las elites instaladas en el Consejo de Indias, que por lo general no conocían nada de América, tuvieran un plan definido y preciso de eso que Roca Barea llama el imperio americano.

En realidad, tenían prácticas sin teoría. Cuando Roca Barea vuelve al problema del imperio inconsciente, dice: «Castilla patrocinó aquella empresa porque estaba en condiciones de poder hacerlo. Lo que vino después no fue un momento de suerte deslumbrante, sino el trabajo de muchas generaciones». [342] Cierto. Pero contar desde siglos con la experiencia de un estamento social de hidalgos preparados para la guerra como actividad económica, eso no quiere decir que se tuviera una idea de imperio diferente de esas prácticas tradicionales, en su origen romanas, ni un diseño del todo. Claro que no fue un azar que los estamentos hidalgos se expandieran por América. Como águilas, oteaban el horizonte para ver dónde podían aplicar su pericia militar, dispuestos a expandirse para extraer recursos fiscales, promoción social y honores, toda vez que ya no tenían más musulmanes en la península. ¿Hemos de recordar el viejo refrán aragonés «Quien no tiene moro, no tiene oro»? No pudieron expandirse por el norte de África, porque el imperio otomano no se lo permitió, vedando la llegada al Nilo, el verdadero camino hacia el oro procedente de Sudán, que llegaba hasta las costas del Mediterráneo. Al no controlar el mar Mediterráneo con seguridad,

4 Ángel Rama, *La ciudad Letrada*, ediciones del Norte, 1984, prólogo de Hugo Achicar e Introducción de Mario Vargas Llosa. Un análisis de esta obra se puede ver en mi trabajo *Ciudad Iberoamericana y Representación*, Escolar, Madrid, 2015.

ni siquiera tras la toma de Orán o Túnez, los hidalgos no pudieron disponer de bases firmes en tierra, como se vio en el fracaso de Argel. Pero todo este coraje no implicaba que hubiese un plan integral de diseño imperial, como se ve en la multitud de reinos que se forjaron y en la nomenclatura tan diversa y confusa que adoptaron. Cierto que todos llevaban «Nueva» más algo: Andalucía, Granada, Rioja, Santander. Pero sus demarcaciones, límites y estructura fueron muy cambiantes con el tiempo e inestables en su historia. Y eso influyó en las nuevas repúblicas y en su capacidad de verse como un territorio ordenado con razones históricas suficientes. Cuando Roca Barea se pregunta si a esas repúblicas les fue mejor siendo independientes que bajo el dominio español, olvida la pregunta adecuada: si el que les fuera tan mal tenía algo que ver con los hábitos que dejó allí nuestro poder y nuestra forma de gobierno.

En realidad, los Austrias solo vieron la necesidad de formar dos virreinatos, que gobernaban cerca de los dos grandes centros mineros de México y Perú, intereses vitales para ellos porque aseguraban la liquidez para pagar sus ejércitos europeos, en los que por cierto no hubo nunca levas ni fueron ejércitos populares patrios. Solo los españoles americanos mantuvieron milicias verdaderas, con cierta capacidad defensiva, que iban más allá que los alardes ceremoniales que conocieron las ciudades peninsulares, como muy bien ha estudiado José Javier Ruiz Ibáñez[5]. Los castellanos preferían las fraternidades de conquistadores al viejo estilo —muy libre y autónomo— a enrolarse de forma masiva en las guerras europeas al servicio del rey en condiciones disciplinarias que no les resultaban afines. Sin embargo, los hidalgos, tras los primeros años de la conquista, no lograron un despliegue en ninguno de los dos escenarios, americano o europeo, y fueron aplastados por la historia como estamento. Quienes seguían yendo a América eran pecheros ansiosos de fortuna que buscaban estatus. Esos nuevos hidalgos recién creados llenaron los cientos de ciudades americanas fundadas en la primera mitad del siglo XVI y

5 José Javier Ruiz Ibáñez, *Las milicias del rey de España; Sociedad, política e identidad en las monarquías ibéricas*, FCE, Madrid, 2009.

forjaron un estamento nuevo que mantuvo sus ritos y comportamientos ceremoniales, los criollos, que dieron lugar a lo que con el tiempo se llamó la ciudad letrada, cuando ya en España eran más bien una reliquia social arruinada.

Solo los Borbones hicieron más compleja esta estructura, creando nuevos virreinatos y nuevas capitanías generales, intendencias y gobiernos militares con la idea de controlar mejor el territorio del que pensaban extraer ventajas económicas y comerciales. En todo caso, la formación de la sociedad criolla a lo largo del siglo XVII, tras su lenta evolución desde la conquista, acabó por ser una réplica cultural de la sociedad hispana, que por lo demás no era un paraíso tampoco en España. Universidades, teólogos más o menos creativos, humanistas más o menos miméticos, imprentas capaces de editar en lenguas originarias, hospitales, catedrales, tribunales, abogados, órdenes religiosas, la vida en América gozaba de la complejidad de los actores letrados que existía en España. Obispos, religiosos tan diversos como dominicos y franciscanos, con sus tesis radicalmente distintas sobre la forma adecuada de evangelizar; jesuitas o agustinos, juristas, caballeros, terratenientes capaces de mantener el espíritu feudal hasta el siglo XX, todos estos elementos urbanos o rurales dieron a la sociedad novohispana una riqueza que supo expresarse en las formas normativas del barroco, dotándolo de una impronta popular única que todavía nos impresiona. Por ella alienta el alma popular de los artesanos indígenas y cuando la respiramos sentimos un gozo único que ya sintió Durero al ver las primeras estatuas de los mexica. La corona desde luego intensificaba esta complejidad para impedir que un solo factor fuera hegemónico y pusiera en peligro la fidelidad de los súbditos. Que de este modo se generaron estructuras senatoriales pararrepresentativas, forzadas al consenso, parece relativamente seguro. Desde luego que el imperio fue un sistema de contrapesos [324], desplegado a veces hasta el caos administrativo, pero no para garantizar, como parece sugerir Roca Barea, la libertad de expresión, sino justo para impedir que uno de los elementos llegara a ser dominante. Así el lejano rey tenía siempre la palabra decisiva, como garante de los equilibrios. La forma social que esta política podía producir era estable, entregada a una vida premiosa, ceremonial y ritual, como se puede ver en la divertida película de Gerard Philippe y Anna Magnani dirigida por Jean Renoir, *La carroza de oro*. Por supuesto, los Borbones rompieron todos esos equilibrios y llevaron a la sociedad criolla a un malestar creciente, sobre todo a partir de la segunda mitad del siglo XVIII. Una de las razones fue por trasladar allí oficiales del ejército español, que se pusieron por delante de los capitanes de las milicias criollas y que con ello destruyeron sus formas ancestrales de prestigio y de visibilidad, las jerarquías sobre las que se estructuraba la sociedad criolla.

Sin embargo, Roca Barea tiende a presentar las cosas americanas como un paraíso, lo que dista mucho de ser verdad. A pesar de la sabia capacidad de gobierno de los virreyes, educados en el estilo de la casa de los Mendoza, los conflictos fueron continuos. Esta familia había generado su estilo de gobierno benevolente y equilibrado tras la conquista del reino de Granada. Habían logrado mantener el nuevo reino en paz en cooperación con su primer arzobispo Hernando de Talavera. Cuando fueron separados del gobierno de Granada, primero con Cisneros y luego con Felipe II, Granada siempre estalló en violencia y guerra, como lo explicó en su *Historia de la Guerra de Granada* uno de sus hijos más ilustres, Diego Hurtado de Mendoza. A pesar de lo refinada que era la institución virreinal y lo eficaz de su estilo de gobierno, los motines fueron abundantes en México y los levantamientos en Perú frecuentes. Es verdad que estos motines no eran duraderos, pues no disponían de fuerzas constructivas, pero testimoniaban un malestar popular, consecuencia de la decadencia de las estirpes indígenas y de la falta de estructura y fragilidad del mundo colonial. Tan pronto el equilibrio de alimentos y provisiones se rompía, el motín anunciaba su hocico. Leer la historia de México de Serge Gruzinski resulta muy instructivo para localizar esta fragilidad. Por supuesto Roca Barea no utiliza nada de este importante historiador[6].

---

6 Cf. Serge Gruzinski, *La colonización de lo imaginario. Sociedades indígenas y occidentalización en el México Español S.XVI-XVIII*. Fondo de Cultura Económica, México D.F, 1991. *Los mexicas. Auge y caída de un imperio La Ciudad de México. Una historia. El destino truncado del imperio azteca*, Aguilar, Madrid, 1992. Y sobre todo el magnífico *Las cuatro partes del mundo*, FCE, México, 2004.

La conquista generó fragilidad ya desde el punto de vista poblacional. Sean cuales sean las cifras (y Roca Barea se concentra de nuevo en ello [314]), no hay duda de que la implantación de la civilización hispana fue un trauma poblacional. En el ámbito de la región del Caribe los indígenas desaparecieron. México disminuyó su población de forma dramática. El Perú decayó menos por la propia complejidad del Tawantinsuyu, pero a pesar de todo sus autores, como el escritor Guamán Poma de Ayala, de primeros del siglo XVII, ven la ruina inminente de su pueblo (aunque hay sospechas de que en el fondo su obra se deba a un jesuita anónimo). Por supuesto, Roca Barea no dice nada de todo esto. Es verdad que el Incanato constituía una estructura civilizatoria mucho más eficaz que el poder mexica y arraigó mucho más en el alma de los pueblos de la zona andina, pero por eso el imaginario del Inca pervivió en las revueltas a lo largo de los siglos contra los españoles. De hecho, el propio Inca Garcilaso de la Vega, un verdadero milagro de mestizaje cultural, reconoció en sus obras que, desde el punto de vista estrictamente civil, el imperio del Inca era más justo y civilizado que el europeo, y solo el cristianismo le ofrecía una superioridad en el plano religioso.

Como es natural, la implantación en América del poder hispano fue muy porosa y permitió que zonas muy extensas de selva sirvieran de refugio a etnias indígenas que asumieron la regresión civilizatoria para escapar al control hispano. La *Crónica* de Diego de Cieza nos muestra estos fenómenos con claridad en la amplia zona que va desde la costa colombiana hasta el actual Ecuador, atravesando los valles orientales y centrales de los Andes. La otra consecuencia es que los hispanos, que no podían trabajar dado su estatuto de hidalgos, dependían siempre de la población indígena. Eso obligó a una mayor cooperación, como ensalza Roca Barea [340-341], sin recordar que esa cooperación se daba bajo las formas de la servidumbre neofeudal, no bajo las formas de la libertad[7]. Los

7 Aquí Roca Barea se pone filosófica. «Cuando los ingleses llegaron a América simplemente no supieron qué hacer. Carecían de la experiencia del Otro. No sabían ni tratar ni pactar ni guerrear con ese Otro distinto». [345] En cierto modo es verdad. No tenían experiencia del Otro, sino del poder. Eran, por lo general, artesanos y no habían

colonos norteamericanos puritanos, que marchaban en familias, trabajaban por obligación religiosa y aspiraban a la autosuficiencia, no necesitaban esa cooperación con los indígenas, pues fundaban comunidades libres de personas que se consideraban elegidas. Esa forma de colonización en familias marca una diferencia radical con la que impulsan emigrantes varones solteros (o casados, pero que viajaban sin esposa habitualmente), que era la forma española de ir a América. Eso ha tenido su incidencia en el grado de mestizaje, desde luego, pero sobre todo determinó la incompatibilidad entre las estructuras económicas indígenas y la colonización norteamericana. Los colonos americanos puritanos producían su propia forma económica mediante el trabajo metódico libre. Los españoles, por el contrario, eran extractivos y debían dejar intacto el sistema productivo de los indígenas. Solo querían cobrarse su parte y para eso debieron intensificarlo. Los colonos puritanos ocupaban la tierra para trabajarla ellos (según el programa de John Locke) y, por tanto, allí no podían mantenerse los indígenas, que eran desplazados a veces mediante compra o pacto.

A esto se refiere Roca Barea, en su estilo, al decir que el anglosajón emigrante al llegar a América «no sabe qué hacer». No es así, sabían lo que querían hacer, que era vivir libres de su trabajo, lejos de la doble tiranía del trono y el altar, como todavía pudo decir Abraham Lincoln de sus antepasados. Esta es la razón de que «los prófugos del Mayflower» —así los llama Roca Barea con un desprecio impropio— controlaran muy poco territorio después de cincuenta años. [344] Ocupaban el que podían trabajar. Los españoles, buscando oro y siervos, dependientes de una actividad extractiva, necesitaban controlar grandes territorios. Que la prosperidad de los territorios norteamericanos se alcanzó después de la Independencia es una invención de la autora. Este sistema económico de trabajo metódico, cuando logró salvar las dificultades

---

mantenido una guerra de larga duración con los musulmanes, ni en el norte de África. No sabían nada de «rescate» (hacerle pagar a los vencidos por la expedición que los vencía) ni de luchas. Los conquistadores sabían cómo tratar al Otro. Lo hicieron en Málaga, en Almería, en Orán.

de las técnicas de agricultura apropiadas a aquellas tierras —a veces por una transmisión de saberes de los pueblos indígenas—, produjo la riqueza suficiente para vencer a Gran Bretaña, tras una guerra muy dura con Francia por el control del Canadá, que fue fundamentalmente financiada por los colonos. Como ya mostró Weber, esos colonos fueron capaces de fundar el capitalismo racional moderno, algo que al parecer Roca Barea ignora cuando no sabe encontrar la causa de la riqueza americana[8]. Esa causa se llama trabajo metódico, algo que el hidalgo jamás entendió, a pesar de sus muchas virtudes como tipo humano, como el arrojo, el instinto agudo, la salvaje franqueza y el orgullo indomable. En cierto modo, esa colonización puritana no fue imperial, y por eso los trece territorios norteamericanos no eran tampoco colonias propiamente (hasta que les impusieron contribuciones especiales).

8 Se opone a la teoría de que la riqueza fuera promovida por la tolerancia, porque «en igualdad de condiciones [de intolerancia] a un lado y a otro de Río Grande, habrá que buscar las causas, por tanto, de la prosperidad o de la pobreza en otro sitio». [346] Aquí el partidismo es radical y ridículo. La riqueza de Estados Unidos se debió a los «emigrantes venidos luego», no a los «prófugos del Mayflower». [346] ¡Por eso los amish son los más pobres de los Estados Unidos! ¡Y por eso tienen que explotar a los italianos y a los polacos católicos! ¡Por Dios! Por supuesto, al contrario, la riqueza de América del Sur (recomiendo ver aquí las *Noticias secretas de América* de Jorge Juan y Antonio de Ulloa, de las que hablaremos después) «fue resultado de la Administración imperial y del mestizaje. El declive económico del Sur se produjo después de la década de 1830, no antes». [346] La independencia tuvo la culpa de la pobreza de América del Sur. La fuente de esto, Fernando Herrera, frente a Elliot. O sea, un activista de la organización Juan de Mariana frente al gran historiador británico. Una vez más: posverdad y populismo intelectual. Pero si vamos a las *Noticias Secretas* escritas por leales españoles, soldados de honor, leemos esto al inicio de la sesión Cuarta, «en que se expone el tiránico modo de gobierno establecido en el Perú por los corregidores sobre los indios, y el estado miserable a que estos viven reducidos con el método de dar las residencias los corregidores y gobernadores», y comienza su informe así. «Tal es el asunto que empezaremos a tratar en esta sesión y se continuará en las cuatro siguientes, que no puede entrar en él el discurso sin quedar el ánimo movido a compasión, ni es posible detenerse a pensar en él sin que con lástima deje de llorarse la miserable, infeliz y desventurada suerte de una nación que, sin otro delito que el de la simplicidad, ni más motivo que el de una ignorante sencillez, de señores han venido a ser esclavos». Luego continúa diciendo que de una esclavitud peculiar, porque a pesar de las recomendaciones de los reyes que los hacen libres, envidiarían la suerte de cualquier esclavitud normal y jurídica, dado «su estado, sujeción y miserias». Se puede encontrar en la página 231 de la edición de Jorge Juan y Antonio de Ulloa, *Noticias secretas de América*, Edición de Luis J. Ramos Gómez, Historia 16, Crónicas de América, 63, Madrid, 1990.

Eran también Nueva Inglaterra. Los conquistadores españoles, por su parte, como aspiraban a cobrarse los beneficios de la servidumbre del trabajo de los indios, tenían que convivir con ellos. Roca Barea echa en cara a los puritanos del norte que no convivieran con los indígenas: «Pactar con los indios no era imposible, pero había que querer hacerlo». [341] A lo que hacían los encomenderos yo no lo llamaría pacto, desde luego, pero dada la necesidad de extraer recursos del trabajo indígena, era evidente que se tenía que mantener el contacto con ellos.

Aunque la investigación actual tiende a moderar las diferencias entre la colonización del norte y del sur, algunos puntos se resisten a la homogeneización[9]. Por ejemplo, la colonización hispana fue extensiva, no intensiva. La población que podía mandar España a América era muy limitada, porque nuestra población era muy reducida. Para todos los preceptistas, la emigración a América la redujo adicionalmente y empobreció la metrópolis. Sin embargo, no compensó por ello a los territorios americanos. No hay duda de que las epidemias, la violencia, el exceso de trabajo, el tono vital depresivo, la carencia de horizonte existencial favorable, diezmaron poblaciones que en el altiplano mexicano eran muy numerosas. Que los indígenas como el Inca Garcilaso de la Vega simpatizaran con los judíos se debía a que ambos se veían como pueblos al límite de la desaparición. Quizá Las Casas, que procedía de estirpe hebrea, proyectó sobre la vida de los indígenas la amargura que ya habían experimentado los sefarditas. De todo este drama existencial, que encoge todavía el ánimo por la magnitud del sufrimiento que produjo, consecuencia de las aspiraciones imperiales, nuestra autora no quiere saber nada. Roca Barea se concentra en la ventaja de la conquista para los conquistados y, como es natural, alude a «la organización de miles de sacrificios humanos periódicos en los rituales de Tenochtitlán». [314] Sin embargo, de nuevo no comprendemos nada si nos limitamos a mencionar la cantidad de

9 Francisco Castilla, Visiones de la conquista y la colonización de las Américas. Alcalá de Henares: Servicio de publicaciones de la Universidad, 2015, p. 248.

muertos de estos sacrificios rituales, que se realizaban en medio de escenas que difícilmente podemos imaginar. Cuando leemos a los cronistas mestizos como Alvarado Tezozomoc, que conocían los registros de la memoria mexica, resulta evidente que se trataban de guerras preventivas destinadas a mantener a los enemigos en el nivel poblacional adecuado para garantizar su sometimiento político y feudal y el pago de impuestos y servicios. Religiosamente explicadas por la necesidad de reanimar a un astro Sol declinante en su vida cósmica actual, el dios central de su complejo sistema religioso atravesado por la magia y las entidades alucinatorias, esas carnicerías, que tenían lugar en un clima apocalíptico deprimente y excitado, implicaban todo un ceremonial por el que los sacrificados podían pedir limosnas entre los mexicas para sus pueblos de origen y eran preparados para la muerte mediante la ingesta de sustancias alucinógenas excitantes que provocaban en ellos momentos extáticos de entrega al dios que devoraría su corazón, como antesala de festivales caníbales generalizados.

Podemos suponer que estas prácticas generaban rechazo entre las tribus sometidas no tanto porque no las entendieran (ellas habrían hecho lo mismo de poder hacerlo) sino porque las padecían, como padecían las imposiciones fiscales que implicaban y, sobre todo, el sometimiento político. Lo que espantaba a los mexicas de las prácticas de los españoles no era la muerte, con la que estaban bastante familiarizados; era la carencia de elementos rituales o de ceremonias religiosas que la enmarcaran. En este sentido, la hoguera era para ellos espantosa, tanto como morir entre los dientes de los perros, porque se trataba de una muerte violenta, desnuda, sin sentido ni significado desde creencia alguna, que los dejaba angustiados. Como es lógico, esta estructura imperial mexica fue la que Cortés disolvió, dejándose guiar por la misma divisa que aplicaban todos los imperios nacientes desde Roma: «*divide et impera*». Esa divisa, que luego usará el imperio británico, ya regía el comportamiento de los mexicas y esto nos da una idea de las premisas culturales y políticas que compartían conquistados y conquistadores. Eso facilitó la traducción de los dos *cosmoi*. Pero quienes controlaban los traductores eran los españoles. Ellos sabían lo que era traducir, tenían una vieja práctica desde los trujamanes medievales y estaban en condiciones de determinar la imagen que deseaban proyectar. Eso fue decisivo para determinados ardides que facilitaron la conquista.

Las exageraciones de Roca Barea nunca faltan, sin embargo. Al celebrar el nivel civilizatorio que había alcanzado América en el siglo XVIII, llega a decir: «Llegaban y se estudiaban las más audaces teorías de la Ilustración». [305] Cuando tenga que abordar el tratamiento que la Inquisición diera a Pablo de Olavide, disminuirá el valor ilustrado de este intelectual y de la Ilustración en general. Ya no se recibirán las más audaces teorías ilustradas. Eso se ve cuando tiene que analizar el caso de Alexander von Humboldt. Entonces regresa de nuevo a su indisposición con la Ilustración. En realidad, la cosa empezó con el Humanismo, «que no demostró interés por América». [323] Esta es otra afirmación completamente gratuita. No solo Pedro Mártir de Anglería, Hernando Colón o Pérez de Oliva se interesaron por América. Thomas Moro escribió su *Utopía* inspirado en las noticias de Américo Vespucio. Erasmo se refirió con ironía al descubrimiento y Vives llegó a decir que, si el turco venciera, Europa tendría que embarcarse y trasladarse a América. La verdad es que todos fueron críticos con lo que estaba pasando allí, no solo por la suerte de los indios, sino de los europeos que allí marchaban. Críticos fueron desde Villalobos a Giordano Bruno y crítico fue sobre todo Montaigne que escribió el ensayo sobre Calibán, el origen de una magnífica tradición hermenéutica que llega a Shakespeare, quien escribió *La Tempestad* sobre el descubrimiento. Todos ellos se preocuparon «por los problemas morales que habían surgido en América» [323], en contra de lo que dice Roca Barea. Sencillamente no es verdad que las discusiones fueran cosas de teólogos. Por supuesto, el jurista Vasco de Quiroga y el obispo Zumárraga tenían un volumen de la *Utopía* y lo usaron para abordar los puntos de vista de aquellas realidades. De hecho, Vasco aplicó el método que Moro describía en su *Utopía* para organizar la república de indios. Pero Roca Barea, que al parecer no sabe nada de esto, sigue impertérrita con sus afirmaciones: «El Humanismo es refractario a todo cuanto no sea su propio mundo» [323], mostrando una vez más sus montones de prejuicios y su incomprensión profunda por la manera en que han circulado las ideas modernas. Sin embargo, ella tiene que llevar a cabo el argumento de este modo porque en realidad quiere atacar al Humanismo y a la Ilustración. Si desprestigia al Humanismo es obviamente porque estaba demasiado cercano a la Reforma. En realidad, ella desea desprestigiar a toda la modernidad europea porque considera a «la santa Ilustración, heredera directa del Humanismo y sus prejuicios». [324]

Como se ve, el mundo al revés. La lucha del Humanismo contra los prejuicios, que recibió de nuestro Vives un genial impulso y que alcanzó en Bacon su momento culminante, ahora es considerada por Roca Barea como un prejuicio. Y ciertamente, el Humanismo, como cualquier otro principio cultural, tiene sus presupuestos, aunque la autora no nos dice cuáles, excepto la leyenda negra. De los prejuicios propios, no hay nada que hablar. Del nuevo el *tu quoque* que lo cubre todo y que nos deja sin conocer las limitaciones y problemas de las realidades que estudiamos. Así que toda la historia moderna es impugnada. La línea Humanismo, Reforma, Ilustración es la misma. Veamos cómo desprestigia a la Ilustración cuando tiene que atacar a Alexander von Humboldt, una de sus máximas fijaciones. Por supuesto, para ella «ni fue un gran filósofo ni un gran científico». La corriente oceánica que lleva su nombre fue un plagio y sus descripciones de América son meras imitaciones del jesuita Acosta, quien vivió un siglo antes. Todo lo que Roca Barea dice sobre Humboldt está tomado de la introducción que José Ortega y Medina realizó para la editorial Porrúa cuando editó la obra del alemán. Roca Barea coquetea con la izquierda recordando que Humboldt provocó una «injusta persecución de Carlos Marx». [327] Puede que fuera injusta, pero era la respuesta a los escritos de Marx contra Bolívar, no precisamente ecuánimes. Al menos, la respuesta de Humboldt fue efecto de la fidelidad al viejo amigo americano. Nada de eso cuenta para Roca Barea. Para ella,

Humboldt era un intelectual que coqueteaba con el poder, que se aproximaba a los Estados Unidos, que animó a Bolívar a emprender la independencia, lo que en efecto fue recordado por su amigo en las mejores ocasiones, en las grandes victorias, en los magníficos y espectaculares paisajes de los Andes. Claro que para Humboldt el imperio español era un sistema anacrónico y obsoleto a primeros de siglo XIX. También lo era para Bentham y para otros grandes intelectuales. Incluso para Jorge Juan ya lo era. Pero no trabajó a favor de su desaparición porque «lo español era *per se* inmoral», como mantiene nuestra autora. [330] Lo hizo porque era una forma política que ya no se sostenía en pie, como un siglo y medio antes había visto ya Saavedra Fajardo. Él no era el primero en decirlo. El muy leal guardiamarina español Jorge Juan ya lo había dejado claro en su informe secreto sobre Nueva España, donde mostró la inviabilidad de una dominación arruinada. Aquello era todo menos un imperio.

Lo que más le duele a Roca Barea es que Humboldt no comprendiera el sistema de integración indígena que habían puesto en pie los jesuitas, las reducciones de Paraguay. Pero estas ya apenas eran nada desde la crisis de 1773, y menos cuando Humboldt llegó a América, algo que ocurrió en el año 1799. Las repúblicas de indios mexicanas que organizara Vasco de Quiroga no «funcionaban perfectamente cuando Humboldt viaja por Nueva España», como ella sugiere. [331] De esa república solo quedaba en pie lo que resta ahora, la catedral de Michoacán. El tan celebrado Solórzano Pereira dijo en 1647, siglo y medio antes de que Humboldt plantara el pie en América, que las dos Repúblicas «así en lo espiritual, como en lo temporal, se hallan hoy unidas, y hacen un cuerpo» (libro II, cap. 5, no 11), aludiendo más adelante a «*dos Repúblicas, que mezcladas ya, constituyen Españoles e Indios*» (lib. II, cap. 15, no 3). En suma, no existían. El populismo intelectual de Roca Barea acusa a Humboldt de despreciar estas repúblicas por ser un liberal, «islas que impiden el *laissez faire*, única fórmula que él reconoce». Por eso, dichas inexistentes repúblicas de indios eran para ella más felices que todos los campesinos alemanes. [331] Realmente, atribuir al prusiano Humboldt un liberalismo económico es inaudito para la época, y solo tiene la aspiración de asociar modernidad, Ilustración, protestantismo, liberalismo y las demás cosas que la gente sencilla debe odiar, según ella.

Ahora daré un ejemplo de estos anacronismos populistas, ya que el anacronismo es el método más querido por los populistas intelectuales. La misma Roca Barea da muestra del espíritu distante y objetivo de Humboldt, y de muchas apreciaciones justas sobre América. El fundador de la geografía moderna no perdía los anillos cuando las realidades eran dignas de aprobación. Roca Barea confiesa que el imperio que Humboldt ve está herido de muerte. En realidad, como ya he dicho, el que vio Jorge Juan treinta años antes ya lo estaba. Sin embargo, cuando tiene que abordar el problema de la vida económica, Roca Barea canta las excelencias de la intervención del Estado español en América «para impedir los abusos más graves». [333] Es más: llega a hablar de «planificación económica» de la Monarquía hispánica sobre América. Por supuesto, antes había reconocido que los Borbones habían transformado la Nueva España en una colonia, regida con riguroso espíritu económico. Dada su política de coherencia, eso ya se ha olvidado y ahora los Borbones vuelven a ser planificadores de la economía social de América, que ya no es una colonia. En su opinión, Humboldt se opone a estas medidas planificadoras porque obstaculizaban el mercado. Si él critica por ejemplo que «las autoridades decretasen arrancar viñas y olivos en diversas regiones novohispanas para proteger la producción peninsular» [333], Roca Barea discute que lo hicieran por eso. Por supuesto, no tenemos ni idea de en qué se basa para este caso concreto. Lo fundamental es la manera en que este asunto le da pie a comentar la situación. España, dice, llevaba a cabo «una política de equilibrios regionales que busca favorecer las zonas más desfavorecidas y contrapesar la producción para evitar caídas en los precios de venta, como hace hoy la Unión Europea». [334] Humboldt no podía ver bien este intervencionismo de Estado, que aspiraba a evitar las especulaciones, su actividad económica preferida como el corrupto ilustrado que era. Este sistema le es odioso, dice. La razón: porque es liberal y protestante. El mensaje subliminal es todavía más interesante. El imperio español ofrece el verdadero ideal de lo que luego fue la Unión Europea. Humboldt, el prusiano, no podía entenderlo. Así liquida Roca Barea a un científico preclaro y un hombre de estudio con tres brochazos injustos.

La caricatura que Roca Barea hace del imperio británico, del imperio americano, y la invención que como contrapartida realiza del imperio español, no nos permite comprender un ápice más ni los problemas que produjo el imperio americano en España, ni nos permite comprender el mundo moderno y su impronta anglosajona. La aspiración de Roca Barea de presentar las cosas como una batalla cósmica entre el mundo católico y el mundo protestante que todavía estuviera por decidir, nos impide mirar con claridad la realidad. Sorprende que tantos españoles compartan estos puntos de vista, que implican ignorar lo que hicimos, desconocer lo que pasó y carecer de criterios para juzgar lo que puede todavía pasar. Las dificultades de los países de América Latina no pueden adscribirse desde luego por entero a la responsabilidad de los conquistadores y de la administración española, pero un análisis adecuado de sus actuaciones y realidades históricas no puede separarse de las estructuras sociales tradicionales que dejó España. Lo que seguramente no es verdad es que sus males empezaran con la guerra de la Independencia de España. Por supuesto, la emancipación del imperio español no eliminó las economías coloniales, las dependencias de los imperios europeos, la pronta sumisión general a la potencia inglesa y norteamericana, pero tampoco desaparecieron las oligarquías criollas dominantes durante el imperio español, que pronto pactaron con los imperios que heredaron la posición de España y aseguraron sus posiciones de privilegio con su obsequiosidad respecto a las nuevas potencias. Los imperios, al contrario de lo que dice Roca Barea, no destruyen las oligarquías locales sino que las estabilizan, las incluyen como subalternas y las utilizan para imponer regímenes abusivos a las poblaciones. El imperio español lo hizo a su manera, y el inglés y el americano cada uno a la suya. Uno, según la forma imperial feudal; el otro, según la forma del capitalismo comercial; y el tercero, según la forma del capitalismo industrial de extracción de materias primas y de dependencia tecnológica. Pero negar que el imperio es una forma de dominación y asegurar que lo es de emancipación, tiene en contra todas las evidencias de la historia. Por supuesto, como sucede en la historia, los imperios no tienen capacidad de controlar sus consecuencias. Al alterar por completo el tablero de la vida de los pueblos, esas consecuencias son profundamente nuevas y generales. Pero eso no se debe a su diseño al servicio de la emancipación, sino esencialmente a lo inevitable de su caída.

Así vemos que podemos reconocer las luces y las sombras del imperio español, sin darnos golpes de pecho hipócritas, pero entendiendo su significado. Por supuesto mostrando las distancias adecuadas con los elementos negativos, pero reconociendo que existieron, expresión de nuestra indisposición moral y política a repetirlas o ignorarlas. En general, lo mejor que se puede decir del imperio español es que mostró la flexibilidad propia del desorden y el circunstancialismo propio del catolicismo para organizar un sistema de traducciones de las viejas culturas a las nuevas, permitiendo sorprendentes metamorfosis del mundo de la vida indígena que, en la medida en que mantenían huellas poderosas de su mundo arcaico, sirvieron de profundo consuelo a sus portadores. Esos elementos indígenas y mestizos mostraron una eficacia poderosa para constituir las nuevas formas de vida y a ellas dedicaron un profundo afecto y apego, aunque albergaran aspectos contradictorios. Así, el mismo estandarte que sirvió para destruir los ídolos del gran templo de México, el de la Virgen de Guadalupe que portaban los conquistadores extremeños, sirvió apenas tres siglos después como estandarte de los que lucharon por su independencia frente a los reyes descendientes de aquellos que protegieron a los conquistadores. Este sistema de producción simbólica fue posible porque el propio cosmos mental de los españoles era suficientemente cercano al de los conquistados como para permitir su traducción. Pero de forma voluntaria o involuntaria, el caso es que, por debajo del trauma de la conquista, la vida histórica pudo mantener cierto grado de continuidad. Su resultado fue una síntesis indestructible de elementos hispanos e indígenas que hace de Hispanoamérica un estrato perfectamente reconocible sobre el que se superponen los estratos latinos y africanos. Resultado vivo de la historia, realidad a su manera única, el mundo americano conoció sus tragedias y sus alegrías desde la acción hispana y apenas podemos celebrar las unas sin lamentar las otras. De este modo, el genocidio inicial, resultante de la enfermedad, la conquista, la explotación y el trauma, dio paso a una vida nueva fruto de la adaptación, la voluntad de supervivencia y la resistencia. No podemos considerar esto que se formó como resultado consciente del cuidado imperial, ni de la voluntad de nuestros soberanos. Fue el fruto de una vida llena de contrastes, ambivalencias y tensiones, que producía sufrimientos y medios de consuelo a la vez. Darnos golpes de pecho por las tragedias en las que intervenimos o sentirnos orgullosos por un resultado imprevisto de la historia, son ambas formas de eliminar las distancias adecuadas para reconocer en los americanos del sur lo que de verdad son. Pero esas distancias, junto con la disposición a reconocer los hechos históricos desagradables, expresan nuestra voluntad de respetarlos como diferentes, de mostrarles la firme aspiración a una percepción atenta de su realidad y el compromiso de permitir solo los vínculos que están sostenidos por la libertad y la igualdad de trato. Y eso implica, con toda claridad, no solo indisponernos con la dominación imperial que el reino de España mantuvo sobre ellos y con todos los ecos que de ella puedan resonar en el presente, sino también entregarnos a una cooperación reforzada en todo lo que podamos servirle de ayuda y apoyo.

Ilustración

Llegamos ahora al tercer tópico que, aunque no sea central en el libro, nos convence de la idea de que la actitud de Roca Barea respecto del pasado la cree válida para el presente. Aquí tengo que decir que la megalomanía es progresiva. Ya vimos que la autora se cree empeñada en un combate cósmico entre el mundo anglosajón y el católico. El escándalo es Francia. Católica, latina, ¿qué posición darle en este combate? No cabe duda. Está de parte de los malos porque apoyó la Ilustración. «La hispanofobia es nuclear en la Ilustración francesa». En realidad, un poco antes dice algo más: la hispanofobia «forma parte del cuerpo central de ideas de la Ilustración». [354] Por supuesto, tenemos de nuevo la tesis del gran escolástico Gustavo Bueno: la modernidad contra España. Humanismo, Reforma y ahora Ilustración: todas hispanofóbicas. Aquí Roca Barea vuelve a la vieja tesis con expresiones claras: «Como todo el protestantismo, *y en consecuencia* la Ilustración…». [385] Por supuesto, uno no entiende por qué entonces hay que alabar a Feijoo, que quiso ser y era un ilustrado. Es la paradoja de Menéndez Pelayo. Desprecia los valores modernos, pero tiene que escribir un centón a favor de la existencia de la ciencia española y de la Ilustración española. Si la Ilustración es hispanofóbica, los españoles que pretendieron ser ilustrados, como Feijoo, debían ser tan renegados como los reformados Corro, Enzimas y compañía y, como ellos, ser tachados de antiespañoles. ¿Pero entonces por qué defender a los ilustrados españoles? Nadie lo sabe.

Lo primero en este sentido sería preguntarnos: ¿por qué es hispanofóbica la Ilustración? Roca dice que porque aseguró que España era un país de ignorantes e incultos, un país atrasado, y que la Inquisición «y por ende el catolicismo» tenían la culpa de su atraso y por eso está fuera de la civilización. La Ilustración es hispanofóbica porque considera al español un «antiilustrado». [355] Una y otra vez se dice esto. «La idea arraiga rápidamente y es creación de la Ilustración gala». [363] Sin embargo, la propia Roca Barea identifica en Francia una actitud paternalista hacia España, lo que se puede ver en las relaciones diplomáticas y en tantas amistades epistolares. En realidad, Gran Bretaña y Francia se disputaron su tutela durante la segunda mitad del siglo XVIII y presionarán a España para tenerla a su favor. Para entonces ya no había hostilidad ni leyenda negra. Había relaciones de poder en las que España solo podía gozar de las situaciones de dependencia y subalternidad.

La evidencia compartida hacía de España un país atrasado (todos los índices de la historia económica lo verifican, sobre todo para ciertas regiones), pero ni toda España era así, ni todos los ilustrados pensaban que la pobreza y el atraso fueran culpa del catolicismo. Roca Barea, siempre pendiente de las estrategias maniqueas, tiene necesidad de presentar la Ilustración como un ejército unitario dispuesto a seguir el combate cósmico. No hay ilustración católica para ella. Vico no significa nada. Su discípulo, el gran Ludovico Antonio Muratori, el creador de la historia italiana, no significa nada. Heynecio, un ilustrado jurista, tampoco. La cantidad de ilustrados católicos franceses, no existen. Mayans ni es nombrado. Para ella, la Ilustración es un colectivo pétreo que caracteriza así: «la primera elite intelectual en Occidente que pretende administrar la moral social y todas sus rentas». [356] ¿La primera? No. Nunca hubo una sola. Las primeras fueron las elites de juristas y de teólogos a partir del siglo XII. En muchos sitios vencieron los teólogos de las órdenes, como finalmente ocurrió en Castilla a finales del siglo XV, cuando se instalaron en la Inquisición.

En Italia, por ejemplo, llevaron ventaja los juristas de las ciudades libres. Es verdad, en España se hizo un pequeño esfuerzo para que venciera el tipo humanista. Bien instalados en la Inquisición, los dominicos se impusieron. Hacia el siglo XVII, sin embargo, los teólogos habían perdido relativamente la batalla y la Inquisición era un cuerpo de funcionarios de Estado, cuya cima eran los fiscales. En el siglo XVIII no hizo sino aumentar esta tendencia. Como ha mostrado la investigación de Esteban Conde Naranjo, incluso la censura de libros ya estaba en manos de Floridablanca. En el siglo XVIII hubo intentos, impulsados por autores catalanes, de imponer al abogado como hombre universal en sustitución del teólogo, pero sin mucho éxito. En realidad, en España la batalla nunca fue decisiva. Se mantuvieron con suficiente poder los estratos que la historia dejaba atrás en otros países. Todavía las órdenes religiosas quisieron tener representación propia en las Cortes de Cádiz, como investigó Javier López Alós, y lograron detener la secularización de sus bienes hasta casi la mitad del siglo XIX, y eso a cambio de que se le diera en monopolio la educación de la juventud española hasta hoy. Así que no, los intelectuales ilustrados no fueron la primera elite en disputar la dirección del estilo de vida y las rentas. Las órdenes religiosas son la elite más persistente en hacerlo, y en España ha vencido a todos sus rivales hasta el día de hoy. ¿Quién, sino las órdenes religiosas, controla hoy más de la mitad de la educación española?

Ni homogéneamente antiespañola ni desde luego puramente anticatólica, la Ilustración es un movimiento general, complejo y como todos los fenómenos europeos, capaz de refractar muchos aspectos de la vida histórica. No es un frente común, aunque así lo quiera Roca Barea. Por supuesto, como mostró Javier Herrero para España y Koselleck para Alemania, en su tiempo comenzó a forjarse la gran diferencia entre reacción y revolución, extendiendo el frente de batalla de los tiempos de la Revolución francesa. Pero antes de la víspera de esta, nada hay más complejo que la Ilustración. Herder, la cabeza de la *Aufklärung*, era un pastor protestante; Mendelssohn, un devoto judío; Lessing, un defensor de la ilustración *considerada* y un masón que traduce a nuestro Huarte de Sanjuán; Diderot, un libertino que profetiza la Revolución, el caos subsiguiente y el emperador que habría de venir. Por su parte, Hume era un vividor divertido, y Adam Smith era un probo puritano, mientras Rousseau era un neurótico puro y Kant un vecino ejemplar y considerado. Siglo rico y complejo, también en España, no se puede resumir de un brochazo. Tiempo de transición, vio las formas de poder residuales de la tiranía autocrática y conoció las exigencias de un gobierno liberal, capaz de atender los intereses del público. Se trata de un momento rico en complejidad y en potencialidad evolutiva. Pero todo eso le da igual a la autora. Francia, «una nación católica», se mimetiza en protestante porque es la nación ilustrada. Lo hace «sometiendo la fe, el mito y la religión al Estado». [363] Extraña frase. La Ilustración francesa somete al Estado tres cosas que Roca Barea parece igualar entre sí: la fe, el mito y la religión.

Veamos al más radical de los ilustrados franceses, Diderot. Si perseguimos su vida, con cierta frecuencia lo vemos encerrado en La Bastilla. Extraña manera de operar a favor del Estado. Por lo general, se entregó a una vida bastante libre y licenciosa y el último de sus pensamientos fue someter ni una sola de sus aspiraciones como ser humano al Estado. No fue el único. Ahí vemos a un frágil Kant, viejo y cansado, que desde luego ha celebrado el valor civilizatorio del derecho, pero que no confunde con el Estado existente, al que suele caracterizar de despótico. Al contrario, reclama división de poderes y responde con firmeza cuando es amenazado por un rey estúpido y por ministros autoritarios. Se le quiere hacer callar, pero no callará, imponiendo su derecho como universitario a escribir sobre todos los asuntos relevantes a la sociedad, aunque no le guste al Estado. Adam Smith no parece haber sacrificado la moralidad al Estado, y mucho menos se ha sentido inclinado Hume a hacerlo. Roca Barea, a pesar de eso, insiste: «En Francia la Ilustración viene a ofrecer una ideología que justifica la supremacía del Estado y le somete la religión». [363] Como vemos, a la autora solo le interesa defender la primacía de la religión. ¿Pero dónde está la obra en la que la Ilustración ha defendido esa doctrina? ¿Quién ha leído eso en Montesquieu, en Hume, en Diderot, en Kant, en Muratori? Quizá se pueda leer en Rousseau algo parecido, pero tampoco sería exacto describirlo así. En Rousseau, el hombre que creía que todos los ilustrados vivos lo perseguían, el que gustaba sobre todo de las fantasías de un paseo solitario, lo que apreciamos es que los hombres solo podrán purificar sus vidas si logran fundar un nuevo Estado. No deseaba someter la religión al Estado, sino inspirar un sentimiento profundo y claramente religioso o moral capaz de fundar uno justo.

En realidad, a Roca Barea no le interesa el movimiento de las ideas ni comprenderlas. Lo que le interesa es contar las embajadas católicas que fueron incendiadas por los ingleses y perseguir esta batalla cósmica de la que ella es el último adalid, la última cruzada, la Juana de Arco española. Y como podíamos suponer, la batalla cósmica en el siglo XVIII tiene que ver con la destrucción de los jesuitas, que ella presenta de nuevo como parte de «la lucha a muerte por la administración de la moral». [373] Sabemos mil cosas acerca de la manera en que la monarquía del católico rey español Carlos III, mediante la acción eficaz de su hipercatólico ministro Floridablanca, logró del papa Clemente XIV la bula de disolución de la Compañía de Jesús. Pero de todo lo que sabemos, por los estudios del profesor de la Universidad de Alicante Enrique Giménez López[1], algo tenemos por cierto: no se trató de una lucha por la administración de la moral. Roca Barea lo compara con la destrucción de los templarios y habla de «la propaganda orquestada para justificar el latrocinio». [374] Por supuesto, tras todos sus comentarios sobre la Ilustración, subliminalmente se introduce la idea de que la propaganda procedía de los intelectuales que habían

1 Cf. Enrique Giménez López, «Hacia la extinción de la Compañía de Jesús. El Monitorio de Parma y la Casa de Borbón», en *Estudis*, 43, 2017, pp. 261-301; «Los jesuitas y la Ilustración», en *Debats*, 105, 2009, pp. 131-140; «Los cien primeros días de Moñino en Roma», en *Mélanges de la Casa de Vélezquez*, 39, 2, 2009, pp. 15-36; «De Moñino a Floridablanca: el soborno en la extinción de los jesuitas», *Res Publica*, 22, 2009, pp. 301-324.

entregado la religión al Estado. Estos tenían que eliminar a los jesuitas, portadores de la conciencia moral, porque resistían. Cualquiera que conozca la obra de Juan de Mariana, jesuita también, sabe que su crítica al general Acquaviva era que los nuevos jesuitas se plegaban a los intereses italianos y abandonaban los españoles, algo que por cierto era un rasgo fundacional de la Compañía. Carlos III, que los acusó de mover el motín de Esquilache (lo que era falso), pero que deseaba acabar con una orden que estaba vinculada a los estamentos más hostiles a las reformas, y con la idea de fundar un Estado soberano que posibilitara una Iglesia nacional al modo francés y disminuyera su dependencia de Roma, pidió su disolución. Fue un rey español. Afrancesado, sí, pero un rey español. Pues bien, Roca Barea presenta el caso como «el punto de inflexión a partir del cual la derrota del mundo católico-latino sería definitiva». [375] Leamos bien esto: «Nos interesa este hecho histórico por su carácter simbólico, y porque expresa la nebulosa de misterios y oscuras tramas para apoderarse del poder universal con que se va a [...] complementar al demonio del medio día del protestantismo». [375] Ya vemos. Ahora no es un combate cósmico, aunque tiene que ver con nebulosas. Es un combate en el que siempre tira de los hilos el demonio del protestantismo. Aquí el populismo intelectual nos retrotrae directamente a la trama judeomasónica del franquismo, que no se puede mencionar por supuesto, porque se ha corregido el antisemitismo con el otro lado del péndulo: el filosionismo.

¿Por qué Carlos expulsó del imperio a los jesuitas? Al parecer, disolvió la orden porque le molestaba en España para sus reformas y en América para sus pactos con Portugal. Quizá porque sabía que, llegado el caso, la obediencia se dirigiría hacia Roma, no a la monarquía, como se vio con el asunto Clavijero. Cuestión de política en todo caso. Nada de lucha por el control de la conciencia moral, que siguió en las buenas manos de los dominicos, los franciscanos, los agustinos y los obispos. ¿Qué dice Roca Barea acerca del motivo de Carlos III para esa operación? Que desconocía su propio imperio. ¿Y por qué lo desconocía? No porque no leyera el informe de sus viajeros, ministros y capitanes, sino porque se le había pasado el escrito del coronel de ingenieros Francisco Requena, un cartógrafo que dibujó mapas y acuarelas durante los años que trabajó en la Amazonía porque era allí comisario de la Cuarta Partida de Limites, tal y como se estableció en el Tratado de 1777 entre Portugal y España. Entre nosotros ha sido estudiado por Eric Beermann, un historiador militar. No he encontrado bibliografía sobre ese informe. Así que me debo atener a lo que dice Roca Barea. ¿Qué dice su informe? Que se teme la destrucción de las zonas caucheras. «Es el comienzo del suicidio del imperio español» [376], sentencia nuestra autora. El caucho fue muy importante, en efecto, pero sobre todo cuando se impuso la industria del automóvil. Eso generó el imperio francés en Vietnam, por ejemplo. Pero no logro ver la crucial importancia del caucho en el último tercio del siglo XVIII. Al final lo que dice Roca Barea que dice el informe de nuestro teniente general (según Beermann) es que los jesuitas son esenciales y, entonces, ella se remonta de nuevo al padre Acosta, y habla de las reducciones del Paraguay y de la extraordinaria cultura musical de Moxos y Chiquitos y la magnífica liturgia barroca que allí se forjó. El imperio se suicida por la entrega a su suerte de su parte más pobre y lejana, el Paraguay, y por destruir aquellas reducciones en las que no funcionaba la moneda y en las que los guaraníes se entregan a la dulce tarea de orquestar la liturgia barroca. Las elites que desde México a Buenos Aires sabían que el sistema de dominación hispano ya no era viable, el cansancio del sometimiento a burócratas distantes y altaneros, la prohibición del comercio libre, la acción de fray Servando Teresa de Mier, de Santander, de Bolívar; los enojos de los criollos contra la monarquía que no le daba representación en Cortes, la incapacidad de España por garantizar su libertad respecto de los grandes poderes europeos como Napoleón, todo eso no cuenta. ¡Carlos ignoraba la gran cultura musical que se enseñaba en Moxos e, incapaz de reconocer la tarea de los jesuitas, cerró las reducciones y se suicidó en sus pretensiones imperiales, que todavía vemos dibujadas en el techo del comedor de gala del Palacio de Oriente. Y por fin tenemos la gran tesis: la destrucción de los jesuitas dejó América hispana como «tierra abonada par la marginación, la violencia, y para toda clase de demagogias. Si se quiere de verdad saber de dónde vienen los problemas de Sudamérica, este es un buen campo donde escarbar». [381] Esta tesis se parece como dos gotas de agua a la de Maeztu sobre el origen de los caciques y oligarcas en España: fue la eliminación del poder gubernativo de los obispos lo que generó el vacío que ellos ocuparon. Y aquí, de nuevo inspirada por su vena poética, Roca Barea nos presenta la estampa de la desgracia de América Latina, casi como una película de Herzog: entonces vemos a los pobres guaraníes adentrarse en la selva del tiempo con sus partituras, sus motetes, sus cancioneros, sus violines, sus óperas, sus órganos para instalarse en una eternidad selvática a la espera de nuevos tiempos, hasta que por fin encontraron la Asociación Pro Arte y Cultura, en cuyos festivales pueden desvelarnos el secreto de la independencia de la América hispana. Y todo por disolver a los jesuitas. Por la codicia, dice al final. ¿Y quién inspiró esta idea? Ya lo sabemos: el alemán, protestante y liberal Humboldt, que tenía cuatro años cuando los jesuitas fueron disueltos. [382]

De este episodio de los jesuitas, Roca Barea no solo extrae la conclusión de que la religión, como la que en aquel tiempo representaba esta orden, es la mejor amiga del progreso y del avance científico. Deduce más bien sus evidencias a favor de lo que para ella es una ley: «que el ser humano ha progresado a lo largo de la historia con su *casta sacerdotal*, y no contra ella o a pesar de ella». [382] Ya sabemos lo que significa el mundo católico-latino que combate contra el demonio del protestantismo: un mundo dirigido al progreso y al avance científico por su casta sacerdotal. Todo lo grande de la humanidad se ha hecho en «los tiempos en los que los hombres creían en los dioses y respetaban a los sacerdotes». [382] No hay pruebas de que Roca Barea quiera conducirnos de nuevo al nacionalcatolicismo de nuevo cuño. Quiere conducirnos a las felices épocas en que la humanidad ingenua y pura seguía fielmente a los sacerdotes, como los ratones al flautista. Todo lo que vino después no era sino un puñado de arrogantes humanistas, reformadores e ilustrados que aspiraba a sustituir «una casta por otra». Finalmente, quítate tú para ponerme yo, la manera más sarracena de representarse la historia de la evolución de una humanidad que para ella solo está regida por la voluntad de poder.

Por lo demás, no podían faltar alusiones a la polémica de Masson de Morvilliers acerca de cuántos científicos y matemáticos debía Europa a España, ni están ausentes las comparaciones completamente genéricas y superficiales de los elementos negativos del mundo moderno. Este es uno de los aspectos más estériles del libro de Roca Barea. Ella trabaja como si la Modernidad no hubiera tenido sus críticos modernos o como si nadie hubiera registrado sus sombras, sus dialécticas internas, sus contradicciones y, sin embargo, se puede llenar una biblioteca con los libros que exponen de un modo u otro las dificultades de la Ilustración, su dialéctica interna. Ninguna inteligencia alerta puede aceptar incondicionalmente los procesos modernos en su desarrollo histórico, pero eso no quiere decir que estos no se deban conocer y comprender. En realidad, solo así estaremos en condiciones de impulsar una Ilustración consciente de su propia dificultad, reflexiva, madura y carente de las ilusiones que conoció el siglo XVIII. Frente a este proyecto, ella va a lo suyo. Que España, y la Iglesia católica, tuvieron índices pormenorizados de libros prohibidos hasta fecha bien reciente... ¡pues Inglaterra también tuvo censura, y Francia también! Siempre el mismo *tu quoque* que no aclara nada. ¿Quién duda de que hubo censura por doquier? Claro que la libertad de prensa no fue absoluta en ningún sitio. La cuestión, como siempre, sería analizar el criterio, la justificación y el alcance de esa censura, los libros que incluye, sus usos, y sobre todo, los aspectos generales de una cultura del libro u otra, las tendencias generales de la creatividad, los gustos sociales que la censura generó desde el punto de vista social, las formas de la industria del libro, la confianza o la desconfianza por la cultura impresa, la presencia o carencia de alfabetización y el déficit o no de bibliotecas y lectores. Todo ese efecto social queda sepultado y desaparece del análisis de Roca Barea, que tiende a concentrarse en la denuncia de que, a la postre, los países protestantes supieron usar mejor el lenguaje, ocultar la realidad con la propaganda, mentir de forma refinada. Es la vieja acusación de los tratadistas del siglo XVII contra la poderosa capacidad de mentir de los franceses, esos malos católicos.

Por encima de todo, su aspiración es convencernos de que lo que los españoles hicimos de malo, en el fondo lo hicieron todos. Así, nos muestra la existencia de la censura en los Estados Unidos y nos ofrece el listado de obras prohibidas en Boston entre 1881 y 1965. No sabemos si fueron prohibidas durante un tiempo o si todas lo fueron hasta el final. El caso es que vemos ahí *El Decamerón*, *Hojas de Hierba*, *Danza de Sátiros*, obras que se consideraban inmorales, burlescas y que producían daño social. Eso está mal, claro. Pero si miramos la última edición del *Index Librorum Prohibitorum* promulgado por León XIII e impreso en Roma en 1922, de rigurosa observación por parte de la censura católica en todas partes, nos encontramos con un grueso volumen de 229 páginas donde vemos no solo la *Crítica de la Razón Pura* de Kant, sino el comentario de Mancini a la divina comedia de Dante, el *Enchiridion* de Erasmo y la *Respuesta a De Tencin ...* del ¡cardenal Bossuet!, comentarios a Gerson, humanistas del siglo XVI y XVII como Agricola, Arentino, Castelio, Castiglione, Sotomayor, Alciato, Fenelon o Althusius, Grocio y apologías de los jansenistas, de los calvinistas, Descartes entero, Pierre Charron completo, al menos cinco obras del jesuita Nicholas Malebranche, la obra entera de Budeo, Bruno y Arnauld, la de Bayle y la de Berkeley, la filosofía de Robert Boyle, parte de la de Bodino y de Voltaire, la *Enciclopedia* de Diderot y su novela *Jacques le fataliste*, Condorcet y D'Holbach, Fontenelle, algo de Bentham, ilustrados como Beccaria, reyes como Federico II, historiadores como Gibbon, liberales como Foscolo, Alfieri, Constant o Emilio Castelar, filósofos como Du Plessis-Mornay, Destutt de Tracy, Victor Cousin o Henri Bergson, teóricos de fama en la época como John William Draper, ensayistas como Antonio Fogazzaro, preocupado por la santidad, novelistas como Alejandro Dumas o Flaubert, y algunas curiosidades imperiofóbicas, como *Tratado en el que se hace ver que habrá un quinto imperio sobre la tierra*, publicado en 1691. Y eso si repasamos hasta la letra G. No hace falta recorrer todo el índice de 1922 para darnos cuenta de que para la casta sacerdotal que guiaba con paso firme a la humanidad católica hacia la ciencia y el progreso, no se podía leer nada de la historia del pensamiento humano desde Gerson, el canciller de París del siglo XV. Cuando tenemos esto en cuenta percibimos que Roca Barea, con su ataque al Humanismo, a la Reforma, a la Ilustración y al liberalismo, no hace sino una defensa del último Índice de libros prohibidos que editó la Iglesia romana. ¿Cómo podemos llamar a esto: integrismo, nacionalcatolicismo o sencillamente estupidez?

Al final, la idea que nos llevamos de todo esto es solo una. La Ilustración solo quiere el engrandecimiento del Estado. [397] ¿Y si fuera que el Estado, asfixiado por poderes privilegiados de la Iglesia secular y regular y de la nobleza, solo quería tener su propio ámbito de actuación, equilibrar un poco su poder? No. Esa es la modernidad para ella: la destitución del papel directivo de la casta sacerdotal. Y para lograrlo, España tenía que ser destruida mediante la leyenda negra; ella, la que había confiado más que nadie en la casta de sacerdotes y por eso, mientras confió en ellos, conoció el progreso científico y moral que es de todos conocido. Lo que sea la Ilustración y si la hubo o no en España, o cuál fue su carácter, impronta, límites y éxitos, de eso seguimos sin saber nada más. Pero eso es lo que debería desear saber alguien a quien le interesaran las cosas de España, alguien que sintiera inquietud por mejorar la suerte de su patria. De eso, sin embargo, no encontrará nada en el libro de Roca Barea. Por eso me permitiré decir algo al respecto, porque parece importante saber si hubo o no Ilustración española, si podemos hacer pie en sus figuras y sus tiempos, y si podemos explicarnos su sentido, su fortaleza o su debilidad.

El sentido de la Ilustración española

La pregunta de *si hubo una Ilustración española* puede encerrar varios sentidos. El primero es si hubo españoles que se puedan llamar ilustrados. El segundo, si hubo españoles que se llamaran a sí mismos ilustrados, que tuvieran una idea común de su actividad intelectual, de tal modo que se percibieran como grupo social y se posicionaran históricamente como defensores de una mentalidad específica frente al estilo vital de las generaciones anteriores. El tercero, es si esos españoles con autoconciencia de ilustrados y reconocidos como un «nosotros», fueron capaces o no de configurar una cultura ilustrada, un público ilustrado, algo que pudiera llamarse una «sociedad civil», un público lector que leyera sus cosas y las debatiera libremente, y si esa cultura podría llamarse *nacional*. Una cuarta pregunta derivada de este planteamiento es si, en su conjunto, esos grupos autoconscientes ilustrados y sus públicos lectores presentan una impronta original en el campo de la historia de las ideas, y cuál sería precisamente su originalidad en comparación con *Die Aufklärung*, *Les Lumières*, *The Enlightenment* o *L'Iluminismo*. Creo que estos cuatro puntos deben ser cuidadosamente distinguidos. Mi impresión es que ese espíritu de distinción no se ha mantenido por parte de Roca Barea, que tiende a perderse en detalles impresionistas.

Citaré ahora algunos ejemplos de estas formas descuidadas de plantear la cuestión. Fue Ortega quien señaló «esta desastrosa ausencia del siglo XVIII» en España. Lo dijo en el último tomo de *El Espectador*, publicado en el año 1930[1], y desde luego deseaba oponerse a Menéndez Pelayo, como casi siempre. El siglo XVIII según Ortega había mostrado la capacidad de las elites de cultivar a las clases populares. En este sentido, era para él ante todo un siglo francés, pues solo las elites galas habrían configurado «la totalidad de la tierra francesa». No se podía decir lo mismo de las alemanas. Respecto de España, Ortega era rotundo: «Nos ha faltado el gran siglo educador», señalaba, sugiriendo que la parte culta en España era un islote en medio del cieno. Aunque Ortega partía en su análisis de la arquitectura gala y de su capacidad de imponerse por todo el territorio francés, sus conclusiones eran generales. Ortega llamaba al siglo XVIII «un momento maravilloso de la existencia europea» porque en él se daba el máximo de civilización y el mínimo de luchas nacionales. Lo que fortalecía este diagnóstico era que el siglo XVIII quedaba lejos del nacionalismo extremo que el presente europeo de 1930 mostraba, y que ahora parece regresar. Ortega admiraba el cosmopolitismo y lo que suponía: «la fe en el destino del hombre». Tal cosa no volvería a brillar en Europa porque la fecha de 1789 escindiría a los pueblos entre los defensores de la reacción y la revolución, del arcaísmo y del progreso. Lo que celebraba Ortega en el siglo XVIII era que había trabajado bien la educación de las masas. El siglo XVIII no era rebelde. Al carecer de él, España no había gozado de una cultura formadora y el arcaísmo de sus masas quedaba a flor de piel. «Este ha sido el triste sino de España, la nación europea que se ha saltado un siglo insustituible». Todo su programa consistía en realizar a mitad del siglo XX lo que se tenía que haber realizado en el siglo XVIII. Ortega así era un optimista ilustrado tardío. Porque, aunque España no hubiera tenido siglo XVIII, sí había sufrido las consecuencias de la Revolución francesa, y la escisión popular entre reacción y revolución era poderosa y firme. Superar esa escisión fue difícil para todos los países europeos. Carente de herramientas, para España

1 Utilizo la edición de Revista de Occidente, Madrid, 1943, pp. 834-6.

fue inviable. La carencia de un proyecto educador nos hundió en la terrible experiencia de 1936[2].

Esta comprensión de las cosas dejó huella en los historiadores. Uno de los más notables, Miguel Artola, recogía la tesis de Ortega y decía que no solo nos ha faltado el siglo educador, sino algo más profundo, la crisis religiosa sin la cual, en su opinión, no se podía acceder al racionalismo[3]. Con carácter general, la mayoría de los estudiosos invocaron en todo caso la estructura minoritaria de la cultura ilustrada, su aspecto más de anhelo que de realidad, la dimensión refractaria de una inmensa población analfabeta, etcétera. Por tanto, lo que estaba en discusión era la dimensión nacional de la Ilustración. Autores ponderados como Gregorio Marañón aceptaban que «España no se incorporó como nación al movimiento enciclopedista»[4]. La tesis de Marañón, en esto cercana a la de Ortega, era que no se logró en España «un ambiente de mediana intensidad científica» y por eso la Ilustración no calificó «la cultura de una época». La tesis de Marañón entonces podría decir que hubo minorías ilustradas, pero no cultura nacional ilustrada. Así que a la pregunta de si hay una Ilustración específicamente española, nuestros autores responderían que no, que hubo ilustrados, pero no un movimiento con suficiente intensidad como para generar una específica variación nacional de la Ilustración.

---

2 Roca Barea se refiere pocas veces a Ortega, pero la principal es para señalar el momento más débil del libro más débil de Ortega, *España invertebrada* y la tesis de la degeneración racial de los germanos visigodos. Por supuesto que esta tesis no explica bien el fracaso del cosmos hispanovisigótico, al que le he dedicado un libro. Pero la forma de referirse a él es sintomática: «La tragedia de Ortega (la palabra no es excesiva) y de la generación anterior y posterior a la suya es que necesitan desesperadamente respuestas y más desesperadamente todavía, que estas respuestas estén lo más lejos posible de su tiempo» [409]. La tesis sugiere de forma implícita que no hay que hacerse preguntas si se quiere dejar de tener la necesidad de buscar respuestas. Al final todo recuerda de forma alarmante a la vieja disputa entre Laín Entralgo y Calvo Serer. Como es sabido, este escribió un libro legitimatorio del franquismo titulado *España sin problema*. Por momentos, tengo la impresión de que Roca Barea está en la misma línea.

3 Miguel Artola, *Los afrancesados*, Alianza, Madrid, 1989, p. 19.

4 Gregorio Marañón. *Las ideas biológicas del Padre Feijóo*, Espasa Calpe, Madrid, 1962, p. 295.

De este somero análisis se desprende una respuesta afirmativa en nuestro primer sentido: nadie niega que en España hubiese ilustrados. ¿Pero se vieron ellos a sí mismos como un grupo que se posicionaba en la historia de España de un modo propio, participando de una actividad intelectual dotada de parámetros suficientemente comunes y distintivos frente a generaciones anteriores? ¿Disponían de un conjunto de convicciones comunes? Es difícil encontrar estas preguntas formuladas de este modo. Sin embargo, creo que tienen una respuesta positiva. Un espíritu común une a un extenso grupo de intelectuales como Feijóo, Boturini, Cadalso, Mayans, Sempere y Guarinos, Juan Andrés, Clavijero, Hervás y Panduro, Muñoz y Eiximeno: todos ellos desean acabar con el estilo tardobarroco de pensar, desean conectar de nuevo con los aspectos del clasicismo, imponen una nueva retórica de claridad, asumen un espíritu crítico respecto de las supersticiones, identifican un principio epistemológico más estricto, con exigencias empiristas y escépticas, cercano a profesiones científico-técnicas reconocidas. Todos ellos miran las tradiciones culturales españolas y se posicionan frente a la cultura dominante Austria castiza, de clara implantación popular. En realidad, miran por encima del hombro al largo siglo XVII, que para todos ellos ha sido definitivamente derrotado desde el inicio del gobierno de Fernando VI, pues nadie oculta que el oscilante de Felipe V ha producido una profunda decepción respecto de las exigencias reformistas iniciales. Todos ellos conocen lo que Europa produce con más o menos intensidad y claridad, y están abiertos a las novedades de su siglo. Se escriben y se critican entre sí, comentan sus obras y forman un grupo autorreferencial ante el que desean acreditarse recíprocamente. Forman parte de una misma batalla, y registran las consecuencias de una política regia con juicios favorables o desfavorables. Todos se veían como el inicio de un progreso respecto de una decadencia secular y se mostraban capaces de reconectar con los grandes intelectuales del siglo XVII, como Saavedra Fajardo y Cervantes, o los del siglo XVI, como Vives o Fray Luis de León. Así que podemos decir que no solo hubo ilustrados; hubo un movimiento consistente ilustrado en España, que se aceleró a finales de siglo. La mirada con desdén a la España castiza la refleja Goya con nitidez. Si consideramos que la divisa ilustrada se rige por el *sapere aude* kantiano, entonces hubo un movimiento español entregado al autoconocimiento reflexivo histórico. Si consideramos la Ilustración como una fe en la educación del género humano, hubo intelectuales que como grupo compartían la fe de Lessing y pensaban ofrecer a España un programa de progreso.

La tercera pregunta es si ese movimiento pudo configurar una cultura ilustrada, un público ilustrado, algo que pudiera llamarse una «sociedad civil», un *Leserwelt*. Esta pregunta es diferente a la de si podemos hablar de una cultura nacional ilustrada, cuestión que encierra el espinoso asunto de qué sea una cultura nacional y si los demás países —excepto Escocia— lograron hacer de la Ilustración una cultura nacional. Ante todo, apenas hay duda de que este movimiento ilustrado se hizo con un público. Aspiraba a tenerlo y lo consiguió. Cómo de numeroso fuera, es otra cuestión. Lo decisivo es que lo identificaron en los estratos de pequeña nobleza local, del alto y medio funcionariado estatal, en la oficialidad militar, en los comerciantes de los grandes puertos, en cierto clero episcopalista, y de un modo u otro supieron dirigirse a esos estratos. Todos ellos asumieron el cristianismo y fueron conscientes de que no podían dirigirse frontalmente contra el catolicismo castizo popular. Identificaban a su público y su ansiedad de novedades, de saberes sólidos en las ciencias y en las técnicas, de estar al tanto de los resultados de cierta modernidad europea, en las formas nuevas de la economía y del trabajo, en las nuevas técnicas gubernativas, en los refinamientos del derecho natural, en un cultivo del gusto, en la producción de una sociedad del confort y una figura de la mujer más activa y libre; en suma, aspiraban a todo lo que podemos considerar el modelo de la sociedad civil europea. Que fuera consciente de sus retrasos y de sus dificultades, hace de este público un grupo todavía más ilustrado. Que estuviera en condiciones de explorar la crítica en todos los campos, con la línea roja de lo que podía incurrir en persecución inquisitorial, persecución que intentaban limitar, ofrece a estos estratos una clara comprensión de su batalla. Eso hizo de ella una Ilustración considerada, en el sentido de Blumenberg, que no podía escandalizar ni deseaba hacerlo.

Las Sociedades de Amigos del País, que proliferaron por muchas ciudades, muestran que esos hombres se vieron como un sector social que se emulaba entre sí, con características propias. Por tanto, que hubo una sociedad española que se veía como ilustrada apenas podemos dudarlo. Que era consciente de su fragilidad, también. Que esos estratos jugaran a contracorriente del espíritu castizo, mucho más profundo como cultura nacional, queda claro. Que esa España ilustrada se viera en la necesidad de combatir una cultura nacional popular que había quedado fijada en la cultura barroca, parece cierto. De otro modo, ¿cómo explicar el fenómeno masivo de los *afrancesados*? Pues este apelativo no era propio. Ellos también se llamaban patriotas. *Afrancesados* fue el nombre que le dieron a estas capas ilustradas los que veían que su cultura los separaba del sentir dominante. Por tanto, hubo un público ilustrado, una sociedad civil que se podía llamar tal. Frágil, quebradiza, sin un poder unívoco en la corte, en modo alguno nacional, pero la hubo. Sin embargo no hubo una cultura nacional ilustrada, aunque es difícil afirmar si la hubo en sitio alguno.

Pero todavía falta el cuarto sentido de nuestra pregunta, la de si hubo una Ilustración española caracterizada por una idea original. Y aquí mi posición es esta: España no tuvo una idea original de la Ilustración, como no tuvo una política exterior propia. Era demasiado débil para disponer de alguna de ambas cosas. Y las dos estaban muy relacionadas. España debía salir del modelo social y cultural de la sociedad barroca, dominante, forjada en la época de los Austria. Pero muchas fuerzas históricas se oponían a ese cambio, y los reyes ilustrados tuvieron que negociar con ellas. Así que no se impuso un modelo claro. Las diferentes fuerzas y partidos se acreditaron ante sus socios internacionales y sus expectativas como mejor supieron. Por supuesto, las influencias más intensas fueron las de Francia e Inglaterra, que determinaron la formación de gabinetes y decidieron las crisis ministeriales. Eso generó dos modelos diferentes, aunque no unívocos. Empirismo crítico, escepticismo médico, teoría de los sentimientos y de la sociedad civil, junto con el modelo inglés de mejora para Irlanda, todo esto por un lado; y neoclasicismo racionalista y matematizado francés, por otro, con influencias masónicas y con aspectos volterianos de crítica de la religión, con inclinaciones jansenistas y de Iglesia nacional. Pero no fueron los dos únicos modelos. La vieja relación de España con los Países Bajos católicos se mantuvo, lo que dio a Hinecio su difusión; como se mantuvo la relación con la Italia católica y de ahí la presencia entre nosotros de Muratori y de Boturini, los discípulos de Vico. Pero no solo eso. Cuando el conde Aranda comprendió que debía sacudirse la influencia francesa e inglesa por igual, buscó la cercanía con Prusia y comenzó a imitar el cameralismo prusiano, la verdadera economía política de los Estados luteranos, desde Prusia a Suecia. Por supuesto, muchos clérigos intentaron luchar contra la hegemonía de las órdenes religiosas y fomentaron un episcopalismo de procedencia galicana y con vagas influencias jansenistas, bien vista desde la corte, que le hubiera gustado disponer de una Iglesia nacional, ya sin los jesuitas. Todas estas corrientes se veían como modernizadoras y mantenían entre sí tensiones y competencias. Lo que nunca se logró fue una política firme apoyada desde la corte, que no ofreció un proyecto político-cultural unitario. En este sentido, desde la tercera parte del siglo ya se recibió la formación de un pensamiento católico reaccionario y antilustrado francés, que estallaría con la Revolución francesa y que luego mostraría un enorme afán movilizador en la Guerra de la Independencia. Allí se vio desde luego que la cultura nacional no pasaba por la Ilustración, lo que daría al liberalismo del siglo XIX su debilidad característica. En realidad, lo que formaba de modo más intenso la cultura nacional era la forma de pensar castiza, que ya se había hecho presente en el motín de Esquilache, y que regresará con el motín de Aranjuez y los días del 2 de mayo, que utilizaron siempre las mismas redes clientelares para imponerse. La dualidad cultural española entre casticismo e Ilustración cristalizó en aquellos días y atravesó todo el siglo XIX bajo diversas metamorfosis, pero en una hostilidad que llega a 1936. Bien pertrechada en las órdenes religiosas, en la alta burocracia y en las capas populares ahora legitimadas por el costumbrismo, esa cultura nacional castiza, organizada por el catolicismo tradicional, tuvo suficiente fuerza para debilitar la idea liberal de nación constituyente que apuntó en Cádiz. Con ello España conoció un largo siglo de guerras civiles, fruto de la falta de hegemonía de una idea concreta de cultura nacional, pues conforme pasaba el tiempo las distancias entre lo que significaba Ilustración y lo que significa casticismo no cesaron de aumentar.

Liberalismo

Precisamente con el liberalismo llegamos a la parte final del libro. Ruego por eso al lector que haga un esfuerzo y tenga un poco más de paciencia. Por supuesto, al final todo se repite una y otra vez en *Imperiofobia*: los lamentos contra Venecia, las debilidades de Inglaterra, sus luchas contra los irlandeses y jacobitas, su obsesión «por emular los logros de los españoles en sus siglos áureos, de alcanzarlos y sobrepasarlos». [406] A estas alturas el libro es cansino y este comentario corre el peligro de serlo también. A pesar de todo, nosotros procuraremos no repetir demasiado ni insistir en esta megalomanía sintomática[1]. Este capítulo es importante una vez más por sus unilateralidades. Concentrada en el II imperio alemán de Bismarck, en su *Kulturkampf*, Roca Barea desea mostrar la capacidad de resistencia del catolicismo alemán frente al imperio alemán. La obra cultural de este imperio (que en realidad era un Reich, lo que no es lo mismo que *imperium*) sería sobre todo escribir «la historia de la superioridad racial de los pueblos germánicos, verdad científica irrefutable en Europa durante más de un

---

1 Otros ejemplos de este asunto: «Por fin las naciones de Europa [habla de finales del siglo XIX], que habían fracasado intentando aplicar el modelo imperial español, consiguen hallar un sistema que les permite una expansión rapidísima» [421]. Ya se ve. Toda la historia europea es un intento de imitar a España y su imperio, intento fracasado, por supuesto. Esta centralidad de la historia hispana es compensatoria de la teoría de la decadencia española. Quizá las dos estén equivocadas.

siglo». [402] En suma, la obra del imperio de Bismarck es el racismo. Por supuesto, el II Imperio no dio a un Mommsen, formidable conocedor del imperio romano, ni a Nietzsche, el crítico de todos los nacionalismos, ni a un Max Weber, el teórico de las grandes religiones mundiales, o a un Simmel, el analista agudo de las sociedades contemporáneas; no dio ni a un Ranke, el gran historiador del sistema de Estados europeos y de la razón de Estado, ni a un Cohen, el más grande conciliador del judaísmo y la Ilustración kantiana. Por supuesto, tampoco dio nada de la impresionante cultura científica de Alemania. Todo lo que dio de sí el Segundo Imperio alemán fue nacionalismo y racismo.

De nuevo, Roca Barea no ofrece un contexto histórico adecuado para abordar los fenómenos que se mencionan. Por supuesto, no cita ni una sola de las críticas a Bismarck, tan fáciles de apreciar en el primer capítulo de *Parlamento y Gobierno* de Max Weber. La época de la unidad de las naciones tardías, Alemania, Italia, y en cierto modo el final de la condición imperial de España, con su inestabilidad propia igualmente de una nación tardía, nada de eso se relaciona de forma significativa con el momento en que el fenómeno imperial inglés encuentra su apogeo. En una elipsis increíble, megalómana por exceso, la conclusión de Roca es que el imperio de Bismarck es una *mala réplica del que había soñado Carlos V* y que fue culpa de los protestantes el que ahora fuera un imperio dividido en dos confesiones. «Ese Reich con que Alemania había soñado siempre, para su desgracia y la ajena, estuvo al alcance de la mano [en el siglo XVI]. Si no lo tomaron fue porque no quisieron». [403] Esto es, para decirlo claro: Alemania podía haber tenido su unidad confesional, su soñado ideal, y esto es lo que le ofrecía Carlos V. El sentido completo de una compleja aventura histórica queda reducido a la lucha, atemporal, suprahistórica, entre protestantes y católicos. Pero fueron muchos los que desearon encontrar un sentido al Segundo Imperio al margen de este asunto. La intelectualidad real desde Nietzsche, no ese gran manipulador que fue Bismarck, se implicó con intensidad en el proyecto de encontrar un sentido al nuevo imperio. Eduard Meyer, Theodor Mommsen,

Johan G. Droysen, Jakob Burckhardt, el mismo Nietzsche, todos se lanzaron a ver qué modelo imperial debía seguir Alemania, si el antilatino de Arminio, el del monarca plebiscitario de Julio César, o el alejandrino y plural del mundo helenístico; si debía asumir su decadencia respecto del mundo antiguo, o si debía dirigirse hacia un nuevo imperio dionisíaco capaz de producir un final bello de tragedia. Todas estas opciones se propusieron al nuevo imperio. Por supuesto estaba Ranke, y su oferta realista de un sistema de Estados capaz de mantener el viejo *ius publicum europaeum* con las variaciones necesarias, opción a la que se inclinaba el propio Bismarck. Y claro, también estaba el nacionalismo inmaduro de Treitschke, brutal y desconsiderado. Todas estas opciones estaban abiertas. Pero Roca Barea continúa con su combate cósmico reductor, que interpreta la historia sencillamente como la lucha a muerte entre protestantes y católicos. Y eso que cita a Churchill [409], quien con clarividencia identificó la norma perenne de la política inglesa primero, y luego británica, con impedir una hegemonía continental europea, fuera católica, ortodoxa o protestante; y sobre todo con impedir que esa potencia tuviera en su poder las bocas del Rin y del Danubio. A Churchill le importaba muy poco si esa potencia era católica, protestante u ortodoxa. La geopolítica siempre estuvo condicionada por la religión, pero siempre se impuso a ella.

En este contexto, lo que le interesa a la autora del liberalismo propiamente dicho es la voluntad de poner en circulación el concepto de América Latina frente al de Hispanoamérica, lo que afecta al imperio español y constituye la última muestra de imperiofobia. Esto le da pie para contar una abreviada historia de México y la paulatina construcción norteamericana de un gran espacio americano basado en la famosa línea Monroe. Pero en lugar de concentrarse en esta cuestión, que depararía importantes noticias sobre cómo se construyen los imperios en general y el norteamericano en particular, se entrega a otros asuntos menores: la figura del clérigo lúbrico como última forma de la leyenda negra que todavía llega a Pérez Reverte, o la fenomenología de la figura del renegado católico frente a la del converso protestante, con Chesterton como emblema. En realidad, el libro en esta parte final es reiterativo y va dando saltos de una cosa a otra de manera errática. Es como si no pudiera encontrar su tema, como si no pudiera identificar el lugar de España en el siglo XIX, ni siquiera para ser difamada, en un mundo en el que la leyenda negra era una herramienta tan oxidada como las armas del Quijote y quizá por el mismo motivo. ¿Cómo hacer de la leyenda negra el centro de los imaginarios de las grandes naciones en la época del imperialismo europeo? ¿Qué necesidad había ya de atacar a un país que no podía aspirar a otra cosa que a fundar un protectorado en la parte más atrasada, belicosa y dura de Marruecos, el Rif? ¿Qué necesidad había de rebajar a los españoles a raza «degenerada», cuando el problema era cómo incorporar a los imperios europeos a los centenares de millones de hindúes, de chinos, de africanos? No hay forma de conceder centralidad a la mirada sobre España, y Roca Barea se las ve y se las desea para mantener su relato de hispanofobia, que como ya he dicho tiene una sustancia megalómana compensatoria. Pero el caso es que España no era el centro de la mirada hostil de nadie en el siglo XIX. Por el contrario, como mostró Tom Burns Marañón en su admirable libro *Hispanomanía*, del año 2000, es el momento de la hispanofilia, de los viajeros curiosos por descubrir lo exótico de este fragmento de oriente en occidente, por recorrer los caminos de don Quijote. Todavía Azorín podrá contar, entre melancólico y admirado, que sus únicos compañeros por las rutas de don Quijote y Sancho a principios del siglo XX eran los seguidores ingleses de la secreta cofradía del Caballero de la Triste Figura. Por mucho que Roca Barea se esfuerce en desplegar la megalomanía del insignificante, España dejó de ser una referencia para el mundo que se abría al siglo XX. Solo lo fue en América, y para perder definitivamente Cuba, Puerto Rico y luego Filipinas. Pero como los Estados Unidos son prácticamente intocables en el libro, eso ni se puede mencionar.

Luego está el tema del racismo. Y aquí es donde en efecto se explaya finalmente Roca Barea. Su punto de partida es este: «El racismo encontró su caldo de cultivo ideológico en los países donde habían crecido el protestantismo y el liberalismo». [423] Esta frase procede de lo que parece ser una autoridad para la autora, Carlos

Caballero Jurado. Este hombre es un historiador militar, ha estudiado la división azul y los morteros «Franco», que llevaban los españoles en Rusia; es un analista de la guerra de la *Panzerwaffe* de Rommel en la Segunda Guerra Mundial, de la invasión de Austria por Hitler y otras cosas interesantes. Pero es igual. Aunque por completo lejano de este campo científico específico del racismo, le sirve a la autora para asentar la tesis de que el racismo es un invento protestante y liberal. Los estatutos de limpieza de sangre, eso no tiene nada que ver con el racismo. Roca Barea insiste: «El racismo está perfectamente expresado en el Humanismo alemán de los siglos XV y XVI» [423] Ignoro lo que conocerá Roca Barea del Humanismo alemán del siglo XV. Por supuesto, no nos da ni un nombre. Quizá se refiere como racista a Nicolás de Cusa, gran filósofo y teólogo del siglo XV, quien le pidió a nuestro Juan de Sigüenza que le tradujera el *Corán* al latín y que escribió a favor de las relaciones pacíficas con los turcos. No lo sabemos, ni lo sabremos jamás, porque resulta difícil encontrar en los Hutten, en los Celis, en los Melanchthon nada que tenga que ver con el racismo. Lo que se encuentra en ellos es la frustración de no tener un Humanismo tan fuerte como el italiano. Pero, ¿racismo?

Citando un trabajo espléndido de Eric Griffin, que estudia cómo los intereses dinásticos ingleses generaron la imagen cortesana de un tipo español racial coloreado, oscuro, moro, imagen que ha llegado hasta ahora en el cine y en la ópera, Roca Barea extrae una frase rotunda: «En la imagen pública inglesa hacia 1590 el antisemitismo y la hispanofobia parecen haber sido las dos caras de la misma moneda». [424] Pero el antisemitismo explícito se ve en *El mercader de Venecia*, esta sí, la potencia más hispanofóbica del siglo XVI. El trabajo de Griffin analiza las obras de Marlowe y de Shakespeare con personajes judíos y españoles y muestra que se quería dar la impresión de que eran lo mismo. Desde luego, lo eran: tipos raciales mediterráneos que, ya procedieran de España, de Italia o de Túnez, eran destacados por una sociedad cortesana orgullosa de su ancestro normando. Los estereotipos culturales, presentes en toda la literatura, no por eso implican racismo, o al menos el que fecunda el racismo contemporáneo, y no esperaron al luteranismo para extenderse por doquier. Que las guerras de razas han sido constantes y que muchas de las contraposiciones que parecen como políticas tienen un trasunto de raza, resulta evidente. Normandos y sajones en Inglaterra, galos y francos en Francia, lombardos y árabes en Italia, godos y semitas en España, claro que han existido guerras de razas. Foucault lo ha mostrado en *Poder, territorio y población*. Pero el concepto de racismo moderno recoge la idea de darwinismo, de raza superior sobre argumentos científicos y, como dice Roca Barea, recibe el prestigio del carisma de la ciencia. Pero entonces las imágenes culturales previas, y entre ellas los arquetipos literarios de la corte isabelina inglesa, no se deben contar como parte de ese racismo actual. Aquella imagen está diseñada para diferenciar comunidades y para definir hegemonías aristocráticas y posiciones directivas. La imagen del racismo moderno está diseñada para exterminar a los pueblos inferiores.

Tampoco aquí todo vale. Por ejemplo, a José de Vasconcelos no se le puede considerar [424] como racista, cuando él mostró que la raza cósmica sería aquella más mestiza de todas, y celebró que la base de la población iberoamericana era la óptima porque ya tenía antecedentes mestizos en el conquistador español y portugués, fruto de la mezcla del godo, del judío y del moro, a la que se sumarían los componentes negros, indígenas y orientales tras la conquista de América. Por eso situaba la nueva Heliópolis en Brasil. Pero cualquiera que sepa algo de Vasconcelos reconoce que se dirigía contra Darwin y su sentido de lo superior. Claro que todo se expresaba en términos de raza por aquel entonces. Ortega lo hace en *Meditaciones del Quijote*, y Pompeyo Gener es rotundo en este sentido, integrando una ideología mucho más peligrosa, pues mientras que Ortega hablaba del carácter cultural de las razas y proclamaba su mestizaje (el mediterráneo intuitivo con el germánico reflexivo), Gener buscaba la superioridad de las razas puras para separar al catalán de las demás poblaciones ibéricas. Incluso Prat de la Riba se explica la escasa fidelidad valenciana a la cultura catalana por la mayor proporción de sangre semita en el sur del Ebro. Por doquier, desde la Norteamérica de los Madison y los Edgar Allen Poe a la Alemania de Nietzsche, pasando por Alexis de Tocqueville, se creyó en la decadencia de las estirpes aristocráticas como representativas de su raza. Pero la literatura es democrática porque no permite límites a la proliferación de los puntos de vista, y por ello no siempre usa estas imágenes. Cuando Thomas Mann, hiperprotestante de Lübeck, se refiera a la historia de su familia en *La Montaña Mágica*, se pasará diez páginas contando el tiempo de cuando su familia vestía la golilla y presentaba la discreción y la sobriedad españolas, con sus vestidos negros. Incluso Benito Cereno, relato que analiza la autora, no es tan antiespañol como ella cree. Al final, Cereno es mucho más valiente, astuto y atrevido de lo que dice Roca Barea y Melville celebra su salvación con indudable aprobación, como se merece. La literatura no ha sido el camino hacia el nazismo y su racismo criminal. Sin embargo, una amplia literatura de introspección ha sido generada por el agustinismo propio del luteranismo, que en realidad ha estado siempre dispuesto a un misticismo efusivo en el que las razas no son un fenómeno significativo.

Todo esto sirve de enigmática introducción para que ella pueda tratar, en el capítulo dedicado al liberalismo y el nacionalismo del siglo XIX, la expulsión de los judíos. Este asunto es la piedra de cruz. La leyenda negra es antiespañola y antisemita. Por supuesto, la estrategia de hacer de la España imperial un pueblo filosemita es la cosa más llamativa del libro y, para asentarla bien, Roca Barea se entrega, una vez más, a su encendida defensa. Si lo hace en el siglo XIX es porque juzga que el liberalismo, el heredero del Humanismo y de la Ilustración, ha inventado el mito de la Inquisición. Esa sería la obra de importantes liberales españoles, muchos de ellos exiliados en Francia o en Gran Bretaña, empezando por el primer estudio sobre la Inquisición española, el libro de Llorente, *Historia Crítica de la Inquisición en España*. Publicada en 1817 en París, obra del último secretario del Tribunal, el libro de Juan Antonio Llorente significó una referencia durante todo ese siglo. Pero resulta evidente que el espíritu de la obra de este afrancesado y liberal era filojudío. Por tanto, el liberalismo y sus defensores ilustrados no podían estar vinculados al racismo, que ellos precisamente denunciaban como propio del Estado español y de sus seculares instituciones. ¿Cómo se las arregla Roca Barea para salir de este embrollo? ¿Cómo pretende mantener la pirueta de que el catolicismo español, sus líderes sacerdotales y sus órdenes religiosas dominantes, los inquisidores españoles, eran filosemitas?

Por supuesto, de nuevo con el *tu quoque*. Ya lo había dejado claro en la primera parte del libro. La forma principal en que los pueblos europeos sometidos al imperio hispano, desde los flamencos a los alemanes y los italianos, despreciaron a los españoles fue la de considerarlos semitas. Por eso para Roca Barea es muy importante discutir la cuestión del antisemitismo como parte de la propaganda antiespañola de la leyenda negra. Ella analiza la cuestión a su modo, aquí y allá, nunca de lleno, siempre con el propósito de dar migajas a sus lectores. Claro que los valencianos en Roma, los catalanes en Palermo o en Nápoles, y luego los *hispani* en toda Italia fueron considerados como marranos por las poblaciones y sus formas de expresión populares. [73] Claro que los humanistas de Flandes consideraban a los españoles en general como semitas. Claro que Erasmo bromeaba sobre el estatuto judío de Vives. Claro que buena parte de la fortuna de Francisco de los Cobos en la corte de Bruselas, antes de que Carlos fuera emperador, se debió a su tez blanca y sus ojos azules de castellano viejo de Úbeda. Sin embargo, que en efecto hubiera un prejuicio racial de las elites y pueblos europeos contra los hispanos en general, eso no debe hacernos olvidar las formas en que los dirigentes y los poderes hispanos trataban a sus minorías conversas y los efectos de los estatutos de limpieza de sangre como manifestación antisemita.

Roca Barea se escuda en el prejuicio que dirigían los europeos a los hispanos como semitas para no entrar en el hecho de que las elites castellanas de poder, por lo general, infligían un trato material todavía más duro a los judíos. Y esto era así porque esas elites hispanas deseaban presentarse ante las europeas como plenamente cristianas, homogéneas con ellas, y dispuestas a usar a los semitas, que ambas despreciaban, como chivo expiatorio para fortalecer su sentido de comunidad mediante la complicidad en sentimientos criminales. Interiorizaron ese prejuicio europeo general y lo llevaron hasta las últimas consecuencias, con la radicalidad de quien en el fondo sabe que cualquier cosa que haga resultará en vano para arrancarse ese timbre de mancha y deshonor. El complejo de inferioridad de esas elites políticas (algunos de sus personajes eran claramente conversos) generó en ellas una intensificación criminal de la hostilidad a los judíos. Ese fue el caso personal incluso de Fernando el Católico, de estirpe hebrea por línea materna y siempre con la conciencia de que la protección divina que anhelaba para su descendencia regia, reclamaba purificar cada vez más de sangre judía a la crecientemente desdichada España, que veía morir uno a uno a todos los que él designaba herederos. Así que las relaciones del poder de la Monarquía hispánica con las realidades judías no pueden sepultarse invocando los desprecios de las demás naciones a los españoles, judíos o no. Lo que unos hicieron no puede ocultarse con lo que hicieron otros. Las elites europeas fueron responsables de su antisemitismo y las hispanas del suyo, cierto que impostado, ilusorio, artificial, desgarrador porque fracturaba algo intensamente unido, y por eso mismo descontrolado y trágico, pues intentaba destruir inútilmente una parte decisiva de la propia identidad cultural. En suma, el antisemitismo general de los pueblos europeos no fue incompatible con el antisemitismo de las elites españolas, que deseaban acreditarse en un cristianismo purificado ante ellas. Así, se entregaron a ese sentimiento con la intensidad del recién llegado a la carrera.

Cuando los liberales exiliados vieron que en sus países de acogida las comunidades judías no solo eran toleradas, sino que a veces eran reconocidas y prosperaban, comprendieron que la expulsión irreversible de los judíos españoles empobreció a España de forma irreparable. Pues claro que los demás países europeos los habían expulsado en algún tiempo, pero todos los dejaron volver y ninguno de ellos manifestó la raída hostilidad de España, que fue declarado país donde los judíos no podían emigrar. Cuando esos mismos exiliados bajo Fernando VII hicieron un análisis de su situación dramática, tendieron a verse como los últimos españoles que compartían el triste destino de una diáspora continua, la última manifestación de la misma intolerancia que imponía a una buena parte de los hijos de España dispersarse por el mundo para padecer la miseria de los apátridas. Así que Roca Barea no puede ocultar que esos exiliados liberales se mostraron solidarios con los judíos expulsados, hermanados con ellos, y vieron que su tardío destino existencial habría sido diferente si España hubiera sido capaz de mantener aquella diferencia cultural propia y antigua. Porque entonces se habrían generado los hábitos de tolerancia y de confianza para integrar otras diferencias que surgiesen en el futuro. De esta manera no fue solo la obra de Grace Aguilar, sino las evidencias históricas las que asociaron en la misma lucha por la libertad a los liberales, a los defensores de un cristianismo diferente del catolicismo español, y a todos los exiliados de la diáspora hispánica, en la cual los judíos fueron los primeros.

¿Qué es lo que hace Roca Barea entonces para no replantearse todo el libro? Sencillamente decir que no es verdad que el atraso de España se debiese a la expulsión de sus minorías (los judíos entre ellas). Por el contrario, insiste en que la grandeza de España se mantuvo bastante tiempo después de que los judíos fueran expulsados. Una vez más pone el énfasis en lo computable de la historia. Que España fuera más pobre o no por la expulsión de los judíos no es el problema. Si se demostrara —contra todo pronóstico— que la expulsión de los judíos fue un gran estimulo económico para el resto de los españoles, eso no convertiría esa medida en civilizada y deseable. La cuestión decisiva es una vez más el tipo de comunidad que formó, el vínculo de confianza que produjo, el hábito de solución de problemas que forjó, el antecedente de trato social que generó y la mentalidad que difundió. Esos inmateriales son los decisivos de la historia, y no el carácter apreciable de riqueza o pobreza en el corto plazo. Pues sabemos que en el largo plazo de la historia de los pueblos, el único bien decisivo es el de una comunidad cohesionada, con capacidad de forjar consensos acerca de los valores directivos y del tipo humano que los encarna. Para lograr eso, la expulsión de los judíos y la persecución de los conversos letrados fue un golpe mortal.

Con un resabio antisemita inevitable, Roca Barea dice que atribuir la decadencia de España a la expulsión de los judíos «fue el empeño con que los propios judíos promovieron y difundieron el argumento». [429] Por supuesto que los sefarditas y sus herederos, algunos de los cuales ya eran primeros ministros de la emperatriz de Gran Bretana, como fue el caso de Disraeli, jamás consideraron la expulsión como ese gesto del filosemitismo imperial español en el que se empeña Roca Barea. Así que por primera vez reconoce que esos «grupos jugaron un papel muy destacado en la consolidación de una imagen negativa de España». [429] Por una vez, también, los judíos son responsables de la leyenda negra. Ellos insistirían en que España era un país atrasado, opresivo, y que lo era por la forma en que ellos habían sido expulsados. Por fin, el imperio español no es constitutivamente filosemita. Y es que para entender la historia no hay nada como darle voz a las víctimas. Y por eso, mientras haya una voz que recuerde a las víctimas, ni en el cielo ni en la tierra habrá poder para camuflar la barbarie de la expulsión de 1492 y presentarla como un hecho normal propio de la historia de los pueblos europeos. Y buena parte del liberalismo español, hasta Azaña, comprendió que esa especificidad de la historia hispana, con las prácticas intelectuales y morales que produjo, la forma de dirigencia que estabilizó, y las formas económicas que impuso, junto con la empresa americana y las guerras europeas imperiales, todo ello generó un cosmos histórico que abrió demasiados frentes conflictivos sin aportar aquello que hace que esos frentes se puedan atender: un proceso de integración de poblaciones. Este doble movimiento expansivo, colonizador y militarista, por un lado, y obstaculizador de todo proceso de integración de minorías, por otro, no podía sino llevar a la decadencia. Generaba gastos en aumento continuo con disminución constante de población. Y ese movimiento complejo produjo un proceso histórico que escapó al control de los cuadros dirigentes, llevando al país a la pobreza y a la decadencia de la que se recuperaría muy lentamente.

Sin embargo, la aspiración de Roca Barea consiste en evadir esta conclusión. Su argumento es más o menos el siguiente: el imperio español no tuvo bases endebles, estuvo bien fundado y fue exitoso. Pero considera un milagro que durara tres siglos. La pregunta importante para ella no es cómo fracasó, sino cómo pudo durar tanto. «Esto es lo que hay que ponerse a investigar». [437] Ahí se podría encontrar el secreto para no aceptar la decadencia. La única indicación que nos deja el libro es la de apreciar la enorme estabilidad de las sociedades regidas por castas sacerdotales dotadas de autoridad omnímoda, de tribunales de investigación de la conciencia y de control extraordinario de la opinión pública mediante diversos procedimientos, desde la tortura reglamentaria a la censura de publicaciones, como el Índice. Y, en efecto, es así: repárese en la larga estabilidad de Egipto antiguo, de la sociedad del Nepal y de las otras zonas budistas. Es la imagen de lo que Ortega llamó la tibetización de España, y Max Weber la formación de una sociedad de escribas. Estas sociedades podrán gozar de estabilidad, sin duda, pero a un coste muy alto.

Aunque no logra decirnos nunca de modo claro cuál podría ser la batalla renovada tras esta no aceptación de la derrota, al menos sí logra impresionarnos con la tesis de que aceptarla es merecerla. La tesis de la leyenda negra tiene su principal función en esta arenga épica. La amargura más profunda de Roca Barea es que los españoles hemos aceptado la tesis de la leyenda negra, y la hemos interiorizado como justa, porque preferimos echarles las culpas a los fundadores del imperio y así evadir nuestra responsabilidad por su disolución y decadencia. En las últimas páginas nos lo repite una y otra vez. Así logramos «eludir todo sentimiento de responsabilidad o culpabilidad por haber perdido la herencia de los antepasados, por haber fracasado donde ellos triunfaron». [437] Supongo que esto no quiere decir que debemos reconquistar América desde Texas hasta la Patagonia. Supongo que la derrota que no debemos aceptar es haber perdido el imperio, pero no sé cómo podemos sentirnos responsables por no haber mantenido la herencia de los Hernán Cortés y compañía. En todo caso, cada vez que dice que la leyenda negra no es un fenómeno del pasado, tengo la impresión de que se refiere a esa consecuencia: nos ha hecho irresponsables por dilapidar el imperio español. En realidad, para animarnos un poco al combate, Roca Barea se concentra en una de esas consecuencias y supuestas derrotas: la crisis de la prima de riesgo que siguió al estallido de la burbuja financiera de 2008. Aquí se deja sentir la clara aspiración política de este libro.

¿Pero qué tiene que ver esta crisis de 2008 con la leyenda negra? ¿Y por qué recordarla nos concierne hasta el punto de recuperar el espíritu adecuado de los fundadores del imperio español, de estar a la altura de su herencia, de no aceptar la derrota histórica de España? Como podemos suponer, porque esa crisis de la deuda es un fenómeno de los países protestantes contra los católicos, y más concretamente de las protestantes Alemania y Holanda, que no han cesado de humillar a los países del sur. Es lo de menos que, cuando se analice la procedencia de la campaña de esos países del sur con el acrónimo PIGS, todo venga de la City londinense y de las agencias de evaluación americanas. Da lo mismo. Alemania tiene la culpa de todo, ella que además no pagó jamás su deuda desde las indemnizaciones de la Primera Guerra Mundial, que además ha pagado su deuda pública a interés cero en la presente crisis y que, sin embargo, no ha podido evitar el estancamiento. [461] Cuando se pregunta por qué el prestigio de Alemania se ha mantenido intacto a pesar de todo, su respuesta es clara: «Porque el cotarro internacional que crea y destruye la opinión pública lo maneja el mundo protestante». [462] Todo el éxito de las sociedades del norte europeo no reposa en realidades materiales, mayor nivel de vida, mayor productividad, mayor justicia fiscal, mayor inversión en investigación, mayor igualdad, mayor atención a la infancia, y cosas por el estilo. Nada de eso. «Una parte importante del éxito económico de las sociedades protestantes se debe a haber inventado la propaganda». [465] Todo lo demás es mentira. Solo la propaganda lo determina todo. Y lo único que tenemos que imitar las sociedades católicas no es su forma de reducir la economía sumergida, su productividad, su aceptación de una presión fiscal justa, sus mejores universidades, su capacidad de innovación, o su menor corrupción en el uso de los recursos públicos. Lo que tenemos que imitar de ellos es su uso de la propaganda. Los protestantes han convencido al mundo de que las sociedades católicas son un fracaso. Pues a cambiar esto con la propaganda inversa [474] y acabar de una vez con la ley del silencio que oculta los desastres del mundo protestante. [475] ¿Cuál es la consecuencia final de esta argumentación? La comenzamos a apreciar cuando en las páginas finales Roca Barea argumenta que la leyenda negra es un factor constituyente de Europa. «Si privamos a Europa de la hispanofobia y el anticatolicismo, su historia moderna se torna un sinsentido». [475] Esto es: eliminar la hispanofobia y el anticatolicismo implica acabar con Europa, ese «Frankenstein que es la Unión».

Es entonces cuando comprendemos que este libro es un producto de la factoría de Steve Bannon mezclada con el corazón castizo de la melancolía imperial de Gustavo Bueno, utilizado por los padres fundadores de la Asociación en Defensa de la Nación Española en su proclama inaugural y hoy inspiradores del partido político VOX. Sin embargo, debemos hacernos una pregunta elemental. Tras toda esta exhortación épica a continuar el combate histórico del imperio español, lo que acabamos por vislumbrar es una posición geopolítica nueva. Por supuesto, está apenas indicada y hay que rastrearla con sutileza en el libro. La pista hay que seguirla tras una observación muy concreta. A diferencia de la imposibilidad que presenta Europa para lograrlo, Estados Unidos comienza a separarse de la leyenda negra española. Las primeras pruebas de este movimiento entusiasman a Roca Barea. Aquí da igual que se trate de pioneros de inicios del siglo XX o de escritores actuales. Este modo de ver las cosas, favorable al imperio español, «va creciendo, y como la influencia hispana en el Imperio Nuevo es cada vez mayor, es posible que esto tenga consecuencias no visibles todavía». [443] Esta es la cuestión. El Imperio Viejo español está dentro del Imperio Nuevo norteamericano. En palabras de Roca Barea: «Que el Imperio Nuevo lleva en su interior mucho del Viejo». [451] Ese es el nuevo horizonte geoestratégico. España puede desaparecer en lo hispano [473], pero a condición de que lo hispano, lo católico, sea un componente fundamental de los Estados Unidos de Norteamérica. Y una vez que eso se logre, quizá se abra la posibilidad de reconquistar los territorios que hay al norte de Río Grande.

4.ª PARTE

Alabanza de los imperios y de la historia

La peculiaridad del imperio español

En un momento determinado de su libro, hacia el final, Roca Barea interpela al lector. Dice algo muy llamativo que revela sus aspiraciones concretas. Mientras analiza la guerra franco-neerlandesa, consecuencia de la cual España perdió el Franco-Condado, plantea una especie de reto al lector. Le pregunta si sabe lo que significa el «Año del Desastre» de 1672, cuando Francia invadió todos los Países Bajos y cuando emerge el poder de los Orange en Holanda y luego en Inglaterra. Al hilo de este asunto, dice: «Esa averiguación que le dejo como tarea al lector, que a estas alturas o es ya un amigo, y por tanto hay confianza, o un enemigo irreconciliable...» [475] En la penúltima página del libro, como de pasada, se confiesa el objetivo. Roca Barea quiere amigos de toda confianza o enemigos. O estás con ella o contra ella. Y, sin embargo, ahora deseo demostrar que no se trata de eso, sino más bien de una diferencia que surge desde la comprensión de este libro, desde una interpretación de su escritura como un síntoma y de su defensa de los imperios como una posibilidad que debe ser analizada con cuidado y atención. De ese examen no surge la línea de amistad o enemistad, sino una comprensión diferente de nuestra historia y del hecho mismo de escribirla. Y lo primero y principal, defiende un oficio que tiene que ver con la verdad, y no meramente con la obsesión de Roca Barea, la propaganda. Cierto que una verdad relativa, aproximada, diferente de la verdad de las ciencias naturales;

pero que tiene su valor en la capacidad de dar razones, de tener en cuenta matices de realidad, de descubrir aspectos de las cosas que siguen activos, tanto en otros actores como en nosotros mismos y que, por ello, pueden producir una manera de deliberar, de escuchar y de promover un tipo u otro de acción en el presente.

Para Roca Barea, sin embargo, el problema es de propaganda. «El imperio español no engendró nunca un taller de propaganda en su defensa [...] Vivían despreocupados de la hispanofobia». [154] «Los intelectuales del mundo católico, sean creyentes o no», jamás contestaron la leyenda negra. [311] Este pasaje de una página perdida del libro nos permite hacernos la pregunta que Roca Barea no se hace. ¿Por qué fue así? ¿Es que los intelectuales solo proceden de las oligarquías locales? ¿No ha habido intelectuales en el imperio ruso, o en el americano? ¿No han existido en los imperios cristianos? Para Roca Barea, no. Ya se sabe que el imperio inglés, protestante, no merece consideración. Por eso pudo tener a un Locke, un Bentham, unos Mill, padre e hijo, un Malthus, un Disraeli, un Herbart Spencer, un Churchill. Pero los imperios de verdad, los cristianos (el inglés es quizá budista o musulmán para Roca Barea), «no suelen ocuparse de defender su reputación. Tienen asuntos más graves entre manos». [165] En el caso de España, la razón es que «ni Inglaterra ni los Países Bajos fueron nunca una amenaza seria para el Imperio español». [165] ¡Vaya! Y si no eran una amenaza, ¿por qué se prohibió que los españoles estudiaran allá? ¿Por qué nos tuvieron en jaque más de medio siglo? En todo caso, sí, eran poderes pequeños, pero ya Saavedra Fajardo dijo que era imposible que una gran monarquía venciera a una pequeña república. La misma miopía desde Carlos V a Felipe II, ahora revivida por Roca Barea, que se muestra incapaz de valorar con objetividad y distancia la realidad. «Flandes era un territorio más, entre otros». [165] El desprecio de Roca Barea aquí no tiene límites. Ignorar la importancia de Flandes para la Monarquía hispánica es desconocer la estructura económica de Castilla, cuya lana se exportaba precisamente (mire usted por donde) a Inglaterra y Flandes. Por eso, «un territorio más entre otros» produjo la crisis fundamental de la monarquía, encerrando en una cárcel al legítimo heredero de España en lo que a todas luces fue un golpe de Estado reconocido por los contemporáneos y finalmente dejándolo morir como un perro (si es que se le dejó morir). ¡Un territorio entre otros! ¡Eso es para ella la salida al mercado de toda la lana de la aristocracia y de la monarquía! Cualquier cosa. El punto estratégico constante de toda la geopolítica europea hasta la Segunda Guerra Mundial, hacerse con las bocas del Rin, es despreciado por Roca Barea como «un territorio más entre otros». Este tipo de desconocimientos de la realidad ha llevado a España a desastres continuos por la comprensión indebida de que todo es propaganda, nada realidad. En todo caso, como supo Saavedra Fajardo poco tiempo después, Holanda mejoró la técnica de la navegación, de las compañías y de la construcción de barcos de tal modo, que destruyó las venas del imperio español. Nada serio. Roca Barea desconoce que la historia moderna se jugó en el mar, no en los territorios. Y que el imperio español trasatlántico en el fondo era un imperio terrestre, que apenas controló el Mediterráneo con la armada de Génova.

¿Se puede ser tan ciego? Sí. Porque al tiempo que se dice esto, se dice lo contrario. «Este proyecto paneuropeo es real y a sus intelectuales más audaces encargó el nieto de Fernando el Católico su armazón teórica, intelectual y espiritual». [171] ¿En qué quedamos? ¿Hubo defensa de la idea imperial o no? ¿Hubo intelectuales audaces que no pertenecían a las oligarquías locales, sí o no? En todo caso, ella no da ni un solo nombre. ¿Quiénes fueron estos intelectuales? ¿Palacios Rubios? ¿Nebrija? ¿Cisneros? ¿Giner de Sepúlveda? ¿Pedro Mexía? ¿Antonio de Guevara? Nadie. Roca Barea anda demasiado ocupada en dar martillazos, o en varear el pobre olivo de la historia, como para reflexionar a la búsqueda de nombres, y todavía menos a la búsqueda de coherencia. Al final, ni una palabra de quiénes fueron esos intelectuales. Habría tenido que explicar por qué esos mismos intelectuales que defendían al emperador en Europa (Alfonso Valdés, Hurtado de Mendoza, por ejemplo) eran vigilados por el Tribunal de la Inquisición en España.

Si el libro de Roca Barea fuera sincero, abordaría de verdad el problema de los imperios de forma más seria. Pues no es un problema menor. Si en verdad estuviera interesada en mejorar la imagen que los españoles y los occidentales en general tienen de los imperios, habría sido más persuasiva y refinada. Podría haber desplegado las estrategias de Niall Ferguson, por ejemplo. Este conocido autor, con una mezcla de frescura y simpatía, por supuesto reconoce todas las barbaridades que hicieron los británicos allá por donde pasaron[1]. Pero las encara con la adecuada distancia. Él no querría estar en la piel de aquellos tipos, salvajes, crueles, atravesados por una buena conciencia enfermiza, pero tampoco quiere dejar de apreciar las ventajas que aportaron. Sin embargo, siempre intenta hacer balance de los claros y los grises, y muestra que muchos de los dominados, cuando se sacudieron el yugo inglés, no desearon desprenderse de todo lo que Gran Bretaña había significado. Ese fue un acto de libertad. Aunque no sea una estrategia muy refinada, es persuasiva porque muestra muchas virtudes que incluso los más despreciables de aquellos hombres tenían: coraje, decisión, arrojo, convicción, perseverancia, fe en lo que estaban haciendo. No se monta un ferrocarril capaz de atravesar todo el Indostán por veleidad. Pero la única manera de destacar este hecho es recordar lo infame de la realidad colonial que lo rodeaba y lo hizo posible. Con eso expresamos nuestra capacidad de valoración, nuestro criterio y nuestro sentido de la libertad.

Otros autores han generado otras estrategias más interesantes para demostrar que los imperios tienen ciertas bondades. Así es el libro del historiador indoamericano Krishan Kumar, *Visions of Empire*[2]. Este autor, para quien «los imperios europeos están ahora a suficiente distancia en el tiempo, y pueden ser objetos de relativamente desapasionada investigación»[3], muestra que los imperios permiten generar grandes espacios de paz entre pueblos muy

---

1 Cf. Ferguson, Niall (2003). *Empire: How Britain Made the Modern World*. Londres: Allen Lane. Hay traducción española en Debate, Madrid, 2016.

2 Krishan Kumar, *Visions of Empire*, How Five Imperial Regimes shaped the World, Princeton University Press, 2017.

3 *Ibid.*, *Visions of Empire*, XI.

diferentes, pueden manejar las diferencias y, de este modo, constituyen un poderoso sistema de integración, de intercambio, de mutuo conocimiento de pueblos y naciones. Desconocerlos es absurdo porque, como él dice, «son una parte, si no la mayor parte de la historia del mundo desde su comienzo»[4]. En suma, el imperio muestra que el Estado no es siempre la solución adecuada para mantener de forma pacífica algunas realidades sociales y humanas. Para ello los imperios tienen que ser capaces de disponer de ideas o imaginarios acerca de la totalidad de la tierra, desde la que derivar un sentido de su misión. La misión imperial dio a los gobernantes imperiales su sentido, justificación y legitimación. En cierto modo, esto es lo que vio la Edad Media cuando caracterizó la divisa de un solo rebaño y un solo pastor para referirse tanto al papa como al emperador. Suponía que la realidad unitaria de la fe cristiana era atendida y gobernada mejor por este tipo de poderes que por los más locales de los reinos. Nadie niega que esta es la idea que sigue vigente en la mente de Carlos V y, *en cierto modo*, es la que heredan los sucesores Austrias.

Pero ni el más obtuso de los historiadores puede ignorar la diferencia que hay entre el imperio medieval forjado en este sentido, que llegado el caso podría cumplir funciones de paz y de equilibrio entre las etnias y las naciones, y el imperio de Carlos, que, aunque basado en la misma idea, en el fondo solo era beneficioso para él, su Casa y para los que se enrolaban en su cohorte. La gente reaccionó así a una idea que venía interpretada de forma tal que perjudicaba a muchos y solo beneficiaba a uno. Lo mismo podemos decir de la Iglesia católica. Claro que respondía a las evidencias de una única religión que debía mantenerse en su capacidad de producir paz y caridad, lazos de solidaridad y de pertenencia comunitaria, de seguridad y de consuelo común ante los peligros que amenazaban en su periferia. Pero ya hacía demasiado tiempo que se veía por doquier que esta institución, en su interpretación concreta, no en su idea, solo beneficiaba a unas familias italianas aristocráticas que se encaramaban de forma mayoritaria al cardenalato y de esta forma

4 *Ibid.*, *Visions of Empire*, XII.

gozaban de los impuestos de las naciones más débiles y carentes de mando político fuerte, como Alemania y España. Eso llevó a la resistencia alemana y habría llevado a la resistencia española de haber tenido líderes más fuertes y cohesionados. Así que los imperios son procesos de integración de territorios, pero sus actores son particulares, y por eso producen desarrollos desequilibrados, circunstanciales. Desequilibrados, porque suelen beneficiar a una parte de la metrópolis más que a los territorios coloniales. Desde luego, estos procesos beneficiosos se miden sobre todo en el corto plazo, porque en el largo casi todas las economías imperiales son ruinosas. La existencia de procesos de fragmentación traumáticos sugiere que los vínculos imperiales no eran permanentes y que las misiones imperiales pronto son interpretadas de modo más prosaico y material. Así que no está de más explorar otras formas de integración de territorios bajo formas más equilibradas y permanentes. Estas dos dimensiones implican procesos de integración voluntarios, algo que no caracteriza a los imperiales, precisamente. Por tanto, hablamos de procesos de federación frente a procesos imperiales. Los primeros reúnen todas las virtudes y ninguno de los inconvenientes de los segundos, si exceptuamos la necesidad permanente de tomar decisiones políticas convenientemente elaboradas desde la libertad y la complejidad, algo que los procesos imperiales, más imperativos, se pueden ahorrar con más facilidad.

El caso europeo de las grandes unidades del Imperio y la Iglesia, hasta el imperio español, muestra que puede haber algunas razones para apreciar la inevitabilidad y la funcionalidad de los imperios. Allí donde no se den procesos federativos, se darán procesos imperiales de hegemonía, pero en todo caso las cosas humanas no pueden prescindir de su dimensión mundial y tarde o temprano, por un motivo u otro, la alcanzarán. En muchas ocasiones, el proceso expansivo va por delante de todo proceso federativo y el imperio es la forma de avistar un horizonte mundial. Ese fue el caso de Europa. Su expansión atlántica estuvo motivada por el comercio, por el cierre de la llegada del oro africano, por el cierre de la ruta de Bizancio, por la dificultad de alcanzar la India por África. Es verdad que la expansión europea no fue un proceso inconsciente, pero la específica travesía del Atlántico fue consecuencia de las dificultades que se presentaban ante el verdadero objetivo, comerciar con oriente. El diseño originario de la expansión europea se vio en Portugal y su política de fundación de factorías costeras para organizar el comercio mundial. Pero la historia es el territorio de lo sobrevenido y toparse con América, un continente entre Europa y Asia, fue lo imprevisto aquí. Eso cambió las cosas y determinó el futuro de la expansión europea, que se vio obligada a desplegar la toma de tierras, renovando los viejos sistemas de la *romanitas*, pero sin un ejército profesional de funcionarios, sino con un voluntariado de hidalgos asistido por letrados, juristas y teólogos. Lo decisivo fue que la misión del imperio europeo cambió un poco de sentido. Mientras que hasta la fecha había sido el defensor de la frontera (frente a los lombardos, sajones, turcos, rusos) y el motor de la cristianización por el oriente, ahora se convirtió en agente cristianizador por occidente, pero sobre todo otorgó esa misión a un actor nuevo, la Monarquía hispánica. Este hecho alteró la idea imperial, en la medida en que ahora no la portaba ese conjunto de pueblos que van desde los flamencos a los italianos. En el imaginario apareció un actor protonacional. Y ese cruce de misión imperial y pueblo concreto dotado de unas características protonacionales fue el decisivo de la historia europea y de la evolución de la idea imperial. Después de este hecho, son las naciones más o menos formadas las que portan la misión imperial. Entonces se abrió el tiempo de los *«imperial nation-states»*[5].

Pero el imperio en su sentido clásico seguía operativo y con la irrupción de los Austria, la Reforma y la evolución de la Iglesia, perdió el horizonte federativo entre poderes locales. La falta de política común generó un caos del que al final emergió una potencia imperial que no podía construirse al margen del imperio hispánico configurado en América. Así que la Monarquía hispánica se enroló en dos procesos a la vez: la construcción del nuevo imperio

---

5 Krishan Kumar, *Visions of Empire*, XIII.

exclusivo americano y la intervención en el viejo imperio europeo. Por supuesto que esto fue una operación complicada, y Roca Barea no muestra la verdad: que se trataba de dos procesos heterogéneos por la densidad histórica y por las formas de construcción y de intervención. La forma de vencer o de gobernar a los mexicas no podía ser la misma que para los flamencos. Se requería una complejidad interna y una versatilidad de elites increíble para mantener ese doble proceso. Pero la Monarquía se vio enrolada en el mismo porque no podía mantener la exclusividad del imperio americano sin mantener la hegemonía sobre Europa. Quizá la separación de poderes, la especialización, la cooperación con otras potencias europeas habría sido funcional, pero la Casa como forma de gobierno no permite esta flexibilidad. La monarquía de los Austria no perdió la batalla por capricho o por debilidad (pues derrochó energía y coraje), sino por carencia de un liderazgo adecuado capaz de darse cuenta de la magnitud de la tarea y por imposibilidad de operar desde una idea imperial a la altura de la novedad de esa tarea. Esta razón quiere decir lo mismo que esta otra: por su incapacidad de conformar los elementos protonacionales en una genuina formación nacional. Tres elementos centrales se oponían a ello: primero, ser regida por una Casa desarraigada de limitada capacidad de integración popular y nacional; segundo, operar con una idea imperial medieval; tercero, y justo por las dos razones anteriores, por estar al servicio de la Iglesia de Roma, al tiempo que era su competidor más temido y temible. Ninguna de estas tres ideas permitía la consolidación de una nación imperial. Si a eso se añade la existencia de una población heterogénea (fruto de la larga toma de tierras a los gobernantes de Al-Ándalus), la existencia de culturas diferentes peninsulares en su seno, con tradiciones políticas diversas, etnias diferentes y culturas económicas dispares, la inexistencia de una idea imperial clara impidió la formación de homogeneidad y mantuvo separadas y distantes estas diferencias que se daban en su seno. De este modo, los elementos protonacionales colapsaron y no generaron nación moderna. Como ha visto muy bien Krishan Kumar,

> *hay significativas diferencias en los imperios sometidos a consideración y una muy particular es la extensión en la que* «lo nacional» *está presente en el imperio. Los imperios recorren una gama desde el último grado de* «lo nacional», *en el caso de los Otones y los Habsburgo, al caso intermedio de la Rusia Soviética, hasta el caso de Inglaterra y Francia en los que el elemento de la nacionalidad es muy alto, pienso que más en el caso de Francia que en el de Gran Bretaña*[6].

Solo este análisis desborda con mucho los resultados que hemos obtenido de Roca Barea. En todo caso, le concedo que cuando se mira la historia de la Monarquía hispánica, su expansión y su hegemonía, se comprende su razón de ser. Sin embargo, Roca Barea se introduce en la noche en la que todos los gatos son pardos al querer defender el concepto de imperio mediante una defensa de los imperios realmente existentes y, ante todo, del más rústico y primario de todos ellos, el español, una mimesis generalizada del modo romano imperial diez siglos después de su desaparición. Una de las razones de las virtudes de los imperios, que la propia Roca Barea destaca, es la de impulsar los progresos de la humanidad en su capacidad de expandirse por toda la tierra. Los imperios serían aceleradores del progreso, tanto en el sentido de que generarían energías civilizatorias para resolver nuevos problemas de la humanidad, como en el sentido de que sus hallazgos los extenderían por la faz de la tierra. En cierto modo, esto es verdad. Lo vemos desde los romanos, desde luego, que extendieron su sentido del derecho y su nivel civilizatorio; pero no debemos ser insensibles a la hora de mostrar los costes de esta expansión en destrucción de formas de vida y de pluralidad cultural. La Monarquía en este sentido operó igual. Claro que extendió el sentido del derecho y de los recursos de la *civitas*. Pero no innovó respecto de lo que hacían los romanos. Utilizó todas las herramientas disponibles de la romanidad, pero no fue más allá. Ni siquiera se separó de Roma

6 Krishan Kumar, *Visions of Empire*, XIII.

en fundar una sociedad sostenida por formas de dependencia y servidumbre ni en centrarse en la extracción de metales preciosos. No quiero decir que todo estuviera encaminado a esto como el fin de todos los medios. Sugiero que no se innovó ni desde el punto de vista económico ni político sobre las formas existentes hasta el siglo XV. Si tuvo algo propio respecto de Roma, creo que fue obtener su impulso de cuadrillas o fraternidades de hidalgos juramentados sometidos al rey, pero que operaban sin encuadrarse inicialmente en estructuras funcionariales jerárquicas.

Desde luego, podemos apreciar en todo caso que allí donde los imperios han dejado una impronta más fuerte, como por ejemplo en América o India, han generado nuevas formas de vida, traducciones, mezclas y sincretismos que, por lo general, implican compromisos entre los avances imperiales y las formas tradicionales, que tienen la virtud de estabilizar mundos de la vida suficientemente deseables. La flexibilidad del catolicismo hispano, como la del Islam, facilitó mucho esos sincretismos. Sin embargo, la pregunta respecto del imperio español, que en realidad es más bien la pregunta por la Monarquía hispánica, consiste en saber qué grandes progresos mundiales impulsó. Lo mejor para resolver esta cuestión es preguntarnos cuál fue el mejor progreso que lograron los imperios anteriores y ver si la Monarquía hispánica fue más allá. El romano, por ejemplo, llevó a todas las tierras del Mediterráneo la ley romana y enseñó a separar la etnia de la ley. Este fue un progreso formidable, por no hablar de la forma de construir ciudades. Roma es la *civitas* porque definió una forma de la ciudad que ha permanecido vigente durante mucho tiempo, en algunos casos hasta hoy. Esta doble comprensión de la *civitas* y de la ley, al margen de los lazos de la sangre y de la magia, de la etnia y de la corporación sacerdotal, es un gran avance sobre la ciudad griega, étnicamente compacta. Los carolingios innovaron en el sentido de generalizar la institución feudal, de forjar la burocracia feudal y sacramentada y en lograr la unificación de la letra homogénea a toda la administración, con avances en la liturgia y en el gobierno de asambleas anuales, la primera piedra del futuro parlamentarismo. Cuando miramos el imperio español nos damos cuenta de que su ventaja civilizatoria fue quizá la carabela, un tipo de nave que es más bien ibérico y que permitió viajes no costeros. En todo lo demás, no creo que haya habido un avance científico-técnico o civilizatorio que fuera expandido aceleradamente por el imperio hispano y que fuera más allá del estado de cosas de Europa. El arte de navegar de Colón no era específicamente hispano ni las técnicas de guerra de los conquistadores significaban un gran avance respecto de las técnicas de guerra europeas. Los conquistadores fueron tipos humanos únicos en Europa porque se habían forjado en combates en territorio ajeno, hostil y desconocido, como el norte de África, pero no llevaban un avance civilizatorio consigo excepto su coraje y, en cierto modo, su desesperación[7].

Hay otras dos razones para valorar positivamente los imperios. La primera es que despejan un escenario evolutivo clausurado. Esto no es exactamente lo mismo que disponer de un avance civilizatorio (como Mahoma, que dejó atrás los asesinatos habituales de las hijas) o científico técnico (como Gran Bretaña, que impulsó el ferrocarril). Es sencillamente dotar a la humanidad de un nuevo horizonte, provocar una nueva misión, forjar un nuevo entusiasmo, disponer de una nueva energía. Extender el evangelio por el mundo no era de este tipo, pues desde finales del imperio romano había sido una política del cristianismo. Pero incluso suponiendo que el imperio de la Monarquía hispánica tuviera ese espíritu de misión y desplegara una energía basada en la fe católica, resulta evidente que el portador genuino de esa legitimidad era la Iglesia de Roma, y que en 1648 (si no mucho antes) tal entusiasmo se había apagado definitivamente. Podemos decir que buena parte de la leyenda negra se debe a que el imperio español no tuvo una idea nítida de sí mismo y por eso no fue un azar que no tuviera apologetas ni siquiera entre los españoles. Perturbaba todo el orden europeo, pero no fue capaz de mostrar hacia qué nuevo orden se

7 El gran hallazgo de la infantería española, con sus arcabuces ligeros, que ya vio Gonzalo de Ayora con los ballesteros descendientes de los almogávares, exigía un enemigo de caballería acorazada, que en América no existía.

encaminaba, salvo al dominio universal de la Casa de Austria, que por donde pasaba privaba de derechos políticos a las ciudades. Los conquistadores, los comerciantes, los juristas, los franciscanos, los dominicos, los agustinos y luego los jesuitas, los obispos y las primeras elites criollas, cada uno tenía su propia idea, y nadie ofreció una idea orgánica de la empresa. Desde muy pronto, el virrey era el símbolo del trono vacío, lejano, ignorado, y en América creció una sociedad acostumbrada a una evolución sin grandes poderes invasivos. Esa fue la razón de que no se planteara una defensa con buena conciencia. Nadie compartía la mirada de los demás y la del rey solo era la de un árbitro de intereses contrapuestos, una suprestructura estabilizadora con poderes limitados. Si esto es verdad, entonces podemos decir que donde se vio emerger entusiasmo, energía, espíritu de misión, fue justo en el lado de la resistencia. Se tiende a olvidar que los que forjaron la leyenda negra desplegaron estas virtudes: obstinación, perseverancia, energía, constancia, esfuerzo y entusiasmo. Y esto estuvo relacionado con un hecho que Roca Barea no entiende, porque su sentido católico y su radical antianglicanismo de las cosas se lo impiden.

En efecto, hablo de un fenómeno que podemos estudiar bien durante la crisis final del imperio español, hacia 1648. Entonces, desde luego, todos los grupos organizados comenzaron a preguntarse quién sería el beneficiario de la *traslatio imperii*, pues resultaba claro que los españoles no podían mantenerlo. Entonces surgieron los hombres de Cromwell, los intelectuales portugueses como Antonio de Vieira, los líderes de las comunidades judías con Menasseh ben Israel, y todos ellos se propusieron como los continuadores de la tarea imperial. Por supuesto, frente a la imponente Monarquía hispánica se trataba de poderes menores. Pero este era el asunto: la humildad del punto de partida no era obstáculo para desplegar la tarea imperial que dejaba libre España. Y esto era así porque de lo que en realidad se trataba era de acreditar que cada uno de ellos era el *pueblo elegido por Dios*. Si se daba esta condición, era completamente indiferente que ante el mundo se fuera impotente. Un pequeño grupo de sefarditas en Holanda, un reino pequeño como Portugal, o un grupo radicalizado de puritanos en Holanda o en Londres podían encumbrarse a lo más alto con la ayuda de Dios. Era como la historia de David. El brazo más frágil podía ser elegido por Dios. Pero cuando nos damos cuenta de que el *dispositivo imperial está relacionado con la autocomprensión del pueblo imperial moderno como pueblo elegido por Dios*, entonces, si miramos retrospectivamente, nos damos cuenta de que en cierto modo siempre fue así. Los romanos se vieron como el pueblo eterno, los católicos asumieron el espíritu expansivo de los judíos como pueblo elegido. Pero la historia de la elección general de un pueblo se puso de nuevo en circulación con los lectores reformados de la Biblia, con Bucero y Calvino, y ambos tuvieron sendas teorías de la elección primaria del pueblo por parte de Dios como algo anterior y determinante de la predestinación singular. De hecho, Bucero la trasladó a Inglaterra mientras estuvo allí, huyendo de Carlos V, en el reinado de Eduardo VII, y fecundó a los espíritus reformados posteriores, que a su vez fortalecieron sus puntos de vista tras el exilio junto a Calvino en Ginebra.

Sin embargo, el elemento que permitió pasar de una protonación, resultado del proceso medieval de etnoformación, a una nación en sentido moderno, es precisamente esta autoafirmación como pueblo elegido por Dios. Al ignorar los efectos reales de la Reforma y su renovación del espíritu comunitario, Roca Barea se veda entender esos procesos. Si miramos las cosas con objetividad, veremos que no existe de verdad, con rasgos profundos y poderosos, ninguna teoría del carácter elegido del pueblo castellano para la misión imperial. Los únicos que hablaron de pueblo elegido de Castilla fueron los conversos en el siglo XV, pero para el momento en que se debían ejercer tareas imperiales ya estaban neutralizados o quemados. Así que la Monarquía, al bloquear la Reforma, prescindió del único sustrato que podía haberle dado una idea imperial capaz de legitimar su misión y de configurar el paso de la protonación de hidalgos a una nación moderna homogeneizadora de lo diferente e incluyente. Desde el punto de vista de la Monarquía, lo único elegido por Dios, para acompañar a la Iglesia de Roma hasta el final de los tiempos, era la Casa de Austria. Pero la elección divina de la Casa no es lo mismo que la mística de la elección de pueblo, ni produce la misma energía, entusiasmo ni fe. Así que el llamado imperio español fue un imperio sin muchos de los componentes que luego se vieron esenciales para un dispositivo imperial efectivo, y eso es central para que los intelectuales españoles no pudieran hacer una defensa adecuada del mismo. En realidad, no pudieron comprender lo que tenían enfrente porque ellos no tenían esa experiencia. La leyenda negra fue el resultado de esa inferioridad intelectual, una que no se logra superar con los exabruptos de Roca Barea, sino con una mirada más distante, mediada y libre de las exigencias de autoafirmación, por lo general compensatorias de la debilidad.

Aquí tenemos la realidad que se nos revela cuando consideramos *Imperiofobia* como un síntoma. Lo que hay detrás de los amargos sentimientos de este libro es un imperio débil, de transición entre la Edad Media y la Edad Moderna, anclado en ideales arcaicos y regido por formas políticas todavía más improductivas, no solo incapaz por eso de elaborar nuevos ideales, sino obligado a oponerse a cualquier innovación que el tiempo presentara. Con estas cualidades, era forzado que no dispusiera de una base popular suficiente y que careciera de cualquier fundamento ideológico capaz de trascender los propios intereses de la Casa. Al carecer de vínculo místico con la población, no pudo acceder a la forma específicamente moderna de construcción nacional, la que permite a un pueblo, por la dignidad de la tarea que se le ha encomendado, elevarse a la comprensión de pueblo elegido. Esta dignidad solo podía adquirirse mediante una transformación profunda de la vida religiosa, algo que los poderes hispanos se vetaron al vincularse a la defensa de la Iglesia de Roma, que mientras tanto hacía todo lo posible para levantar a Francia, a Venecia y a Baviera contra la Casa de Austria. Como es evidente, de haberse vinculado a la Reforma, los Austrias tendrían que haber mantenido amplios derechos para las ciudades castellanas y flamencas, lo que iba radicalmente en contra de sus prácticas. Con este síndrome, la causa es tan desesperada que no podía recabar la sana inteligencia de los intelectuales, que o bien fueron silenciados, o bien tuvieron que entregarse a una producción cultural mediocre. Eso es lo que comprendieron los poderes europeos que resistieron a la Monarquía hispánica y que finalmente vencieron. La leyenda negra ayudó a la victoria, pero no solo porque fuera una propaganda más efectiva, general, producida por el entusiasmo de los convencidos en su misión, sino porque delataba debilidades materiales que inhabilitaban a la Casa de Austria para vencer en un combate de gran formato. Podía vencer todas las batallas, pero todos sabían que al final perdería la guerra, porque, incapaz de ofrecer un horizonte innovador de futuro, situaba a las sociedades europeas ante el eterno retorno de la guerra. *Imperiofobia* es síntoma de que la batalla imperial hispana estaba mal planteada, y de que hallar una inteligencia capaz de defenderla sigue siendo un imposible histórico. Mientras no seamos capaces de abandonar la pretensión clerical de llevar razón en nuestra aventura imperial, no tendremos una mirada liberadora sobre nuestra propia historia, y nuestro lugar en el mundo será contemplado con ironía, sospecha y distancia. *Imperiofobia* es el síntoma de esa debilidad porque muestra lo extravagante que está obligada a ser cualquier defensa incondicional de aquella época.

En todo caso, el español no fue un imperio en el sentido que Roca Barea otorga a los imperios, la de ser innovaciones que estabilizan un futuro. La prueba de lo que digo es que la puesta en marcha de un dispositivo imperial suele llevar consigo la apertura de un horizonte temporal de largo alcance. Ese horizonte es el que produce entusiasmo, porque dispone a los espíritus a servir a una misión que afectará a la totalidad de la Tierra. Se trata de cualquiera de esas propuestas de una nueva edad de oro, de mil años más de prórroga del final, del mantenimiento del orden, de la libertad, la igualdad y la fraternidad, esa misión sagrada de la nación francesa, la elegida por la Razón, en fin, todo eso que se ha llamado la dimensión escatológica del imperio, la función de contener o de posponer el tiempo del final y asegurar la vida sobre la Tierra. La dimensión cristiana de los imperios está relacionada con esta función, porque está escrito que Cristo no vendrá a la Tierra en el día del Juicio final sin que existan poderes cristianos. Pero resulta a todas luces evidente que este no fue el caso de la Monarquía hispánica. No estuvo diseñada para ganar un nuevo futuro, ni darle tiempo a la humanidad. Antes de Carlos, con Fernando y Cisneros, el espíritu apocalíptico era justo el contrario: estábamos en los tiempos finales y convenía que el rey español se sentara en Jerusalén para esperar allí la Segunda Venida. Por tanto, lejos de abrir un horizonte temporal, se podía intensificar el poder monárquico porque se acercaban los tiempos del final. Esta consideración atravesó el tiempo de Carlos, que a pesar de todo generó por ello una intensa energía. Sin embargo, como sabemos por el Conde-Duque, en su tiempo España no tenía ni energía, ni entusiasmo, ni compromiso, ni fuerzas para mantener una empresa imperial al servicio de la elección divina de la Casa de Austria. Esta falta de horizonte de innovación es lo que generó la aguda sensación de decadencia, de falta de vitalidad, que atravesó la historia moderna de España como una desolación porque provocó la separación de la población respecto de un poder lejano para el que no se tenía recambio. Esto fue así hasta el punto de que en 1700 tuvieron que luchar las potencias extranjeras antiguas enemigas, Inglaterra y Holanda junto a los Austria, para garantizar que España siguiera siendo España, aunque fuera bajo su tutela. Y quizá esto es lo que ofrece al imperio español este aspecto único entre los imperios europeos: era más bien medieval o romano en sus estructuras mentales y civilizatorias, y por eso su catolicismo le impidió hacerse con el fruto más intenso de la Reforma, la idea de ser un pueblo elegido. Con ello, no estuvo en condiciones de reinterpretar la religión como fuente inmensa de energía comunitaria. Al carecer de esta base, la empresa imperial fue dispersa, heterogénea, caótica, y de ideales contrapuestos. En suma, produjo una increíble literatura de experiencia, que es lo que fascinó a gente como Charles F. Lummis, que sigue asombrando al mundo por su riqueza, capacidad de observación y sentido concreto de las cosas, pero que no tenía la plataforma común adecuada para desplegar una defensa integral, una apologética general y una mirada alternativa a la de los enemigos.

Por eso la consecuencia fue el cierre del horizonte vital de España a la mera supervivencia, a la inercia, la melancolía y la decadencia, como si de repente se despertara de una batalla en la que la derrota era tan evidente como incomprensible. *Don Quijote* es el testimonio más precioso de esa experiencia alucinada. Los enemigos no dejaron de interpretar todos estos fenómenos como signos de la impostura de España, y como efecto de su propia elección como pueblos elegidos. España se había alzado a una tarea ingente, como es la empresa imperial, sin ser el pueblo destinado para ello. Las consecuencias estaban a la vista. Carecer de un sentido religioso propio como pueblo impidió ganar esa batalla histórica. Pues el sentido religioso de los españoles no podía ser llenado con la reverencia y el afecto a la lejana corte de Roma, en muchas ocasiones enfrentada a sus reyes, ni a una jerarquía que con demasiada frecuencia formaba parte de la propia estructura de poder, separada de la vida popular y comunitaria, abandonada a su propio sentido de la supervivencia. Esta es la razón de que el propio imperio hispano no forjara intelectuales como los reformados ni defensores de sus propias prácticas políticas. A decir verdad, las elites políticas hispanas no ofrecieron nunca evidencias suficientes a las poblaciones acerca de sus planes como para que desearan compartirlos y defenderlos con entusiasmo. Al contrario, pronto se entregaron al sentido barroco de las cosas, específicamente católico, que en lugar de producir entusiasmo, propiciaba una adaptación a la decadencia y al tiempo del final. Mientras, lentamente, los puritanos, dotados del entusiasmo de la fe, orgánicamente asistidos por la continua estimulación del té y del tabaco, comenzaron a extender el sentido de su misión allá por donde pasaban. Eso fue la modernidad. Por eso presenta este aspecto monomaníaco de la autoafirmación constante y la acción incansable, propia de los ascetas puritanos, una actitud que por aquí se ha mirado siempre con ironía burlona. Pero con esa actitud distante y descreída, los elementos protonacionales hispanos no podían constituir una nación moderna imperial. Al final, la separación de España respecto de América fue inevitable y en cierto sentido seguiría siéndolo, de no mediar el hecho inocultable de que ahora América viene a nosotros con frecuencia. La forma en que tratemos a las poblaciones latinoamericanas que ya son parte de la ciudadanía española, y el compromiso de integración que tengamos con su futuro, dependerá de que hayamos comprendido de forma adecuada nuestra experiencia histórica imperial. En todo caso, si es razonable, y respeta la complejidad de la realidad, nunca se reducirá a distinguir, como pide Roca Barea a sus lectores, entre los amigos y los enemigos.

Conclusión: síntomas y alabanza de la historia

Ya hemos expuesto de qué es síntoma *Imperiofobia*. Este libro es el último de una larga serie en la que se evidencia la mediocridad en la que tiene que caer una inteligencia apologética de los procesos modernos hispanos. Ahora intentaré explicar, en mi opinión, de qué es síntoma el éxito clamoroso del libro, pues no caeré en el error de pensar que se debe solo a una buena propaganda. Hay razones para comprender que sea un libro que consuela a mucha gente bienintencionada. Ahora veremos por qué.

En el verano asistí a la lectura de tesis de un joven amigo colombiano, Manuel Darío Palacio Muñoz. La tesis, que versaba sobre Wilhelm Dilthey y Odo Marquard, llevaba un título muy adecuado al tema que analizamos: «A propósito de las causas perdidas». Me ha venido a la memoria, no por el imperio español, ni porque el éxito de un libro como el de Roca Barea permita decir que la inteligencia española ya es una causa perdida. Hoy el nivel de los estudios históricos en España es muy elevado y todavía no me explico qué es lo que ha determinado que se le deje el campo libre a esta autora, si el desprecio o la arrogancia, la altanería o la comodidad. En todo caso, que miles de españoles queden desconcertados con las tesis de este libro es algo que se debe combatir. Esa no es una causa perdida. Es una batalla cívica adecuada.

A pesar de todo, no es nada de esto lo que me ha hecho recordar la tesis de Palacio Muñoz, sino algo que ahora intentaré explicar.

En efecto, en la tesis pude encontrarme con una cita de Wilhelm Weischedel. Este filósofo es un meritorio kantiano al que siempre he dedicado mis simpatías. Tiene un libro magnífico dedicado al Dios de los filósofos y otro a los filósofos tal como viven cuando usan la escalera de servicio, cuando están en uno de esos momentos en que se desprenden del aura de su disciplina y se entregan a la vida tal y como les es dado vivirla. Pero la cita que reclamó mi atención, y que le tomo prestada a Manuel Darío, versa sobre el asunto de este libro, pues analiza cuál debe ser la sana relación del ser humano con la historia. Desde luego, intuimos que no es la de Roca Barea, destinada a mantenerse en la trinchera de combates históricos que ya no existen, o a recordar y encarnar aquello que tiene hoy un valor apologético de la propia actitud combativa. Por supuesto, esta nota no solo contraviene la actitud de Roca Barea, sino la de cualquier nacionalista. En realidad, creo que es la sobria y saludable actitud republicana hacia la historia, y dice así:

> *La despedida es la respuesta medida del escéptico a la mirada del pasado, el cual determina y domina toda la realidad. El escéptico, cuya actitud fundamental es la despedida, tomará sobre sí el pasado, incluso si es doloroso. No caerá en ilusiones de que haya algo auténticamente permanente, tampoco albergará sueños de eternidad e inmortalidad. Él es el hombre que lleva consigo, en toda su existencia, la cuenta del pasado.*

Esta cita pertenece a la página 196 del libro *Skeptische Ethik*, y fue editado en Frankfurt en 1997. De ella quiero destacar varias ideas. La primera es que se escribe la historia para despedirse del pasado. Pero ya se sabe cómo son las despedidas: desgarradoras, intensas, inolvidables. Uno no se despide de lo que no ama. Se escribe la historia para tener la imagen de lo que uno se despide. Ya sabemos que la despedida es una forma de cuidado. Si uno no recuerda de forma nítida la imagen de lo que se despide, no se mantendrá unido a ella. La historia y la pintura pueden tener el mismo origen y siempre invocan un profundo afecto por la realidad que se pinta o se narra. Recuérdese la fábula de la muchacha griega que imaginó el primer retrato. Las muchachas griegas están en el origen de muchas cosas, como sabemos por la fábula de Tales. Esta de que hablo ahora es otra, no la muchacha tracia que se reía del primer filósofo. Es aquella que, para despedirse de su amado que marchaba a la guerra, le detuvo un instante ante la muralla de la ciudad, y cuando el sol proyectaba la sombra del joven amado sobre el muro, con un estilete perfiló su rostro. Así hace el historiador: no se quiere despedir de cualquier forma. Quiere saber de qué se despide, ver su rostro cara a cara. Pero igual que la muchacha recortó su añorado perfil y lo llevó a casa, así, el escritor escéptico de la historia se la lleva consigo, y hace que lo acompañe durante toda la existencia. Carga con ese retrato, con todos sus defectos y recuerdos dolorosos. Es la prueba de su amor. ¿De qué valdría su amor si tuviera que recordarlo idealizado, bellísimo, carente de impureza, perfecto? Eso le pasa a Roca Barea. Parece que su amor a las cosas de España no es incondicional. Ella ama solo si dibuja un retrato ideal, eternizado, sin mancha. No soporta recordar un defecto, una equivocación, un dolor. El escritor escéptico de la historia, por el contrario, quiere cargar con todos los defectos, porque sabe que su amor por la realidad los supera. Un escritor tiene que estar muy seguro de su compromiso con lo real para aceptar esta mirada. Y lo está porque los defectos del pasado siempre implican sufrimientos de seres humanos concretos y reales, y por respeto a ellos no quiere ocultarlos ni confundirlos. No es por masoquismo ni por autoexpiación. Se trata de que la experiencia de aquellos de los que nos despedimos tiene su valor y dignidad propios. Ellos también fueron en su día fines en sí mismos como seres humanos. No podemos recordarlos solo de la manera que necesitamos nosotros para nuestra euforia. No podemos instrumentalizarlos de esta forma grosera. Nos despedimos del pasado solo por respeto a su rostro, y justo porque la piedad nos lleva tanto a respetar esos dolores y sufrimientos de los que amamos como a no repetirlos, el historiador escribe para despedirse del pasado como forma de tenerlo dentro. Es un compromiso de recordar para no repetir. El efecto real de esa despedida no es sino una toma de distancia no del pasado, sino del presente.

En efecto, lo que verdaderamente quería evitar la muchacha al dibujar el perfil de su amado era verlo por todos los sitios, en todas las paredes, en todos los rostros, siempre confusa, con la inclinación a verlo de nuevo en cualquiera que se presentase. Quería dibujar su imagen para que no se convirtiera en un fantasma obsesivo que le inclinara a reconocerlo en cualquier otro. Objetivar aquí tiene la virtualidad de evitar las confusiones entre el pasado y el presente. Ella deseaba no convertir la imagen de su amado en un fantasma para conservar su vida sana, dispuesta, preparada para el regreso, de tal manera que cuando pudiera recibir a su amigo estuviera lista para una vida sana y feliz. Así que la despedida de la muchacha no estuvo diseñada para romper con él, sino para mantener una relación con el ausente a una distancia adecuada, de tal manera que pudiera atender la vida saludable. Se trata de una doble distancia respecto del pasado y del presente. El uno hace posible al otro. Solo porque vemos el pasado a distancia, miramos el presente sin confusiones, falsas identificaciones, repeticiones. En todo caso, es la promesa de felicidad de futuro lo que la animó a dibujar su rostro. Lo mismo hace el historiador. Dibuja el pasado para mirar bien el presente y preparar el futuro. No hay otra opción saludable para «lidiar con el tiempo histórico», como me recuerda Manuel Darío. Como podemos suponer, el efecto que se quiere conseguir con esta toma de distancia adecuada, con esta despedida que sea un retrato de verdad de lo que amamos, y no la forja de una fantasma, es que llevemos dentro un retrato parecido y no una ilusión. Weischedel describe ese efecto así: «La despedida en su doble aspecto, como despedida del mundo y como despedida de sí mismo, trae al escéptico una libertad interna». Este pasaje de Weischedel es previo al anterior, pero en el fondo define la meta que se busca con la elaboración de la historia. Lo que nos jugamos con una historia adecuada es aumentar el poder determinante y dominador del pasado, su condición amenazante y fantasmal, o liberarnos de todas las tendencias a verlo reencarnado en cualquiera. Esa toma de distancia genera el espacio propio de nosotros, de nuestra vida, de nuestra libertad. Por supuesto, no podemos hallarlo si no colocamos el pasado en su sitio y no podremos hacerlo si nuestra historia es una de estas dos ausencias de distancia: la formación de un pasado que nos determina de un modo inevitable, o un presente confuso que lo determinamos con nuestro deseo. Entonces no habrá ni despedida ni salud.

Una libertad para nuestra propia experiencia, eso desea ganar el que escribe la historia y si hubiera tenido antes contacto con esta cita la habría puesto al principio de mi serie dedicada a la *Inteligencia hispana*[1], cuya finalidad es preparar el futuro de una inteligencia libre en nuestro solar. Pero la libertad que busca el escritor de la historia no está dominada por el entusiasmo de la posibilidad omnímoda e inédita del futuro ni por la repetición compulsiva de un pasado fantasmal. El espacio de la propia experiencia viene marcado por el sitio que hemos logrado hacer, manteniendo a distancia el pasado y el presente a la vez. No es el espacio de la utopía ni de la ideología, sino de la expectativa. No es el espacio de una libertad absoluta, sino de una libertad concreta. Como hemos visto, la joven que dibujó al amante no lo hizo para entregarse a la promiscuidad, sino para preparar una vida concreta iluminada por su memoria. Así es la libertad que el escritor escéptico de la historia desea producir. No hay forma de tener una imagen concreta del pasado de nuestra historia sin disponer de una expectativa *concreta* respecto de su futuro. Aquí nos separamos de Roca Barea, que parece dominada por la repetición de un pasado imperial para España como si esa fuera la única expectativa de futuro aceptable. Pero el futuro de quien tiene una historia tampoco podrá ser jamás cualquier futuro. El mejor comentarista de esta cuestión fue Odo Marquard en una obrita en cuya traducción tuve algo que ver hace mucho tiempo. Se llama *Despedida de los principios* y es, sobre todo, un combate luminoso contra el fundamentalismo y una defensa de la necesidad de descargarnos de toda instancia

1 Con este título, y con el subtítulo de «Ideas en el tiempo», han aparecido dos volúmenes hasta la fecha, *El cosmos fallido de los godos* y *Eremitas, andalusíes y mozárabes*, siempre en Guillermo Escolar editor. Madrid, 2017 y 2018. En la actualidad se prepara el tercer volumen, *Europeización y crisis de los poderes hispánicos*.

absoluta. Por supuesto, también de una idea de libertad absoluta o de una fidelidad absoluta. Esto solo podemos hacerlo a través de una historia escéptica, pues lo es solo respecto de una identificación absoluta con el pasado o de su desconocimiento absoluto. Pues, como he dicho, esta historia escéptica es la que genera el espacio para la libertad concreta, que al permitirnos ver a distancia el pasado, nos deja que identifiquemos lo que nos está permitido, y así forjemos la expectativa que puede ser verificada en nuestra experiencia y en nuestra acción.

Desde luego, estas notas precipitadas sobre la relación saludable entre pasado, presente y futuro deberían haber llegado de algún modo a la conciencia de los historiadores y los políticos catalanes, que han sumido a su país en una crisis sin precedentes que compromete su destino como nunca antes. Su visión falseada e idealizada del pasado ha producido la expectativa de una falsa idea de libertad como desvinculación absoluta de España y de su historia. Ahí todo brota también, como en Roca Barea, de una identificación absoluta con un pasado considerado eterno y esencial. Esa representación responde al deseo, no a la verdad de la realidad. Así que este libro de Roca Barea parece ciertamente la respuesta simétrica igual de fundamentalista, igual de ilusa e igual de falsa a esa comprensión y uso de la historia de muchos independentistas catalanes. En el ámbito de la historia, como se ve, lo contrario de una falsedad es una falsedad contraria, no la verdad. Aquí el libro de Roca Barea es sintomático de lo que en otro sitio he llamado el síndrome de la nación tardía, que también padecen los independentistas catalanes, desde luego. Una nación tardía no tiene la seguridad de sí misma salvo si se eleva a absoluta. Aquí Torra y Roca Barea mantienen la misma actitud. Pero constituye un destino especial de la nación tardía española el tener que mimetizar las inseguridades de la nación tardía catalana y así verse obligada a responder a sus distorsiones con otras exageraciones. Hay mucho de síndrome de dualismo apocalíptico en esta disposición mental, pero poco sentido de las libertades concretas. En este contexto podemos ver la funcionalidad sintomática del *Imperiofobia*. Escandalizada porque no hubiera respuesta nacionalista española a los excesos del nacionalismo catalán, ha compensado esa ausencia con una obra que calma muchas inseguridades, genera fidelidades absolutas y atiende la conciencia desdichada de muchos de los que se veían peligrar como pueblo. De ahí su apelación a los estratos acomodados de la sociedad española, que han respondido con fervor. El libro les dice que su posición social no es gratuita, que su bienestar es el propio de una gran nación imperial, y de que ninguna elite de escritores funcionarios o pagados por la oligarquía catalana puede impugnar su lugar histórico bien conquistado. Así exhorta y da ánimos en una situación desesperada y angustiosa. Pero yo me permito ver en todos estos espíritus la inquietud de la debilidad y la falta de seguridad y autoestima de quien en el fondo ignora su propia historia y está inseguro acerca de su legitimidad.

Porque en lugar de mostrar con firmeza el carácter históricamente insano del independentismo catalán, Roca Barea se ha lanzado a una burda imitación, hasta configurar su propio absoluto. En lugar de denunciar con sobriedad su populismo intelectual, se ha entregado a producir otro populismo antipático, supremacista, prepotente, desconsiderado, incapaz de tomar distancias respecto de lo que es España, lo que es Cataluña y lo que es Europa. Pero el coraje cívico implica siempre mantener las cosas a distancia para ver bien. En esa producción ingente de ceguera apasionada, Roca Barea produce escándalo ante cualquier inteligencia. Pues si, en efecto, esa imperial es la España que ella anhela, la que quiere mantener vigente, eterna, activa, entonces ciertamente los aspectos antipáticos del nacionalismo catalán se tornan simpáticos, porque vienen connotados como la única salida del débil ante el actor imperial renovado que impone *su* progreso, *su* homogeneidad, su civilización y no sé cuántas cosas abstractas más, que no podrán persuadir ni a un niño de pecho. El coraje cívico consiste en no dejarse dominar por esos fantasmas de superioridad imperial o nacional pasada, en mantener a raya nuestras propias ilusiones, en reducir en nuestras vidas todo sentido de lo absoluto. De otro modo, debemos reconocer que lo primero que sepultamos es la democracia, pues, como vimos, lo que buscan las visiones como la de Roca Barea es diferenciar amigo y enemigo, lo que es contrario al espíritu democrático. El coraje cívico implica valor para reconocer nuestras imperfecciones como comunidad política y, al mismo tiempo, el valor y la sobriedad para no sentirnos deprimidos por ellas y tener que generar entusiasmos postizos para ignorarlas, compensarlas y darnos ánimos. En realidad, el libro de Roca Barea carece de coraje en todas estas dimensiones y no es sino una autoexcitación desesperada. Se diría que temiera nuestra muerte como pueblo si dejara de golpearnos con su martillo. Esta agitación es completamente estéril y nos aleja de los retos reales que tiene nuestro país como comunidad social y política. Pues, en efecto, toda esta falta de coraje testimonia la carencia más decisiva: el coraje de conocer.

Eso es lo que no vemos en España desde hace décadas. Todas las posiciones parecen ya instaladas en un conocimiento perfecto. El libro de *Imperiofobia*, con su falta completa de distancias ante nuestro pasado, no solo no muestra nada de este coraje de saber, sino que impedirá que brote en cualquier alma a la que influya. Pues en último extremo, con su afán apologético del pasado imperial, proporcional a su falta de fe sincera en su propio país, no hace sino bloquear el coraje básico de Occidente, del que se deprende todo lo demás, el coraje de afirmar el mundo moderno, el mundo de la objetividad, de la toma de distancia, de la sobriedad de mirada, de la fortaleza de ánimo sereno, de la responsabilidad; virtudes que hacen verdaderamente grandes a los pueblos y a los humanos, aquellas cuya carencia nos llevó a todas las derrotas históricas.

En conclusión, y más allá de amigos y enemigos: la leyenda negra existió y dominó la conciencia de muchos países europeos desde los tiempos de Felipe II hasta la paz de Westfalia. En realidad, fue una de las armas de los enemigos de la hegemonía de la Monarquía hispánica. Pero cuando se está en guerra, uno se atiene a las reglas del juego y no se lamenta de que el enemigo tenga mejores armas. Eso es algo que se debía haber pensado antes de declarar la guerra. Pues es responsabilidad de los dirigentes que entran en una guerra contar con los suficientes elementos y recursos para la protección de sus pueblos y para llevarlos a la victoria de su causa. En todo caso, uno de esos elementos centrales para toda victoria es disponer de una causa justa. De otra manera, se tiene que reconocer que la Monarquía entró en las guerras europeas de forma imprudente, irreflexiva, irresponsable, sin las suficientes medidas de protección del pueblo español y sin causa justa. Una de las formas de defenderse de esos pueblos atacados fue la leyenda negra. Por lo general, los pueblos que la forjaron no declararon la guerra a la Monarquía hispánica: fue esta la que inició las hostilidades en su expansión imperial y en su voluntad de hegemonía. La leyenda negra es la experiencia moderna de que la guerra también se gana con los intelectuales y las ideas. Pero los intelectuales trabajan no solo porque pequeñas oligarquías bien instaladas les paguen los servicios. A veces trabajan guiados por el sentido de una misión y por la fe en un ideal, y por eso generan entusiasmo y determinación a quienes lograr comunicar sus ideas. Para eso tienen que trabajar desde su sentido de la libertad y desde la comprensión de la dignidad de su tarea. Lo que no tiene sentido es embarcarse en una guerra injusta sin contar con las armas adecuadas y, entre ellas, sin una clase intelectual que comparta los objetivos y las tareas, la legitimidad y la justificación tanto de la guerra como de lo que ha de seguirla. Esto es muy difícil cuando quien determina toda la lógica ni siquiera es una oligarquía, sino el jefe de una Casa extranjera desarraigada cuyo sentido de las cosas es completamente hermético al resto de la población. La enseñanza de la leyenda negra es en este sentido clave, y nos habla de la incompetencia y de la imposibilidad de los dirigentes de la Monarquía hispánica para implicar a las mejores inteligencias de su país en la defensa de unos intereses demasiado exclusivos y privilegiados, que muy pocos percibían como propios. Las consecuencias las padecieron esos estratos dirigentes y todos los españoles. Pero seguir con la misma estrategia de defensa, escribiendo libros que nadie excepto los directamente implicados en esas mismas elites pueden celebrar, es continuar con la incorrecta relación entre elites y pueblo.

Sólo cuando estemos en condiciones de relacionarnos de otra forma con nuestra historia podremos romper este maleficio. Roca Barea, queriendo defendernos, no hace sino perpetuar la visión de un pasado sostenido por causas dudosas, que solo pueden ser acogidas en conciencia con la ignorancia, la precipitación y la carencia de sentido de la realidad. Si mantenemos estas actitudes en nuestra relación con el presente, el desastre está garantizado. Estas formas de defender los intereses más profundos de los españoles, y uno de ellos es ofrecer al mundo una idea razonable de nuestro propio pasado, solo intensifican los prejuicios contra nosotros y renuevan batallas que nunca, ni entonces ni hoy, debemos asumir como las apropiadas. Eso nos deja solos, sin socios fiables y sin estrategias de cooperación.

Así que al final solo puedo elevar mis oraciones para que algo no tenga lugar: que alguien con responsabilidades en nuestra política exterior, o en general en nuestra política, tenga su cerebro contaminado por la bárbara mirada de este libro. Si este fruto de una cabeza digna de Steve Bannon llega a pasar a la política práctica, renovando entre nosotros el populismo nacionalcatólico y el sentido imperial del franquismo, la tragedia se cernería sobre España con un carácter tan ineluctable como la tragedia se cierne sobre el mundo a través de las acciones de una mente tan primitiva y bárbara como Trump.

En suma, he deseado defender en este libro que escribir historia escéptica es como sentirse libre del pasado, y eso es lo más parecido a volver a nacer. El milagro es que eso implica conocer el pasado y tenerlo a la vista a la distancia adecuada. El privilegio de la juventud de los pueblos en la historia solo se obtiene a partir de una vejez asumida. Eso no te da una libertad absoluta, pero objetiva el campo de las posibilidades. Se trata entonces de un nacimiento especial, que propicia que el presente se entregue a su lógica de reconocimiento de la realidad sin pulsiones de repetición. Así resistimos lo peor, dejarse arrastrar por la ley del eterno retorno de lo mismo. Al entregarse a los viejos combates del pasado, al mantener vivo su sentido, sus conflictos y sus derrotas, al verlos como esenciales y necesarios, Roca Barea confiesa de nuevo ser una consumada discípula del más distorsionado Nietzsche.

Debo concluir. Este libro habla de síntomas y lo hace de muchas maneras. Quizá sea bueno referirnos finalmente al autor que con más lucidez abordó el problema del síntoma. Me refiero en verdad a Freud, y él nos ayudará a entender a la vez de qué es síntoma este libro que analizamos y su éxito extraordinario. En sus *Lecciones Introductorias al Psicoanálisis*, precisamente en su lección XVIII, tras analizar los actos compulsivos, extrae algunas conclusiones que caracteriza como interesantísimas. Cualquiera que haya leído el libro de Roca Barea, y por mi parte he procurado señalarlo, habrá apreciado rasgos compulsivos frecuentes, rituales retóricos, obsesiones claras. De estas formaciones de carácter, dice Freud que siempre implican una alteración de la conciencia del tiempo. Freud nos comenta que el enfermo parece atado en su energía psíquica a un fragmento del pasado ajeno al presente y al porvenir. Entonces nos ofrece una metáfora, algo que en él resulta bastante normal: «Se han sumido en el pasado [...] para no afrontar una vida desgraciada»[2]. Inmediatamente después dice lo que nos interesa, a saber, que ciertas formas de carácter pueden ser «formas patológicas de duelo». Sucede cuando el duelo tiene efectos traumáticos que conmueven las bases mismas de la vida y producen un profundo abatimiento porque sus facultades quedan fijadas al pasado. Añade que estas personas no tienen por qué ser neuróticas. Y es verdad, y esto quiero señalarlo con claridad. *Imperiofobia* no es síntoma de una patología. Los miles de lectores que lo aclaman no pueden ser considerados así. Pero unos y otros son testimonio de un momento desdichado de España que ha visto fracturada la ilusión de haber conquistado finalmente el estatuto de un pueblo unido. Es fácil entonces, desde la desdicha, comprender la dificultad del duelo, lo difícil de despedirse de esa ilusión idealizando todo aspecto del pasado que tienda a fortalecerla. Como escritores preocupados de las cosas de España presumimos su sufrimiento y lo compartimos.

2 Cito por la edición de Biblioteca Nueva, Madrid, 2017, p. 2293.

Pero la fijación con el pasado es síntoma de una energía no funcional, desaprovechada, forzada, que no quiere explicarse las razones de la pérdida. Justo porque está fijada, atada al pasado, como si esa pérdida fuera irreparablemente injusta, impulsada por un enemigo tenebroso y omnipotente, el que forjó nuestra maldición con la leyenda negra. Esa energía no está preparada para elaborar un genuino deseo de futuro, en una lucha no dolorida ni resentida por algo mejor que una ilusión. No es una energía al servicio de la liberación del pasado, la profunda fuerza moral que escribe la historia, sino aquella melancolía fijada a un pasado que prepara fatídicamente su repetición.

Este libro está impreso con tipografía
Sabon tamaño 10,7 pt,
en papel coral ivory 90 gr.
Se terminó de imprimir en los talleres
de Podiprint en setiembre de 2021.